傳記叢刊

李煥明著

# 現代名人與養生

文史哲出版社印行

國家圖書館出版品預行編目資料

現代名人與養生 / 李煥明著. -- 初版. -- 臺北
市 :文史哲, 民 89
面 ; 公分.--（傳記叢刊；5）
ISBN957-549-327-3（平裝）

1. 長生法 2.健康法

411.18 89014724

傳記叢刊 ⑤

現代名人與養生

著者：李煥明
出版者：文史哲出版社
登記證字號：行政院新聞局版臺業字五三三七號
發行人：彭正雄
發行所：文史哲出版社
印刷者：文史哲出版社
臺北市羅斯福路一段七十二巷四號
郵政劃撥帳號：一六一八〇一七五
電話 886-2-23511028・傳眞 886-2-23965656

實價新臺幣 四二〇元

中華民國八十九年十月初版



ISBN 957-549-327-3

# 焦序

## ——「臨淵羨魚，不如退而結網」

在千禧年的六月二十六日，美國總統柯林頓與英國首相布萊爾和美、英、德、法、日及中國大陸二百六十位科學家宣佈已完成「人類基因圖譜」的草圖。這是有史以來最重大的科學成就，足與人類登陸月球相媲美。

人類基因草圖初步完成，已開創了人類福祉的新紀年。人類的壽命將可延長為九十至九十五歲，自然年齡將可達到一百二十歲甚至兩百歲。許多被現代醫學視為無法根治或是絕症的成年人慢性病，如癌症、愛滋病、老年痴呆症、帕金森氏症等，將可獲得有效的基因治療，因而人類的生命更加延長，人人嚮往的健康長壽將美夢成真。

但據專家預估，此一美夢要到西元二〇一〇年甚至二〇一五年才能實現。跨世紀的我們現代人，如果要享受基因研究的成果，千萬不能存有「守株待兔」的心態，坐等基因研究成就的來臨。我們必須體認目前健康的重要性，力行健康的生活方式和行為習慣。諺云：「臨淵羨魚，不如退而結網」。本人從三十多年實踐養生保健的經驗中體悟：沒有長生不老的秘訣，唯有從古聖先賢的傳統養生之道中，及現代科學的保健方法中，擇要力行實踐，必能有利於防病強身，而更爲直接有效的方法，就是向現代成功而健康長壽的名人，學習他們的養生經驗與方法。因爲這些成功的名人深諳身心健康才是事業成功的保證。他們具備了各有特色的養生保健方法，是養生的經驗結晶。他們的現身說法，從各種不同的角度，提供了我們第一手的養生資料，它是一部活生生的教材，我們如果能從這些名人的寶貴養生經驗中，含英咀華，仿效施行，一定會終身受用不盡。

當「樂群養生聯誼會」會長李煥明先生之大著《現代名人與養生》行將付梓之際，索序於我，我因忝爲委員之一，故對其大著樂於鄭重推薦，並深信這將是一本具有實用性、趣味性、可讀性的「健康智慧」之佳構。本書之推廣，對增進社會大衆的健康長壽將有重大的貢獻。

中華自然療法世界總會顧問 **焦金堂** 謹序

中華民國八十九年九月於焦氏報恩堂 時年八十五

# 自序

健康是人生的至寶，擁有健康就是擁有一輩子的幸福。健康的結果是長壽，人人都希望健康長壽，人類追求健康長壽的慾望是永無止境的。依照生物學的規律，人類的天壽是一百二十歲，但事實上只有極少數的人能享此高壽。例如本世紀有眞實紀錄的最高年齡人瑞是法國的卡爾門女士（Jeanne Calment, 1875—1997），她活到一百二十二歲。又如本書所述的虛雲和尚（1840—1959）亦活了一百二十歲。

人類壽命的長短受遺傳因素的影響最大，而決定遺傳的「基因」極爲複雜。人類基因的組成，乃是人類細胞核染色體承載所有遺傳物質的基因之總和。染色體是由雙螺旋的DNA（去氧核醣核酸）纏繞而成，是組成基因的化學物質。國際有關機構正積極研究中。最近有關方面宣佈：人類基因排列草圖已經研究完成，總計已經破解人類基因百分之九十七的密碼，將可促進新藥的研發，導出如癌症、老人痴呆症、糖尿病、愛滋病等進步的治療方法。人類壽命不久之後可望延長一倍到二百歲，將來甚至可能延長到一千二百歲。

影響人類壽命的長短，除了遺傳基因外，還有下列因素也很重要，包括生活環境、起居飲食、適當運動、社交能力，以及良好的生活習慣等。人類欲求長壽，先天的遺傳固然重要，後天的養生保健亦應重視。現代名人中有許多健康長壽者，其長壽的原因千差萬別，他們的養生經驗值得我們借鏡。

本書所談論的對象均為當代的長壽名人，他們的年齡由七十二歲到一百二十歲。他們不但長壽，而且事業上各有成就。分析他們的養生之道各有特色。所謂養生之道範圍甚廣，方法甚多。由精神到物質、由生活到工作。各人的遺傳、性格、行為千變萬化，互不相同，我們倘能從他們的生活習慣、興趣嗜好、行為心理、事業成就，以及人際關係等各方面加以分析了解，必能有所借鏡和獲益。本書寫作時，以所選二十三位當代名人的出身、職業、成就、修養，乃至日常生活習慣等，擇要敘述，注重趣味性和可讀性，藉以增進讀者的養生知識，並選擇仿行，共享健康長壽的快樂生活。

本書著者在撰述期間，曾經廣參博引，閱讀有關傳記百餘種，利用圖書館電腦查閱有關資訊。此外，為體認傳主生活，著者曾先後親往幾位傳主寓所參觀訪問。例如張大千的摩耶精舍、錢穆的素書樓、林語堂紀念圖書館、胡適紀念館，以及于右任、楊森、梁實秋、張學良、郎靜山、吳大猷的寓所、士林官邸等。著者在撰述時特別感到親切溫馨。

本書所選現代名人二十三位，包括政治家、軍事家、科學家、文學家、藝術家、教授、學者，以及宗教家等，年齡最低者七十二歲，最高者一百二十歲。超過百歲者五人，其中宋美齡、陳立夫、張學良三人均為現在存活的百齡以上壽星。著者在選擇傳主時，注重其對養生方面的貢獻，而不論其政治立場。

本人現年八十三歲，自三十多年前即致力於研究養生之道，鍛鍊身體。二十年前自公職退休後，更是全力以赴。八年前與友人組織「樂群養生聯誼會」，本人當選爲會長，會員三百餘人，每三個月舉行養生研討會一次。曾出版拙著《向一二〇歲挑戰》及拙編《我們超過二千歲（當代壽星養生之道）》二書（元氣齋出版社）。此外，編印《養生資訊》三十餘輯，以供會員參考。

本書編排次序，已故者按逝世先後爲序，尚存者以出生先後爲序，唯虛雲和尚因附語錄，編在最後。

本書內容倘有缺失，敬請閱者指教爲幸。

**李煥明** 序於臺北市一漚齋

公元二〇〇〇年（民國八十九年）九月一日

# 現代名人與養生 目次

# 吳稚暉的養生之道

「老不老，看心理，有十歲之翁，有百歲之童。」

——吳稚暉

## 出身科舉致力革命

吳稚暉先生（一八六五—一九五三）是近代的大思想家。他出身科舉，而學貫中西；身如閒雲野鶴，卻繫黨國安危，遇事洞燭機先，當仁不讓，決疑解紛，談言微中。在政治上，他之於中華民國，居師保地位。對於實際政治不即不離，但決疑難，解紛爭，談言微中，影響卻極大。在哲學文化上，他具有特出的見解，熱心倡導科學。他的所見所悟，所感所發，正是一批從傳統走向現代社會的知識分子的典型代表。

吳稚暉原名朓，後名敬恒，字稚暉。世居江蘇省南部陽湖縣雪堰橋（今江蘇武進縣）。祖父治永公，父有成公，母吳太夫人。先生於一八六五年三月二十五日（清同治四年陰曆二月二十八日丑時）誕生於陽湖原籍。六歲時，慈母病逝，遂隨外祖母歸養於無錫，以至成年。

先生天資聰穎，七歲入私塾讀書，十四歲師龔春帆讀書，十八歲開始設館教讀。他自幼愛寫篆字，治「皇清經解」頗有功力，長於史論，學桐城派古文筆法，喜讀詩詞。二十三歲考入縣學，二十五歲考取江陰南菁書院，二十七歲參加鄉試，獲中舉人。二十八歲起曾三次入北京會試而未中，嗣後乃由「陋儒」而逐漸轉變致力於革命事業。

吳稚暉二十四歲與無錫袁雲慶女士結婚，次年生女芙（孟蓉），後六年，生子蔷（叔薇）。

## 多方歷練貢獻鉅大

吳稚暉的一生，由於個人的奮鬥，時局的激盪，經過多方面的歷練，直到與孫中山先生會晤之後，才有了革命的歸趨。一九〇五年春，孫中山先生重至歐洲，以他所倡導的三民主義、五權憲法爲號召，先後在柏林、巴黎召開興中會，加盟者三十餘人。然後由法赴英，訪問吳稚暉，爲兩人相交之始。吳稚暉深佩孫先生品格之偉大，純出於自然，乃申請加入同盟會，從此以後他一心一意接受孫先生的領導，獻身革命事業。次年冬，吳稚暉應約赴巴黎，與李石曾、張靜江組織「世界社」，發刊「新世紀」，鼓吹革命，曾撰文批評孔、老。到一九二三年人生觀論戰時，他曾主張把線裝書抛入茅廁裏，但晚年已歸於平正。

吳稚暉的第二大貢獻便是發起勤工儉學的主張。一九一五年與李石曾、張靜江創立「留法勤工儉學會」於巴黎，這是他以工藝教育培養手腦並用人才理想的實踐。

吳稚暉的第三大貢獻是推行國語統一運動。我國地廣人多，歷數千年而能維持統一的局面，與「書同文」大有關係。唯我國各地方言多而繁雜，對於民族的團結、民主政治的倡導，不無妨礙。國語運動就是「語同音」的運動。今以注音符號與漢文結合，便是推行國語運動的必要條件。民國八年起，教育部設有國語統一會，直至北伐完成，抗戰軍興，先生負責最久，盡力最多，先後頒布各種推行國語的法令。臺灣自光復以後，對於國語運動的推行，收效迅速，國語推行委員會盡了不少心力，就是能切實奉行先生所定的政策。

吳稚暉的第四項貢獻是確立「一個新信仰的宇宙觀及人生觀」。當民國十二、三年國內學者發起人生觀論戰時，他曾發表一篇七萬字的長文：「一個新信仰的宇宙觀及人生觀」，被胡適推崇爲人生觀論戰的押陣大將。他認爲宇宙是一個大生命，而人類便是宇宙中會用手用腦的一種動物，在「宇宙大劇場」中出台演唱，作如是觀，便叫做「人生觀」。這一大劇場是人類自己建築的，這一齣兩手動物的文明新劇，是人類自己編演的。因此人生一場戲，演得好不好，還得端看自己。他用三句話來解說劇情，這三句話，說得文雅些，便是「有清風明月的嗜好，有神工鬼斧的創作，有覆天載地的仁愛」，說得粗俗些，就是「喫飯、生孩子、招呼朋友」。換言之，人生問題不外是解決人類的生活問題、種族的綿延問題和人群的互助問題。因此，吳稚暉既稱頌孫中山「人生以服務爲目的」的說法，也讚佩蔣介石「生活的目的，在增進人類全體之生活；生命的意義，在創造宇宙繼起之生命」的名聯。

吳稚暉對於政治的態度有一定的原則，即：國事和做官分開。他積極參與國是，但絕對鄙棄官場。

他在民國十四年曾致函李石曾說：「官是一定不必做的，國事是一定不可不問的。不問國事，那是吾民之大劣點，一問國事，便同作官連起來，又是吾民的大謬點。必要倡出一種做官是萬不得已，祇去喫苦的風氣出來才好。還用先生向來的薄官主義，勸醒一個是一個。因爲儘有許多人不做官，要做官的終嫌太多。……那種以官爲生的口頭好人，無非就是政客。政客的禍國實比丘八還要厲害。」民國十七年他被推爲監察院長而不就，民國三十二年林森主席逝世，中央擬推他爲國民政府主席，亦避之惟恐不及。他一生中所保留的頭銜只有黨內的中央監察委員，評議委員，民意的國民大會代表，學術的中央研究院院士，政府的建設委員，國防最高會議委員，總統府資政。民國元年，他與蔡元培等人發起「進德會」，相約不賭、不狎、不仕，也是出於同一想法和做法。

## 修養品德結交良友

吳稚暉的修養工夫始於二十五歲，當年他應選入江陰南菁書院，山長黃以周是一位史學家，嘗以八個字爲座右銘，即「實事求是，莫作調人」。他看見後，甚爲喜好，終身服膺勿失。遇事必辨是非，不苟同，不隨聲附和，不作模棱兩可之論。對於品德的存養省察，極爲重視，他自勉云：「人非聖哲天生，必賴強制以成，一日中悔吝鄙陋，斷不能免，有過能內省，宣尼所不諱。爾自恨惡念之起，是爾有良心處，然往往有念頭已鄙且陋，即生負慚莫贖之意，反激成陋事，此大不可。以後當知內省之合理，強制之有功，只要誠實自抑，不至流爲奸人之喜怒非眞也。」

吳稚暉自三十歲起勤於品德之修養，以「忠孝勤儉，闊達沉毅」自勉，作爲進德立品的準則。並用曾子三省法，「自箴日三復之」。更舉其條目有八：樂貧賤，務專精，嚴決斷，愼威儀，寡言語，養氣度，絕疑懼，袪私欲。

他對交友極爲重視：「苟學問超卓，才識過人，雖身居空山，自有鳥鳴之求。不必藉徵逐固交誼，群居見才情。」「敬人人敬，愛人人愛。一二舊交，我竭誠相待，無有不竭誠待我。吾生如白駒過隙，舊人如晨星在天。幸生並世，復共釣游，可不敬愛歟？」

他特別注意於「愼言」之道：「萬不得已，閒談時，稍談善人長者有益之事。涉及浮誇譏訕，隨即略去。至於猥屑鄙薄小語，尤爲可刪。不得因懲於慷慨，遂流爲詼諧。」「諸葛武侯從容抱膝，笑而不言，何等氣象！豈若禰正平一流，喋喋多口，無益毫末，祇足殺身。」

先生出身寒微，六歲喪母，家貧幾至無以爲殮。他「祖父卒時，所殮之棺有縫，以紙糊之。」對於孝孫的他引爲終身憾事，因而立下志願：「吾甘長貧賤，亦得如斯送終也。」他結婚生子女後，都能安於貧賤。

## 食衣住行崇尚簡樸

稚暉先生的生活，一向儉樸。他對於食衣住行都不講究。在重慶時，住上清寺，居室非常簡陋。他所住的房間大約只有十至十二尺見方，室內一張簡單的書桌和一張木板床。床上掛著一頂舊蚊帳，放著青布被，硬枕頭，幾把椅子，一張小書桌；兩張竹製半桌上擺著煤油爐、醬油瓶、鹽罐等什物，書架上擺滿了書籍，還有幾隻書箱，其中裝滿了書信和文件。這間房屋是他的臥室、會客室和書房。牆上貼了一張自書「斗室」二字橫額。他曾仿劉禹錫「陋室銘」，作了一篇「斗室銘」：

> 山不在高，有草則青；水不在潔，有礬則清。斯是斗室，無庸德馨。談笑或鴻儒，往來亦白丁。可以彈對牛之琴，可以背臘痢之經。聳臀草際白（指出野恭者），糞味夜來騰。電臺發癲團之叫，茶客擺龍門之陣。西堆交通煤（指交通部），東傾掃蕩盆（東壁掃蕩報館營業部時傾盆水）。國父云：「阿斗之一」，實中華民國之大國民。

先生所題「斗室」，非徒形容其小如斗，卻有別解：實含有阿斗之意，以泱泱大國民自豪也。

稚暉先生在重慶時，所吃的幾乎全是青菜豆腐，很少吃葷腥。他喜歡吃餛飩，四川人謂之「抄手」，平時愛吃稀飯，自一九四七年起，即不吃米飯而改吃麵食，份量也減少。他說，老年人不宜吃營養過於豐富之食物，以免造成血壓過高。以前他的早餐時常吃雞蛋煮麥片，以後只吃麥片，連雞蛋也不吃了。

衣著方面，他平日經常穿中裝，無論是黨國大典以及親友的喜慶婚喪大事，他均穿長袍馬褂。馬褂上的五個扣子，至少有一二個是無法扣上鈕子的。他喜穿布鞋，把褲管塞在一雙深色的長統襪子裏，看去像鄉下佬，所以他往往自稱是大觀園裏的劉佬佬。

一九四五年對日抗戰勝利後，一般人都急於回鄉。稚暉先生則不急於東歸。他曾致函其表甥蔣東孚，說明不急急東歸之原因：「……本可乘機作一度之東行，然所有親舊，信札既已暢通，一切情狀皆已備悉。至於訪舊半爲鬼，即親自憑弔，亦無補傷感。而人事之酬應，反添許多麻煩。故細細較量，京滬亦無甚好感，不若此間蜀已能樂，且住爲佳，不擬急急也。照常例，一到京滬，所有平日喜吃之物，可以放膽大嚼，或是急歸之樂。然年來口腹之慾，竟不約而自節。朝飲牛乳麥粥，午餐清淡，晚餐粥一盂，菜一碟。每日大便正常，精神甚佳。若肥魚大肉，一陣亂吞，則胃腸不適，立即腹瀉。所以筵宴早已謝絕，即西餐亦止一湯一魚一布丁。所有小吃，不好食者已一年，昔者喜吃之月餅酥糖等，概不容納。朋友所贈美點佳果，堆積久而敗棄。所以每逢年節，送禮紛至，皺眉火冒，竟不申謝。因此歸能多吃好物，亦決不垂涎矣。」由此可見他晚年對飲食甚有節制。

至於行的方面，他身材魁梧，體魄素稱強健，出門喜歡安步當車，儘少坐車子或滑杆轎子之類。他認爲坐人力車不人道，乘坐滑杆轎子，兩個人扛抬一個人，更欠平等。他常對人說：「人生兩腿，即爲走路，若不使用，便將有被淘汰之虞。」友人有以黃包車送他代步者，他寧願鋸斷了前面的扶手，改製成書房用的坐椅。

## 遊山玩水遍歷中外

稚暉先生喜歡遊山玩水，尤其是遊山，足跡所至，幾乎遊遍中國名山。名山之中，他酷愛黃山。他曾說：「若論中國名山，當以黃山為第一。惟有黃山能兼具諸名山之長。」他曾為黃山文殊院題過八個大字：「天下第一標準名山」。他還寫過一篇「黃山遊觀指導」，它長三萬餘言。內容包括黃山略史，萬曆以來之遊蹤、及山評等。

稚暉先生的遊山始於六十五歲，那是民國十八年，是年四、五月間，他在南京參與國父奉安大典後，就在南京四週開始他的遊山活動，一月之內，足跡所至，遍遊南京附近各山。其後又遊京滬線上鎮江的焦山、金山及蘇州的觀音山。

先生後來遇有機會曾遍遊國內諸名山。他認為江北以華嶽為最勝，江南則以皖南之黃山為最勝。從前潘稼堂遍遊羅浮、武彝、天台、雁宕諸山之後，始至黃山，盛言以黃山為最勝。徐霞客遊黃山後，亦嘆觀止。生在江南，未遊黃山，誠為憾事！既遊黃山，可不看山。

先生於民國二十九年曾到過貴陽，當時他體力尚健，曾往苗村參觀苗人生活。黔省府特為他備一乘滑杆代步，他笑謝不用。隨遊者未及半山，已汗流氣喘，而稚老以古稀之年，反泰然自若，邁步向前，面不改色。稚老沿途談風甚健，詼諧百出。人或詢以登山不感疲勞，有無秘訣？稚老說：「有有！登山有三秘訣：1.舉頭三尺無危險，2.捨正路而不由，3.跑路要學狗。因為登山最忌縱目力之所及，向上眺望或向下俯瞰。因仰首見到山峰巍峩，沒入雲端，或俯見懸崖絕壁，深不見底，必定心驚膽怯，以致腿酸而寸步難移。惟三尺之內，地必平坦，而無危險，心境自覺泰然。遊山基於興趣，若循鋪好之石級山路，拾級而登，行久必生厭倦。故必須找尋不規則之羊腸捷徑，攀藤附葛而上，則興趣橫生，歷久不厭。狗之跑路，張口吐舌，故能便利呼吸。人們登山，呼吸必促，雖不必吐舌，亦要學狗之大張其嘴，使呼吸可以自由，不致有呼吸短促氣喘之弊。登山而要學狗的張口吐舌，語雖滑稽，亦自有其道理。」

稚暉先生於民國三十四年三月，曾應蔣公約赴昆明，抽暇遊石林。及到臺灣，三十九年先生已年高八十六，猶動遊興，往遊阿里山，歸來後曾題爲「海疆南嶽」，並賦詩一首云：

天外昂頭阿里山，可憐偪促仍臺灣。
烏拉圭居南北極，有翁稱壽笑開顏。

稚暉先生曾數登五嶽，三上峨嵋，譽安徽黃山爲天下第一，讚華山的風景爲國內諸山之冠，及遊阿里山，便不禁歎爲觀止了。他說阿里山上有一高峯玉山，海拔凡三千九百九十七公尺，煙波浩瀚，聳立白雲深處，望之有如美人出浴，素手摩穹，臨風弄姿，更有似英雄躍馬橫戈，氣吞海洋。他又說：「沒有上過阿里山，就說不上到過臺灣。可惜自己老了，爬不上它的最高峯玉山。」可見他對於阿里山的依戀之情。

此外，稚老曾對海內名山作綜合比較之批評，極有見地。其評語云：「散而爲雁蕩，聚而爲黃、華，列而爲三峽，蹲而爲桂林。」「奇峰怪石，不可勝數，散佈于平疇雜嶺之間占廣大區域者，雁蕩是也；奇峰怪石，不可勝數，高下錯峙，翕聚而爲崇高之大山者，黃山與華嶽是也；奇峰怪石，不可勝數，如泰西之象戲，植高蹲之子棋，佈局于郊原者，桂林陽朔是也；關外與滇邊不與焉。域中山水之至奇者，盡在於此矣。若夫說稱名山者，固莫不有其一得之奇，如天台飛瀑之奔瀉，匡廬五老之屹峙、峨嵋之蛇倒退，房山之雲水洞，諸如此類，在他山亦不能有兩，然皆不能稱爲奇峰怪石不可勝數也。」所言最爲精到。

上面說過「遊山」，現在再說「玩水」。稚暉先生曾乘皮筏遊黃河，溯長江而探三峽，復幾次橫渡海洋，東至日本，西至英倫。民國五年，先生第二度自英歸國，道經好望角、印度洋，凡歷四十餘日而到新加坡，是他最長的一次旅遊。他曾作「印度洋口占」一首，詩長不錄，僅節錄首段，詩云：「涉海漫不似，盪空擬行陸；忽立山之巓，忽墮陵之谷。黑峰戴白莎，萬岫縱遙目。實無魚龍戲，亦驚鷹隼撲。驕陽自炙膚，風沫織疏箔。浮雲移壘外，臏此一微粟，一粟含世界，世態無不足。」

## 詩文書法各具特色

現在談談稚老的詩文書法，此亦與養生有關。

稚老二十七歲即光緒十七年九月，曾參加考試中過舉人，因此他不但能作舊詩，而且造詣甚深。除了前面節錄「印度洋口占」外，茲再錄兩首：民國二十四年稚老七十一歲，曾入川遊峨眉山，有詩云：

江外嘉州道，筠籃發曉春；
疊山盤上下，迷谷繞迴巡。
小鳥知呼客，坡花怯媚人。

竹園村市宿，雞黍薦椒辛。

自竹園鋪至滎縣，一路多高山，風景絕勝，得詩一律云：

竹園村店發，山市倚長橋。
障面重修嶺，危身度峻嶠。
杉林森大谷，秧壟茁新苗。
燈火投滎縣，酣眠足一宵。

與詩詞有關的對聯、輓聯，稚老亦偶一爲之。他曾爲友人作過一付集句嵌字聯，句云：「松柏有本性，山水含清暉」。輓聯爲輓蔡元培聯云：「生平無缺德；社會一完人。」輓報人張季鸞聯云：「當今大手筆；愛國眞男兒。」輓陳果夫聯云：「自困不治之篤疾，亘四十年，專心爲治我弱國；留遺藥國之方案，積數百卷，並足以藥後世人。」

稚老於民國四十二年十月三十日下世，他在七月間曾寫下最後一付對聯：

全世界人類先驅；（原註：我們是北京周口店嫡系）
一萬年歷史古國。（歷史始於三皇）

橫額是：「中華民國萬萬歲」。可見先生之愛國熱忱，至死不渝。

稚老對於「文章之道」也有其獨特的見解，他早年的論著，嬉笑怒罵，雄健犀利，不同凡響。他出身科舉，對於古文曾下過一番工夫。他說：「愚每好有骨力說理圓足文字，故於經文，常致意焉。至於作文之道，氣要盛，理要足，言要不失之過火。歷觀行氣之縱橫，無踰犢山；說理之圓足，無踰望溪；立言之溫厚，無踰京江。竊於三子有取焉。」所以他之爲文，長於桐城派古文筆法。但他才氣縱橫，不願做文學家，後來衝破樊籠，任意所之。

稚老的文章，與一般冷嘲的幽默作品不同。他是以熱罵代替諷刺，以善意代替惡意，以積極的建議代替消極的指摘。他創造出一種潑辣痛快明朗負責的作風，他的每一篇文章都發揮了時代的作用和偉大的影響。他早年所著的一部奇書，《上下古今談》，便是最好的例證。

他認爲日記及家信是做學問的一個門徑。他鼓勵他的女兒要勤寫家信，並指示寫日記信札時，千萬不可用草稿，用慣草稿，不但費時，且從此下筆即要草稿，永無信筆直書之樂。

稚老在文學或語言方面，都富有一種嬉笑怒罵的滑稽風格，所以有人稱他爲中國的幽默大師蕭伯納。友人杜呈祥在一篇紀念稚暉先生的文章中說：「幽默情趣可以化悲觀爲樂觀，可以破涕爲笑，可以舉重若輕，可以排難解紛，這完全是人類智慧和樂歡心理的產物。我國古書中稱讚幽默的名言，是史記滑稽列傳序中所說『談言微中，亦可以解紛』，故要作到談言微中，必須要有智慧和幽默情趣。」

稚老擅長書法，無論篆字、行書，都雄健整秀，風格超逸，幾可獨步當代。董作賓嘗謂「稚老於篆書有眞工夫，寫出來足以爲學書者示範，遠非一般專以寫寫篆文來欺騙外行自高身價者可比。」稚老的楷書亦工力醇厚，氣勢磅薄。他在民國三十五年所寫〈蔣金紫園廟碑〉，陳布雷氏推崇爲「雄勁整秀，純以籀篆之意行之，即論書法，亦足千秋。」又如稚老所題「國立臺灣師範大學」及「中國文化大學」匾額，均甚佳妙，使人印象深刻。

稚老的書法，爲海內外所欽仰，求書者踵相接，先生無不勉力以應。抗戰期間他在重慶，年近八十，實不勝勞瘁。張道藩等遂於民國三十二年七月代訂潤例，刊諸報端。略謂「先生華夏之瑞，黨國之勛，道德文章，彪炳寰宇。先生邃六書，擅八法，謹嚴精妙，並世莫京，以是求者接踵，寸縑瓌寶。四海內外，同仰中興，而先生謙德涵光，有求必應，午夜含毫，寒暑不易。道藩等伏以先生年登大耋，群請節勞。爰訂潤例，藉示限制。」但因此而求書者更多，識與不識，都可懷潤值以求，使先生於短短一年之內，竟積蓄了潤金法幣五、六萬元。後因法幣貶值，至三十八年二月來臺，僅換得新臺幣一百四十七元而已。人或以爲愚，實乃稚老愛國之表現，雖受損而無所憾。

稚老除寫得一手好字外，還精於金石。生平所用印章不下一二百方，多出於他自己的刀筆。他所刻之印，無不蒼勁有緻。他所用的印章中，有一方刻了一條「牛」，這是他的生肖。七十四歲以後，他有一個印章，上刻「壽逾宣尼，賊譏老而不死」，上句謂他的年齡已超過孔子的七十三歲，下句由於有人罵他「老而不死之謂賊」，他便回敬一句。此外，他有一方刻「稚暉七十以後書」，過了八十大關，便改爲「八十以後書」了。

稚老有時還喜畫國畫，晚年用他那枝禿筆，曾作「野叟獻曝圖」，描繪那鄉下老頭兒靠在柴積上晒日閒談的神情。

## 老當益壯百歲之童

稚老一生不喜作應酬文字，但遇至交壽慶，亦偶一爲之。其壽中表陳仲英一文，議論精闢，胸襟放曠。文中有云：「宇宙即我，我即宇宙，集合少許種原質而形成。甲我乙我，遂以爲名。塊然其體于無始無終之宇宙間，變幻寄跡，無所謂久暫。……且以爲宇宙即我，我因可與宇宙同永，欲長生不死，亦正視吾輩所嚮之熱度如何。」

稚暉先生與張靜江、李石曾同爲世界社創辦人，私交最厚，世稱「三老」。民國三十九年李石曾七十大壽，稚老賀以詩云：

人生七十古來稀，七十而今孩與提；
烏拉圭中幼稚苑，遠勝勞工法蘭西。——其一

人生七十古來稀，喜有艷妻方與齊：
畫眉舉案併相祝，百歲巍坊可預題。——其二

同年，稚老遊阿里山歸來，再寫一詩爲祝：

天外昂頭阿里山，可憐局促仍臺灣；
烏拉圭居南北極，有翁稱壽笑開顏。

三首詩中都提到「烏拉圭」，因爲石曾晚年仍居烏拉圭。

稚老八十七歲生日，梁容若往訪，稚老曾發表一般談話，表達他對「老」的看法：「老不老，看心理，有十歲之翁，有百歲之童。人一作壽，自己以爲老了，得過且過，老不長進。

大家也以爲他老了，老朽、老悖、老腐敗、老頑固、都罵上來了。伯夷叔齊餓死首陽山，還不是成了天下大老，沒人睬他的結果。假使有人強制按時給他打些葡萄糖，那便餓不死了。姜太公出山就很老，左宗棠過了五十才帶兵打仗，陸放翁過了六十才大做其詩，孔丘如果死在六十八歲以前，就沒有來得及著書，現在醫學進步了，人的壽命也延長了，我還在唸英文，預備留美呢。」他八十七歲還在念英文準備留美，眞所論「老當益壯」、「百歲之童」了。

他給朋友做壽，他自己卻不做壽，他並認爲八十、九十，俱不足道。現在大家都講究養生，人的壽命也許可由三百、四百，竟追上老彭八百歲，乃必有之事。他說他自然愛惜生命，可活必當活，不做生日，不做壽慶，落得安閒無事。

關於人生修養方面，他認爲修身是一個人立品成己的關鍵，儒行篇的儒行，都以此爲基本，以建立獨立自尊的人格，這是古今所同的。一個儒者，處於現代社會，便是一個有識見、有節操、有擔當、有抱負的民主鬥士。大學論修身，其工夫在格物、致知、正心、誠意。雖後儒解釋不一，但其工夫之深可知。而愼獨存誠，學庸並言，更是入德立品的契機所在。稚老自己在這方面是下過深切工夫的。他所要補充的，在今之讀書人，應認識時代精神，走群衆路線，具備雙手萬能、手腦無用的能耐，而不再是四體不動的士大夫。

關於養生之道，稚老也有特別的見解。根據他的經驗，認爲一個人血壓的高低和健康沒有太大的關係。他血壓高，並不在意。有一次，他從重慶乘飛機到昆明，飛過一萬尺高空，連氧氣管也沒有。他認爲生理的衰老是整體的。例如牙掉了，就表示在生理上不要你再吃硬的食物。牙可以換假的，但腸胃是不能換的，換假牙吃硬東西，是不能適應已老化的腸胃。他的牙齒掉了不少，但從未鑲過假牙。

## 化身濯南海正氣彌金門

稚老個性特殊，一生不怕難事。不但做事爲人求學問不怕難，就是身體上的任何病痛疲勞，他都能自然克服，不求醫，不吃藥。在他八十多年歲月中，對於醫藥衛生，老是倔強不予理會。身體不舒服，埋首大睡三兩天，便能霍然而愈。民國三十年先生七十七歲住在重慶，因連日演講總理行誼，過於勞累，睡眠不足。一天晚間，忽患小便不通，膀胱脹痛，徹夜未眠。次日看西醫，用橡皮管插入尿道，直通膀胱，小便湧出，頓時脹痛全消，倦極而臥。這是稚老始患攝護腺肥大症，友人勸他住院診治，他一概謝絕。他說：「陳三立患過此症十年，並無稀奇。丁福保五十多歲就患此病，祇要通通小便便無問題。」

稚老晚年牙齒脫落，不肯鑲補，也有他的衛生理論。他說：「人老齒落，是天然的警告，告訴你體力和消化力都衰退了，不可再饞嘴了，你該用那稀疎餘齒，細嚼慢嚥，節減食量，便能適應體能。」

他對於飲食方面甚有節制。他一向不肯應人邀請到館子裏吃東西。他勵行節食，有時每頓只吃麵包一片，人或嫌其過少，他說：「馬相伯先生享年近百，晚年每日僅食鴿卵四個，午晚餐各二。鴿卵富營養，老年人能攝取此已足。以彼例此，是余今食麵包一片，已屬過多。」

民國三十四年八月，日本投降，八年抗戰勝利，稚老已八十一歲高齡，歡樂之情有如青少年。三十八年局勢惡化，乘專機來臺。四十一年四月，因攝護腺腫大，小便時不通，天熱難安枕，自知不易治癒，立遺囑封存。四十二年春留住醫院，病勢漸輕，已能坐輪椅至市街，或停新公園瀏覽景色。稚老住院至是年十月三十日，因病情轉劇，與世長辭，享年八十有九。遵遺囑葬於南海，「願以骨灰化為千百萬億之祖國精神，拯救百千萬億更苦更難之同胞。」或云：韓國聖將李舜臣詩云：「誓海魚龍動，盟山草木深」，先生遺囑要火化海葬，就是這個海誓山盟的意思。

民國四十七年三月，在金門建六角亭紀念，亭前立一碑，上刻何志浩所撰頌詞云：

布衣一生親，文章百世尊，派異儒釋道，學究天地人。起居半間屋，往來三家村。雞犬逐庭户，風雷轉乾坤。化身濯南海，正氣彌金門。國師永不朽，日月與長存。

# 胡適的養生之道

種種從前，
都成今我，
莫更思量莫更哀。
從今後，
要怎麼收穫，
先怎麼栽！
——胡適

胡適字適之，安徽績溪人，生於公元一八九一年十二月十七日（清光緒十七年十一月十七日）卒於民國五十一年（一九六二）二月二十四日，享年七十二歲。自幼聰穎過人，九歲起即喜閱小說以爲課餘消遣。一九〇四年赴上海入梅溪學堂，繼入澄衷學堂，每次考試均名列第一。一九一〇年考取留美官費學生，赴美國入康奈爾大學農科，不久改讀文科。嗣改入哥倫比亞大學，受教於名哲學家杜威博士，因著《先秦名學史》一書，獲哲學博士學位。

民國六年回國，擔任北京大學文科教授，即致力於白話文運動。十七年任中國公學校長，二十年擔任北京大學教授兼文學院院長。二十七年任駐美大使，因其學術地位崇高，甚受美國朝野敬重，於戰時外交多所貢獻。勝利後出任北京大學校長。三十七年赴美講學，四十七年返國出任中央研究院院長。

胡適的一生無論爲人、治學、處事、任官，都有許多值得我們取法的地方，本文擬就他的爲人、生活與治學略予敍述，以供參考。

## 待人誠懇虛懷若谷

胡適是怎樣的一個人呢？根據何索的分析：「我發現胡適是一個天眞的人，一個熱情的人，一個達觀的人，一個不畏權勢的人，一個擇善固執的人，對愛情忠實的人，一個沒有階級觀念的人，更是一個愛國家、愛民族、愛自由勝過他自己的人！我也發現他是一個經常受攻擊的人，是一個沒有完成自己夢想的人，又是一個獨來獨往的人。」又根據沈剛伯的體認：「適之先生是一個孝子，一個慈父，一個標準丈夫，一個忠實朋友，一個誨人不倦的教師，這是凡和他有過來往的人所公認的。」這就是胡適畫像的輪廓。

胡適早年有一首小詩說：「清夜每自思，此身非吾有；一半屬父母，一半屬朋友。」他確是一個篤行孝道、重視友情的人。他在學術上開風氣之先，但在做人方面卻堅守傳統美德。他的父親鐵花先生在他三歲時去世，除了遵照父親的遺囑，力求讀書上進以及整理父親的全部遺集外，可說沒有受到父親的直接教誨。他的母親馮氏對他日後的成就影響最大，他在《四十自述》一書中曾說：「我十四歲就離開她了，在廣漠的人海裏獨自混了二十多年，沒有一個人管束過我；如果我學得一絲一毫的好脾氣，如果我學得了一點待人接物的和氣，如果我能寬恕人、體諒人，我都得感謝我的慈母。」胡適事母極孝，早年在私塾中讀了九年書，只學得了讀書寫字兩件事，至於做人的道理，他的慈母才是他的恩師。小時候母親對他管教極嚴。長大之後，爲感念慈母之恩，善盡人子之孝，遵母命與江冬秀女士結婚後，相親相愛四十餘年，始終不渝。

在家庭中，胡適夫婦眞能做到分工合作。大事由先生決定，小事由太太決定。所謂大事即外邊的事，諸如有關胡適的治學、交友、辦刊物、參與政事，太太概不過問；所謂小事即家務的事，諸如治備飲食、佈置庭園、裝潢廳堂，整治衣裝，照顧兒女等，都由太太作主。

其次，胡適家庭生活的基礎是建築在互尊互諒上。例如胡適常自稱是怕太太會的會員，其實這僅是一個笑話，高興時對朋友的自我幽默。太太聽了也得到精神上的安慰，對於調劑家庭氣氛之和諧和增加家庭生活的情趣，大有裨益。又如胡適好酒，尤其好客，招待朋友，往往豪飮。胡太太怕因酒傷身，規勸胡適戒酒，胡適只好答應，但提出相對條件，要太太戒賭（戒打牌），於是成立「雙邊條約」，互相遵守。但是，過了一段時間，胡太太的牌癮發了，有時從後門溜出，到朋友家打牌，被胡適發覺了，胡適不露聲色，於夜闌人靜時，微笑著對太太說：「從今天起，我不再戒酒了。」胡太太知道自己的秘密被發覺了，只好說：「

好吧！等明天給你開一瓶好酒。」於是戒酒戒賭的「雙邊條約」就此撤銷。

他對妻子的愛情深厚專一，實爲他家庭幸福的主因。他經常做白話詩來讚美他的妻子及敍述閨房之樂。例如在結婚之前，他曾寫過二首：

「她把門兒深掩，不肯出來相見。難道不關情？怕是因情生怨。休怨！休怨！他日憑君發遣。」

「幾次曾看小像，幾次傳書來往。見見又何妨？休做女兒相。凝想，想是這般模樣。」

新婚之後，又寫過三首：

「天上風吹雲破，月照我們兩個。問你去年時，爲甚閉門躲？誰躲？誰躲？那是本來的我。」

「十三年前沒有見面的想思，於今完結。把一樁傷心舊事，從頭細說，你莫說你對不住我，我也不說我對不住你——且牢牢記取這十二月三十日夜的中天明月。」

「也想不相思，可免相思苦。幾次細思量，情願相思苦。」

他還寫過一些敍述閨房之樂的小詩，例如：

「十幾年的相思剛才完結，沒有滿月的夫妻又匆匆分別。昨夜燈前絮語，全不管天上月圓月缺。今宵別後，便覺得這窗前明月，格外清圓，格外親切！你該笑我，飽嘗了作家情懷，別離滋味，還逃不了這個時節！」

「她干涉我病裏看書，常說：『你又不要命了。』我也惱她干涉我，常說：『你鬧，我更要病了。』我們常常這樣吵嘴，每回吵過也就好了。今天是我們的生日，我們訂約：今天不許吵了，我可忍不住要做一首生日詩。她喊道：『哼！又做什麼詩了。』要不是我搶得快，這首詩早被她撕了。」

至於對待朋友，胡適一生樂於助人，講究恕道，並遵守誠信的原則。他幫助愛國志士，幫助讀書人，甚至幫助和他見解不同的人。他幫助人是從「大我」的觀點出發的，不計較個人的利害得失，也不會想著要別人報答，不在他人面前張揚。

胡適有一封寫給旅美學人陳之藩的信說：「謝謝你的信和支票，其實你不應該這樣急於還此四百元。我借出的錢，從來不盼望收回，因爲我知道我借出的錢總是『一本萬利』，永遠有利息在人間的。」

陳之藩事後在一篇文章中寫道：「這是胡先生給我的最短的一信，但卻是使我最感動的一信。」

胡適待人，虛懷若谷，事事爲別人著想，決不埋沒他人的長處，並且從他人的長處去瞭解。「人之有善，若己有之」，這八個字，他當之無愧。

他與小販、司機都能做知己的朋友。有一個做蔴餅小販寫信給胡適，請教一個問題，胡適很高興的寫了回信，從此兩人便成爲朋友，時常見面長談。胡適逝世後，他的司機哀痛逾恆，一再訴說他的平易近人：「他從不擺什麼架子，對人總是和和氣氣的。」「凡是和他接觸的人，都知道他對人細心週到，一般人想不到的細節，他都想到了，從不讓別人有絲毫難過的地方。」

胡適除了是孝子、標準丈夫及忠實朋友之外，一般的爲人處世亦有其獨到之處。「胡適雜憶」一書的著者唐德剛說：「胡適的偉大，就偉大在他的不偉大。他的眞正的過人之處，是他對上對下從不阿諛。他說話是有高度技巧的，但是在高度技巧的範圍內，他是有啥說啥。通常一個有高度清望的人，對上不阿諛易，對下不阿諛難，而胡氏卻能兩面做到。」又說：「胡先生另一種難能可貴之處，是他毫無道學氣味。他可以毫不客氣地指導人家如何做學問；他有時也疾言厲色地教訓人家如何處世爲人。但是他從無『程門立雪』的那一派臭道學氣味，被他大教訓一頓，有時受教者往往還覺得滿室生春，心曠神怡。」

胡適能言善道，他的口才是有名的。講課時極爲叫座。他的學生錢用和描寫得好：「學生最感興趣的，是胡適之老師講中國哲學史。當時胡師方由美返國，少年英俊，博學深思。我們聽講時，大家聚精會神，提筆疾書，把所講錄入筆記。我和廬隱女士最矮，坐在第一排，時常仰首側耳，聽看著胡師的動作，如口吐出珠璣似的，上下古今，融會貫通，把老莊孔孟墨子等的思想，分析比較，深刻明瞭。上一堂課，勝讀十年書。」唐德剛也說：「胡適之是個最好的『教書匠』，也是最能『快友』的談友。他的文章寫得已經夠好，他講的比寫的更好！老博士一肚皮學問，滿頭腦眞知灼見，再加上個能說會講的嘴巴，他肚皮裏的東西不講出來，老胡適眞要活活悶死的。我可以想像胡適當年，在北京大學紅樓之內，聚天下英材而講演之。三山五岳，古今中外，閉著眼睛吹起來，吹得講台之上，天花亂墜；講台之下，歡笑四起，掌聲如雷；胡博士好不樂煞人也麼哥！」在臺灣的中年人，假如聽過他民國四十一年十一月及四十三年二月，兩次返國講學，當年在三軍球場（今介壽公園）以及在臺灣大學熱烈轟動的講演，那種浩大的場面，令人畢生難忘。

胡適在講課及講演時固然口若懸河，感人至深，就是在朋友閒談時亦極爲健談。他生性好熱鬧，來者不拒，見者必談。他見聞廣博，任何小題目，都能談得絲絲入扣，訪客愈多，談興愈大。縱有一些面目可憎言語無味的客人，也絕不怠慢。片刻坐對，整日春風。『我的朋友胡適之』一語之流行，足證其交遊遍海內。

唐德剛認爲胡適之有一種西方人所說的「磁性人格」（magnetic personality）。這種性格實非我國文字「平易近人」、「和藹可親」等形容辭可以概括得了的。這種人與人間的吸引力是與生俱來的，是一種秉賦，不是修養可以得到的。它能使人敬而愛之。

談到他的修養功夫，也是常人所不及。他可說是一個當之無愧的君子。俗語說：「害人之心不可有，防人之心不可無」，他斷無害人之心，也少防人之心。他待人誠懇、熱忱，任何人和他接觸，他總是全副精神應付，使人很自然的敬愛他。

他認爲「爲人辯冤白謗是第一天理。」朋友如遇困難，無不盡力幫助解決，縱然是不認識的人，如受委曲，他也願意排解。顧翊群曾敍述胡適軼事云：「我們去杭州時，滬杭火車中發生一件事，使我印象深刻。我們所坐的是頭等車廂，有一著制服者携其妻與妹亦坐在車中。啓行後，查票員發現該人所購票係三等票，當即請其移往三等車中，其人置諸不理。查票員請了押車憲兵來，向其人說明已在三等車覓得座位，請他與妻妹從速前往。伊大事咆哮，向憲兵說：『我是你的長官摯友，如你再事麻煩，我將請他予你處分。』當時胡先生適在鄰席，起向憲兵言道：『你儘管執行職務，將此人押往三等車中，我們現在簽字證明你是盡職務本分，不必懼怕他向你長官誣告。』其人立即攜其妻妹移往三等車中。」

## 修養有素生活簡單

「容忍比自由還重要」，這是胡適去世前兩星期，寫給他的特別護士的贈言。他不僅希望擔任護理的人要容忍，一般人做人也要這樣。他對政治、社會、教育、文化各方面重大問題都有主張，可是他決不抹殺他人的意見，有時認爲他人的理由充分，不惜捨己從人。

在生活上，胡適也有許多良好的習慣，他的生活很簡單，飲食很隨便，一點沒有怪癖和名士氣。李濟曾經談到胡適洗澡和刷牙的故事。

多年以前，中央研究院第一次院士選舉以後，全國各地大學均邀請院士們前往作學術講演，武漢大學也派人來邀請，他們請了胡適博士，也請了李濟博士。他們兩人被安排住在一起，共用一個浴室。李濟天天洗澡，可是李濟有時看到胡適去洗澡，有時又不見他去洗澡，李濟忍不住問胡適說：「一天講演下來已經很累了，爲什麼不洗一個澡舒服一點呢？」胡適回答說：「我有一個習慣，洗好了澡，一定要把洗澡盆洗乾淨。」他的意思是他演說得很累了，不再願意擦洗澡盆了，本來他是可以洗完了澡把水放了就好，但他又不願把洗澡盆上的污垢留到第二天讓工友去擦洗，因此他寧可不洗澡。李濟聽了很感動，他常洗澡卻從來沒有自己擦洗澡盆，他聽到了胡適的話，從此改變作風，洗完了澡一定把澡盆擦洗乾淨。

在那次武漢大學講演的過程中，胡適還對李濟提出了刷牙的方法：「我從小就看到許多朋友，做什麼事都是學人皮毛。譬如刷牙，十個人中間起碼有好幾個都不會。我刷牙是照例順著次序上下左右裏外刷的，每邊擦二十次，左邊上二十次，左邊下二十次，右邊上二十次，右邊下二十次，裏面上二十次，裏面下二十次，然後再外邊上二十次，外邊下二十次。這樣不但上下左右裏裏外外都刷到，且在牙膏方面說來也很經濟。」可見他對於生活上的小事也毫不馬虎。

關於胡適的修養及生活習慣，還是沈剛伯寫得最正確和具體。他在「我所認識到的胡適之先生」一文中說：「他那居處之恭，執事之敬，治事之勤，做學問之一絲不苟，同那『於人何所不容』之大度，確是我生平所少見的。我相信他眞做到了『視聽言動一秉於禮』，縱是一人獨處，也能『不愧屋漏』。他不特『出門如見大賓』，就是閉門靜坐，也是衣履整齊，威儀整飭，從來沒有蓬頭跣足的習慣和箕踞偃仰的姿態。他的書房臥室總由自己收拾得淨無纖塵。案頭架上圖書文具，櫥櫃內的衣服，抽屜中的零碎，乃至於一張名刺，一塊紙片，一堆酒瓶烟罐，無一不安放得服服貼貼，整整齊齊。任何人寫給他的片紙隻字，他都妥爲收藏，親筆回答。任何人送給他的著作文章，他總是從頭至尾的細加閱讀；遇有疑問不妥之處，隨時做上記號，然後加以考證辨正，寫給作者。」對於胡適的爲人，沈剛伯亦說：「他爲人極其謙和，處世極能容忍；惟對於做學問，則雖一字之微，也不輕易放過，不隨便妥協；他自律如此，對旁人也如此，固無所謂挑剔，亦無所謂客氣也。有時人家對他發生誤會，發表指責他的言論，他看過之後，反常用『他頗能讀書』，『很有才氣』，或是『可做研究』這一類的話去讚揚作者。他對於一些非禮謾罵的文字，也總是平心靜氣的看，看完了，毫不生氣，更不辯正，甚至還勸他的朋友們不要替他不平。這樣休休有容的度量，他表現得極其自然，眞算得是學問深時意氣平了。」沈剛伯最後結論說：「胡先生篤信進化之說，始終認爲今人應該超乎古人，後人應該勝過今人；所以他是個無神論者，也是個非聖論者（其實他並不是不推崇耶穌、服膺孔子，不過他不肯把他們當作偶像膜拜而已。）其實他做人正是不折不扣的從正心、誠意做起，一直到達行不逾矩，不愧不怍的地步；初非空談悲天憫人、仁民愛物的一套老話而已也。他在中央研究院就職的時候，蔣公介石以『道德高』三字推崇他；在他因公喪身之後，蔣公又用『舊道德的楷模』一語來輓悼他——蔣公可謂有知人之明矣。」蔣公給胡適的輓聯是：

新文化中舊道德的楷模；
舊倫理中新思想的師表。

他常寫的一幅對聯是：

大膽的假設，小心的求證；
認眞的做事，嚴肅的作人。

## 治學精神與方法

胡適治學的態度，教人首先要懂得懷疑。他說：「做學問重在不疑處有疑，待人要在有疑處不疑。」其次，要有「尋求事實，尋求眞理」的精神，學得「撇開感情，只認事實，只跟著證據走」的態度。他以爲用這種態度來做人治學，可以不至於被人蒙著眼睛牽著鼻子走。他在「介紹我自己的思想」一文的最後一段說：「從前禪宗和尚曾說：『菩提達摩東來，只要尋一個不受人惑的人。』我這裏千言萬語，也只是要教一個人不受惑的方法。被孔丘、朱熹等牽著鼻子走，固然不算高明；被馬克思、列寧、斯大林牽著鼻子走，也算不得好漢。我自己決不想牽誰的鼻子走，我只希望盡我微薄的能力，教我的少年朋友們學一點防身本領，努力做一個不惑的人。」這是教人獨立思考。第三，他教人做考證有兩個原則：一個是大膽的假設，一個是小心的求證。他自稱這是科學的治學方法，他的「紅樓夢考證」、「水滸傳考證」就是運用這個方法最好的示範。

因爲要尋求事實，注重證據，胡適特別注意搜集資料，他的私人資料室經常整理，每天不論生活多忙，總要抽出時間，翻閱幾十種中外報紙雜誌，並把其中重要資料，親自剪貼起來，分類彙集成冊，珍藏在資料室裏，他平日把世界各大通訊社和報社的背景資料，分析得清清楚楚，任何一個有地位報社的言論態度，政治背景和人物傳略，他都瞭如指掌。所以他在接受中外記者訪問時，都能應付裕如，恰到好處。

他如果要研究一個問題，一定要「打破砂鍋紋（問）到底。」他在學術上不立異，亦不苟同，不自立門戶，亦不沿門托鉢；不輕易抨擊他人，而能忍受他人的抨擊。

他教人研究問題應該小處著手，仔細潛心研究，決不放鬆。他特別強調：「要小題大做，千萬不要大題小做，我教書教了三十多年，都是拿極小的題目，各方面研究週到，否則便毫無用處。」他又說：「要求本行有所得，只有小題大做，能這樣研究下去，一定有成。」但他又曾說過：「為學要如金字塔，要能廣大要能高。」

關於胡適治學的範圍，他自己曾說：哲學是他的職業，歷史是他的訓練，文學是他的娛樂。他在留學期間所學的是哲學，他最初成名的著作也是哲學。但他只寫了半部「中國哲學史大綱」，因為他研究到中古哲學史時，他得先把佛教史徹底弄清楚，而研究佛教史時又遇到一個神會和尚的問題，於是哲學史大綱下冊便耽誤了。何況他興趣廣泛，把當作訓練和娛樂的歷史和文學，也在不斷的研究。

胡適在寫作上的特點，一言以蔽之，就是清楚。他把問題搞清楚，把事實弄清楚，把話說清楚，讀他的文章正如聽他談話，平實而有條理。但是他寫文章的速度很慢。他常說：「人家都以為我胡適寫文章，總是下筆千言，一揮而就。其實我寫起文章來是極慢極慢的。」因為他成名之後，使他寫起文章來特別小心。往往做一篇短文，也不是一揮而就，而是看了又改，改了再看，放幾天後，再看再改，有時拿給朋友看過，又再刪改。他善於言辭，但對於任何講演，包括非學術性在內，總要事先起草。如果準備學術性的講演，一篇講演稿子往往要寫二三個星期，眞是慢工出細貨。

我們如果要進一步瞭解胡適嚴謹的治學精神與方法，則可參閱他的學生羅爾綱所寫的「師門五年記」一書（此書並未單獨出版，可參見何索著「寂寞的獅子」一書附錄）。此書除了敍述胡適指示治學方法之外，並兼及胡適待人的態度。茲將書中所述治學方法擇要節錄幾點如下：

一、羅爾綱在胡適指導之下，鈔錄胡適的父親鐵花先生的遺集，全部遺集分別爲年譜、文集、詩集、申稟、書啓、日記六種，約八十萬字。因爲遺稿未經謄正，修改又多，不易辨認，鈔錄的人，如果不是十分小心，並且有耐性，是鈔不下去的。有時遇到字句實在看不清楚，還得用校勘的工夫，才能把修改的線索找出來。羅爾綱一連鈔了半年多，這半年多的工作，他認爲對他是一種非常重要的訓練，使他養成伏案工作時，具有「小心」和「忍耐」的好習慣。這是做歷史研究的人，搜求和評判史料時所不可少的能力。

二、羅爾綱的第二階段工作，是協助胡適做蒲松齡的生年考及醒世姻緣傳考證。他奉命把兩部聊齋全集的鈔本和一部聊齋全集的石印本對照，校其異同，胡適發現石印本的詩全部都是假造的，便寫成「辨僞舉例」一文給他看，使他懂得了懷疑，從此不敢輕信記載。胡適接著又寫成一篇「醒世姻緣傳考證」，這是胡適經過五、六年蒐集材料的工夫，才審愼寫成的，考證的主題是解答「醒世姻緣傳的作者是誰」的難題。胡適解答這個難題，經過幾許波折，其中有大膽的假設，有小心的求證。羅爾綱承認蒲松齡的生年考是教他做考證的態度，醒世姻緣傳考證是教他做考證的方法。

三、其後羅爾綱應用胡適的治學方法，做了二條考證筆記，一條考證李清照金石錄後序的「王播」是「王涯」之誤；一條考證袁枚祭妹文的「諾已」二字出於「公羊傳」，應該連讀。他把這兩篇筆記寄給胡適看。胡適非常高興，回信說：「你的兩段筆記都很好。讀書作文如此矜愼，最可有進步。你能繼續這種精神——不苟且的精神，無論在甚麼地方，都可大有進步。古人所謂『子歸而求之，有餘師。』眞可以轉贈給你。」

四、羅爾綱在大學裏對中國上古史曾經做過粗淺的研究，此時打算做較深入的研究，預備寫一部「春秋戰國民族史」。他根據的史料以左傳爲主，並參訂世本、竹書紀年、國語、國策、史記、五經、諸子各書。後來他把寫成的兩章給胡適看，胡適看了說：「你根據的史料，本身還是有問題的，用有問題的史料來寫歷史，那是最危險的，就是你的老師也沒有辦法幫助你。」胡適勸他研究中國近代史，因爲史料比較豐富，也比較容易辨別眞僞。兩年後，一個偶然的動機，把羅爾綱導引到研究太平天國的方向上去，並且由於他的努力，在太平天國的研究上，開了一個辨僞考信的風氣。

五、羅爾綱初入師門，胡適就將「不苟且」三字教訓他。他以前謹遵師教，後來妻兒到了北平，爲了賣稿補助生活，有一部分文章就不免粗製濫作。胡適曾經屢次教訓他：「作文不要武斷，一個人的判斷代表他的見解。判斷的不易，正如考證不易下結論一樣。做文章要站得住。如何才站得住？就是不要有罅隙給人家推翻。」又說：「你常作文字，固是好訓練，但文字不可輕作，太輕易了，就流爲『滑』，流爲『苟且』。我近年教人，只有一句話：『有幾分證據，說幾分話。』有一分證據，只可說一分話。有三分證據，然後可說三分話。」

這就是胡適自己堅持和啓迪後進的治學精神和方法。

胡適的治學精神與方法固有其獨到之處，再加上他的爲學不倦，用功最勤，秉賦深厚，識見卓越，故能成爲一代的學術泰斗。無怪唐德剛說：「筆者受教育數十年，衷心欽佩的業師和前輩亦不下數十人。但是這些名儒碩彥之中，有胡先生的資質的，大都沒有胡先生的用功；和胡氏同樣用功的人，則多半沒有他的天資；先天後天都差可與胡氏相埒的，又沒有他的德性好、人緣好、氣味好。這些都是胡適之的過人之處，都不是偶然的！」

民國五十年（一九六一）二月二十五日夜胡適因心臟病復發，入臺大醫院治療，月餘出院，七月十日患急性腸炎，十一月二十六日心臟病復發，又住入臺大醫院，至五十一年一月十日出院。五十一年（一九六二）二月二十四日胡適至中央研究院主持會議。下午六時三十分忽傾身倒地，醫生急救無效，與世長逝，享年七十二歲。

最後，再錄胡適常寫的小詩一首，無論對我們的爲人、治學與養生都應警惕：

不作無益事，一日當三日。
人活五十年，我活百五十。

# 于右任的養生之道

不信青春喚不回，不容青史盡成灰。

——于右任

## 革命報人　開國元老

于右任的一生多姿多彩，他不但是革命報人，開國元老，更是當代的「草聖」。他的詩詞文彩和胸襟氣度也是民國初年的皎皎者。

于右任名伯循，以字行。一八七九年（光緒五年）四月十一日，農曆三月二十日生於陝西三原，一九六四年十一月十日卒於臺北，享年八十六歲，他二歲喪母，隨伯母居住外祖父家九年。在念私塾之前，與村童一起度過放牧羊群的童年生活。六歲時隨牧童牧羊，遇狼來襲，僅距數尺，幸鄰人挾抱逐狼而免災難。七歲入私塾讀書。十三歲起入書院讀書。二十歲與高仲林女士結婚。二十一歲那年（公元一八九九年），八國聯軍攻陷北京，使他深感國勢衰敗，此後他便投身革命事業，並將他自己的字從「誘之」改爲「右任」，取「右衽」的諧音，以表示自己絕不「被髮左衽」的決心。嗣後曾經做過反清復漢的流亡詩人，鼓吹革命的報人，陝西靖國軍的司令，以及在國民政府中擔任三十四年之久的監察院長。

于右任一生的功績，盡筆難書，除參與革命事業及擔任政府公職外，對後世影響最大的就是他的詩歌和書法。

于右任早年拜師讀書，學習經書與詩文，遍讀唐詩、古詩源、詩選外，有一天趁老師外出，見書架上有文文山、謝疊山詩集，「我取而私閱，見其聲調激越，意氣高昂，滿紙國家興亡之感，忽然詩興大發。我之做詩，殆可以說由此悟入。」他當年作了許多類似的詩作，後來集結成書，書名《半哭半笑樓詩草》，引起清廷的不悅，迫使他遠離故鄉，開始流亡的生活。當他到達南京後遍遊各地名勝，曾寫下一首最膾炙人口的七言絕句「孝陵」：

虎口餘生亦自矜，天留鐵漢卜將興。
短衣散髮三千里，亡命南來哭孝陵。

一九五七年間，有一位友人出示一張照片給于右老過目，那是民國元年孫中山先生辭去臨時大總統時，在上海愛儷園舉辦的一場宴會，與會的有孫中山、于右任、胡漢民、蔡元培、汪精衛等黨國大老。于右老手撫著泛黃的照片，見其中只剩下他一個人還活著。他撫今追昔，感觸萬千，當即寫下一首七言絕句，詩云：

不信青春喚不回，不容青史盡成灰。
低徊海上成功宴，萬里江山酒一杯。

# 倡結詩社推廣詩教

于右任爲倡結詩社，推廣詩教，特發起以端午爲詩人節，以紀念屈原，其用意一是紀念其作品的偉大，一是紀念其人格的崇高。民國四十四年（公元一九五五）端午節在臺南舉行詩人大會，于右任曾親臨主持，並發表大會演講詞，茲節錄如下：

明末沈斯庵諸老，倡結詩社，三百年來，臺灣詩風蔚起，推其原意，決非爲吟風弄月，遣愁遣時，蓋痛神州陸沉，欲集中人心與意志，儲默默之力量，以抗當時之強暴。其心則顧亭林、黃梨洲、黃道周恢復祖國之心也。故臺灣之詩社，早涵有爲國家爲民族爲人類之革命思想，數百年來，愈流傳，愈光大。及至清末民初更才傑輩出，與中原旗鼓相應，以有今日。大矣哉臺灣詩社也！

執新詩以批評舊詩，或執舊詩以批評新詩，此皆不知詩者也。舊詩體格之博大，在世界詩中，實無遜色。但今日詩人之責任，則與時代而俱大：一、發揚時代的精神；二、便利大眾的欣賞。蓋違乎時代者必被時代摒棄，遠乎大眾者必被大眾冷落。再進一步言之，此時代應爲創造之時代，偉大的創造，必在偉大的時代產生。而偉大的時代，亦需要眾多的作家以支配之、救濟之，並宣揚之，所謂江山需要偉人扶也。此時之詩，非少數者優閑之文藝，而應爲大眾立心立命之文藝。不管大眾之需要，而閉門爲之，此詩便無眞生命，便成廢話，其結果便與大眾脫離，此乃舊詩之眞正厄運。

作一詩人，最重要的是作品與人格的一致。我們詩人要以屈原的創作精神，將詩的領域擴大起來，以屈原的高尚人格，將詩的內容充實起來，以表現並發揚時代日新又新的崇高理念。

總之，一方面詩人的喉舌，是時代的呼聲，一方面詩人的思想，是時代的前驅；以呼聲來反映時代的要求，以思想來促使時代的前進，而詩人的生活，更當是實現此一呼聲與思想的鬥士。此乃詩人所應有的博大懷抱。

于右任這篇講辭，鞭辟入裏，擲地有聲，其思想之敏銳與愛國之情操，令人欽佩不已。他當日赴臺南主持第一屆詩人節大會時，曾賦詩一首：

海山蒼翠色，助我以詩情。
遠大先民跡，精勤萬井耕。
採蘭歌屈子，有酒禮延平。
道樹熟芒果，山禽少弄聲。

于右任來到臺灣後，作詩甚多，其中以「第二次世界大戰回憶歌」最爲宏偉而具創見，因篇幅甚長，不克盡錄，其最後兩句云：「太平老人磨鐵硯，垂老還期致太平！」嗣後詩友均稱他爲「太平老人」。

他有一次到高雄巡視，從海港西望，但見萬頃波瀾，因而寫下一首悲壯的「高雄遠望」：

霸業東方何處尋，癡兒失算復南侵。

天留吾輩開新運，人說中原有好音。

撥亂非爲一代計，哦詩爭起萬龍吟。

旂山當面莊嚴甚，無限光明照古今。

一九五三年癸巳「重九士林登高」詩云：

重陽今又到，懷舊復登臨。

風雨一杯酒，江山萬里心。

又一九五五年，「高雄至鵝鑾鼻道中」詩云：

昔年濯足太平洋，拾得螺紋石一筐；

今我重來何所見，自由塔放自由光。

要之，于右任是一位革命詩人，其友陳邁之評論云：「先生以命世之雄才，具開天之身手。學殖淵眩，秉持醇厚。以悲天憫人之懷，行弔民伐罪之事。中原虎視，奠建國之宏規；牧野鷹揚，起蒼生於沈溺。攄血性以爲文章，抒悲憤以事吟哦，少作英發，即多半哭半笑之詩；中年勤勞國事，于役南北，感觸既深，篇章亦富。嗣更紅桑歷劫，國步艱虞，飽閱興亡，形之聲詩，以爲時代之寫照。抒情一任自然，詠事但求眞切。故能推陳出新，不蹈故常。獨創風格，自抒胸臆。筆力沈雄，雷霆萬鈞，一掃詩壇獺祭餖飣，陳陳相因之暮氣。闢前人未闢之境，啓詩界未啓之局。力主詩歌迎合時代，深入大衆，於詩學革新，殷殷致意。而其作品尤能實踐其說，凡新事物、新詞彙，一經入詩，便成佳構。論其勝義，約有數端：一、革命之思想，二、忠愛之精神，三、醇厚之性情。」

劉太希先生在所作「懷右老」一文中云：「記得民國三十五年勝利還都，一般文人在秦淮酒樓設慶功宴。右老到了，先已準備好紙筆，請右老題詞。右老隨便寫下二十八字：『百歲艱難敗復興，臨江守望老猶能，還京名士知多少，置酒高樓望二陵。』想想看，此詩首句七字，已將八年抗戰最後勝利的史實簡括地寫盡了。」該文接著說：「沒有生活沒有詩，沒有感情不能詩，沒有想像不是詩，寫不出具體形象不成詩。右老的詩是以生活爲根莖，以感情爲枝幹，以想像爲花葉，以生動的具體形象爲果實，所以能言人之所不能言。而篇篇有內容，有內容便是充實，『充實之謂美，充實而有光輝之謂大。』用孟子這兩句話，來評右老的詩，可能是最適當的。」

劉延濤在所作「于右任先生年譜編後記」中有云：「先生晚年，多主張解放舊詩，謂舊詩拘於平仄拘於韻，非以辭害意，即以音害辭。來臺後更嘗作白話詩以爲倡導。並主張用『中華新韻』，用自己的話寫自己的思想，不要把自己的思想，硬塞入古人的語句裏。先生的詩風雖然接近李白，而先生致力處實在杜甫。」

近代詩詞界前輩中，有人將于右老與毛澤東相比，兩人對於詩詞的造詣與風格確有相似之處，一九四九年抗戰末期，毛澤東與周恩來曾經飛到四川重慶，與國民黨進行國事談判。于右任設宴款待毛、周二人。席間毛澤東對于右任的詩詞推崇備至。毛澤東於一九三六年二月曾作〈沁園春·雪〉一首，其下半闋云：「江山如此多嬌，引無數英雄競折腰。惜秦皇漢武，略輸文采，唐宗宋祖，稍遜風騷。一代天驕成吉思汗，只識彎弓射大鵰。俱往矣，數風流人物，還看今朝。」此詞廣爲人稱道，是毛澤東的代表作，于右任曾當面稱讚。而毛澤東對于右任的詩詞亦稱讚不已，尤其對他於一九四一年過興隆山拜謁成吉思汗墓所作的「天淨沙」一闋，詞云：「興隆山畔高歌，曾瞻無敵金戈，遺詔焚香讀過，大王問我：幾時收復山河？」最爲折服。

## 標準草書　千古不朽

于右任除了在詩詞方面具有不可磨滅的貢獻之外，其次就是在書法藝術方面的創獲與成就。他在書藝方面的萌芽，可追溯自幼年時期，受私塾老師的影響，喜歡寫草書，尤其喜練王羲之的《十七帖》。其次，陝西自古以來帝王諸侯的陵寢甚多，他的故鄉三原北面的白鹿原，有一座唐高祖的獻陵，其中有幾塊碑文經常被人拓下來賣錢，使他印象深刻。因此在他成長的環境中，無論是人文或地緣，都與北碑有密切的關係。

清代末年乾嘉以後，整個書壇尊碑抑帖的風氣大盛，于右任受其影響，亦喜摹寫北碑，包括「張黑女墓誌銘」、「石門銘」及「龍門二十品」等，都是他探討研習的對象。一九三〇年他在陝西督導軍政時，仍不停勤習書法，曾賦詩云：

朝寫石門銘，暮臨二十品。
竟夜集詩聯，不知淚濕枕。

由此可見于右任此時的書法，以魏碑爲中心，所作行楷，均有碑意。他於勤習魏碑之餘，並致力於訪碑工作，於兵荒馬亂之際，仍能苦中作樂，曾賦詩兩首：

載酒三陽寺，尋碑興倍增。
民窮先廢學，廟破竟無僧。
造像搜頻得，浮圖倦未登。
歸途書所見，哀雁過高陵。

——「二月二日與俊夫諸君遊高陵」

曳杖尋碑去，城南日往還。
水沉千福寺，雲掩五臺山。
洗滌摩崖上，徘徊造像間。
愁來且乘興，得失兩開顏。

——「尋碑」

于右任對於訪碑的最大貢獻，是一九一八年重新尋獲的「廣武將軍碑」，此碑是前秦苻堅時代的名碑，出土後又一度失落。于右任尋獲此碑後，至感興奮，曾賦長詩《紀廣武將軍碑復出土歌》，其中警句云：「碑版規模啓六朝，寰宇聲價邁二爨」、「七年躍馬出山城，披荊斬棘搜求遍」、「出土復湮百餘年，金石學者眼爲穿」、「昔人誤記後人覓，掘遍宜君郭外田」。

于右任除了發現「廣武將軍碑」外，往後又陸續收購了百餘塊墓誌銘，並於一九三六年將所藏的三百八十多塊原碑，如其所願，悉數捐贈西安碑林博物館，其中又以左思所書寫的「晉武帝昭書」和「鴛鴦七誌」最獲好評。

我國書壇發展至清末民初年間，出現了一些改革的聲浪：他們認爲中國文字筆劃繁複，書寫費時費力，因此有人主張採用簡體字，有人主張採用章草，也有人主張採用羅馬拼音和注音符號。于右任則認爲中國文字書寫困難，固然是事實，但中國文字音義及造型之美，卻是世界其他民族的文字所不及的。在簡便實用、節約時間的要求下，先賢早已創有通用的草書，可惜後人未予推廣。于右任有見於此，乃於一九三一年（民國二十年）創立草書社，翌年成立標準草書社，希望將草體予以標準化，以期恢復原有的功能。該社經過數年的研究改進，所編纂的標準草書出版後，又經過多次的修訂，才略具規模。

一九三六年在上海出版的《標準草書》，于右任在序言中云：

> 吾國草書之興，遠在漢初，先哲立旨，爲其「愛日省力」也。今時之足珍，千百倍於往昔，廣草書於天下，以利制作而新國運，此其時矣。
>
> 千餘年來，草法演進，名類衆多，約而言之，可成三系：一曰章草，解散隸體粗書之者也。其爲法：利用符號，一長也；字字獨立，二長也；一字萬同，三長也。二曰今草，繼章草而改進者也，其爲法：重形聯，去波磔，符號之用加多，使轉之運益敏。三曰狂草，草書中之美術品也。其爲法：重詞聯，師自然，以放縱爲高，以自由博變

爲能。

> 自草書社成立，乃立原則：曰易識，曰易寫，曰準確，曰美麗。依此四則，以爲取捨。字無論其爲章爲今爲狂，人無論其爲隱爲顯，物無論其爲紙帛爲磚石，爲竹木簡，唯期以眾人之所謂善者，還供眾人之用。

于右任在這篇序言中，把草書的演變、創立標準草書的目的說得非常明白。《標準草書》的最後一次修訂是一九六七年的第十次修訂本，於一九七八年出版。

據當時參與編輯「標準草書」的劉延濤序言中曾經指出：「標準草書發千餘年不傳之秘；爲過去草書作一總結賬，爲將來文字開一新道路。」

《標準草書》中附有「標準草書凡例」，歸納書理八點：即意在筆先，萬毫齊力，變化、應接、忌交、忌觸、忌眼多、忌平行。至於于右任本人所傳的書法秘訣爲「無死筆」、「圓筆便，方筆美」、「忌交、忌觸、忌眼多、忌平行」等寥寥數語，主要在於實踐，他從實踐中奠定了他作爲一代草聖的地位。

要之，于右任所倡導的標準草書，經過了三十多年的研究與推廣，已經收到甚大的成效。尤其他自己所寫的草書散佈在海內外的甚多，幾乎隨時隨地都可看到。而其內容，無不博大，有益身心。例如「清夷天下望，博大聖人心」、「聖人心日月，仁者壽山河」、「日月千齡旦，山河萬族春」、「乾坤萬里眼，時序百年心」、「江山如有待，天地更無私」、「出爲天下利，退讀聖人書」、「天機清曠長生海，心地光明不夜燈」，以及「海納百川有容乃大，壁立千仞無欲則剛」等，不勝枚舉。

筆者在此順便略述與于右老的交往經過。筆者早年在臺灣南部工作時，喜練標準草書，曾致函右老請益。一九六二年春來臺北出差時，曾往青田街九號右老寓所晉謁，承蒙坦誠接待，多方指教，並面贈墨寶一幅，視爲至寶，迄今尚懸掛客廳。嗣後拙著在正中書局出版時，又蒙右老賜題封面，增光不少。

## 詩書怡情　延年益壽

以上簡略地敘述了于右老的經歷，及其在詩歌書法上的卓越成就，以下進入本題，探討他的養生保健之道。

于右老生當革命時期，經歷艱險，尚能克享高壽，與他的養生有道關係密切，分析言之，約有下列各點：

一、**生活簡樸，家庭和睦**：他生於東北方的陝西三原，氣候嚴寒，能適應者多爲體魄強壯性格堅忍之人，幼年牧羊有驚無險，長而遍歷各地，參加革命行列，艱苦備嘗。他有詩云：「幼作牧羊兒，老至天山下；天山不可登，還須習鞍馬。」至於他的家庭和睦，妻子賢惠子女孝順，則可從「內子高仲林送女入京成親」一詩證實：「春風蘇百草，送爾出關門；遇合從兒願，追隨念母恩。家庭新創造，文學舊思存。應念空山老，詩箋印血痕。」

據劉太希所作「懷右老」一文云：「右老一生，人們不可及的是博大二字。先看他的儀表，長髯過腹，廣顙豐頤，一望而知是大人氣象。」他的鬍子比張大千的鬍子更長更爲美觀。有人曾問張大千睡覺時鬍子怎麼擺放，張大千說：「沒有那麼麻煩，于右老的鬍子遠比我長，人家也問他睡覺時怎麼辦，于先生有辦法，他把鬍子挽個結。」于右老既是美髯公，所以他從來不穿西裝，他只穿長袍，既節約，又瀟洒。他的臺北青田街寓所，鬧中取靜，院內樹木蒼翠，空氣清新，早晚他在院內散步，做深呼吸。至於他的飲食亦甚簡單，很少出外應酬。

**二、詩歌養生，惠而不費**。他平生最大的嗜好，除了書法外就是詩歌，自幼至老，口不離詩，筆不停揮。誦詩作詩不但可以益人神智，陶冶性情，甚至可以防病治病延年益壽。「讀離騷之賦，而生悽楚之感，吟歸去來辭，而慕閒逸之情。詩詞妙文，實足益人神智，陶樂情志。夫杜甫之詩，能驅瘧疾，陳琳之檄，可愈頭風。誦詩可使六腑安寧，穢氣消亡，可以啓智悟道，招吉納祥。」（據周紹賢著《道家與神仙》）

依據近代心理學的研究成果，我們知道音樂具有療疾的作用，書畫能使人延年益壽，詩歌同樣具有一定程度的療效。從心理健康到疾病防治，詩歌能幫助壓力沉重的人放鬆，受疾病蹂躪的人康復，也使心理障礙的人吐露心聲。當反復吟誦詩歌時，可使大腦皮層的興奮和抑制過程達到平衡，血液循環順暢，體內生化代謝更加旺盛，並能增加荷爾蒙及活性物質的分泌，使神經細胞的興奮調節至最佳的平衡狀態。心靈平靜則內分泌平衡，內分泌平衡則免疫功能加強，免疫功能加強則可抵抗癌症的發生，延長人的壽命。

**三、書法藝術，陶冶性情**。書法是中國特有的藝術，人們在書法藝術中，不斷追求寄託情懷，樂觀向上，不計名利，這是最好的修性功夫；又作書時要求姿勢端正，全神貫注，周身著力，一氣呵成，這是最好的柔和運動。故歷代書法名家多能長壽。唐代柳公權活了八十八歲，明朝的文徵明活了九十歲，當代的蘇局仙（一八八二—一九九二）享壽一一〇歲。

吾人作書時必須聚精會神、意念專一。唐·韓方明在《授書要訣》中引徐鑄的話說：

> 夫欲書先當想，看所書一紙之中是何詞句，言語多少，及紙色目，相稱以何等書，令與書體相合，或眞、或行、或草，與紙相當。意在筆前，筆居心後，皆須使用筆法。有難書之字，預於心中布置，然後下筆，自然容與徘徊，意態雄逸，不得臨時無法，任筆所成。

這段話的重點在「意在筆前，筆居心後」。當我們寫字時，必凝神於文字優雅、章法變化等的構思之中，自然就排除了一切妄念，心神集中。

至於書法與情緒調劑的關係，唐代韓愈評張旭草書云：

> 張旭善書草書，不治他技。喜怒窘窮，憂悲愉佚，怨恨思慕，酣醉，無聊，不平，有動於心，必於草書焉發之。觀於物，見山水崖谷，鳥獸蟲魚，草木之花實，日月列星，風雨水火，雷霆霹靂，歌舞戰鬥，天地事物之變，可喜可愕，一寓於書。故旭之書，變動猶鬼神，不可端倪，以此終其身而名後世。

所以古人得出結論云：「書者，抒也，散也，抒胸中氣、散心中鬱也。故書家每得以無疾而壽。」（何喬《心術篇》）「學書用以養心愈疾，君子樂之。」（黃匡《甌北醫話》）

于右老畢生從事書法藝術，心身康泰，故能享高壽。他對於書道之樂，深有體認。他有一首「人生貴行樂」五言律詩，歌詠書道之樂云：

人生貴行樂，書道樂無邊。
每日三千字，長生一萬年。
揮毫隨興會，落紙起雲烟。
悟得其中妙，工夫要自然。

此外，他還偶然書寫王陽明的《樂學歌》，藉以自勉勉人：

人心本自樂，自將私欲縛。私欲一萌時，良知還自覺，一覺便消除，人心依舊樂。樂是樂此學，學是學此樂。不樂不是學，不學不是樂。樂便然後學，學便然後樂。樂是學，學是樂。嗚呼，天下之樂何如此學，天下之學何如此樂。

于右任一生不怕老，也不服老，而且讚美老。他有「老人歌三首」，自註云：「一九三八年十月四日在渝漢機中作，老人指張伯倫也。」

好老人，老人好；七十頭白未爲早。采食窮荒長不老，東家哭咒西家禱，天下太平無弱小。

老人好，好老人；飛來飛去海上塵。予德不孤必有鄰，或爲犧牲或藻蘋，用以薦帝祀明神。

于右老晚年喜歡書寫《史記·老子韓非列傳》中的三句話，藉以自勉：「老子百有六十餘歲，或言二百餘歲，以其修道而養壽也。」

于右老始終保持每日早起寫字的習慣。對於慕名而來求字的人，不分雅俗隱顯，幾乎是有求必應，他尤其喜歡接近青年朋友，與他們交換意見，毫無官架子作風。

## 晚年生活守一不變

于右老晚年生活狀況，他的秘書劉延濤最爲了解。據說右老某友人知右老晚年喜看新舊約，曾勸他說：實不相宜。事後劉延濤曾閱右老日記，有云：「我是儒家系統中人，守之不變者。萬勿中道迷離，爲世人所笑。今之世則不然，變者多矣。我則以道自守。」又云：「萬勿爲名教上之戴高樂！」劉延濤云：「守一不變，實貫澈先生之一生。此觀革命以來，守一不變者有幾人？先生一生，無一語爲私，亦無一事爲私。先生立身行己，亦俠亦儒，而仍執兩用中以守一。故能俠而不偏激，儒而不迂腐。而先生之胸襟浩然氣象，多可於其自撰或改撰之書聯中見之。如云『與人樂其樂，爲世平不平』、『清平天下望，博大聖人心』、『吃盡苦中苦，不爲人上人』、『無私乃天道，不役是人倫』、『樂同少長老，氣合天地人』、『心積和平氣，手成天地功』、『計利當計天下利，求名應求萬世名』、『雲龍鳳虎新時代，名物乾坤舊座銘』、『觀天地生物氣象，學聖賢克己工夫』……凡此皆可爲先生平生修持工夫與精神寫照。」

據劉延濤說，右老亦有三件事猶有遺恨，右老曾沉痛言之：一、右老早期之摯友爲黃克強、楊篤生、宋教仁、陳英士，以及民立報社同仁，皆英年早逝，致使當時之諸多計劃，未能實現，或實現過遲。二、未能出國留學或考察，致使未能與世界的大學者、大政治家接觸，而局限了自己，也使自己對國家建設心餘而力絀。三、未能一赴金門慰問戰士而懸望大陸。

又據劉延濤云：「憶右老於一九四九年在廣州時，每日下午必驅車至黃花岡，徘徊瞻眺，幾於無間風雨。據云黃花岡烈士中以窮苦的福建連江縣者最多。右老自言窮是他的光榮，也是黨的光榮。惟其然也。故先生在黨國中，無形中成爲人民對黨國的向心力。今者政府已『均富』矣，而士之能『固富』者幾希？富無邊際，而人之希望亦無邊際，而仍日日甘蹈死亡威脅，以投身於波濤洶湧之『富』海中，滅頂而弗顧也，謂之何哉！有心者爲之憂心如焚也。」由此可知于右老之能安貧樂道，終身謹守不置私產原則，故能年逾古稀，非無因也。（以上參見劉延濤作「于右任先生年譜編後記」一文）

劉延濤曾編《右任詩文存》一書，其編後記云：「余曩者爲文稱先生爲革命詩人，或有以余言爲不大者，曰：先生民族詩人也。余曰：民族詩人代有之，革命詩人不世出也。民族詩人爲愛國詩人，革命詩人乃建國詩人也。以詩例之，老杜曲江：『短衣匹馬隨李廣，看射猛虎終殘年』，民族詩人也；先生仿曲江：『風雲再起齊奮起，親射猛虎如當年』，革命詩人也。讀先生詩，如聞戰士之喘息，非旁觀者之讚歎也。讀先生詩，有不思投袂而起曰：『不爲湯武非人子』者乎！」

于右老一輩子都是布衣粗食，每日三餐仍然不改拉麵大餅，身體一向相當健康。一九五一年他七十三歲時曾經患過腦部微血管阻塞而導致輕微中風，但經過戒煙調養之後，十餘年來並無大病。直至一九六四年初，因患牙疾拔牙，擴散引發菌血症，繼患肺炎，高燒不退，竟至一病不起，於當年十一月十日上午八時八分逝世於榮民總醫院，享年八十六歲。遺體暫厝臺北近郊觀音山上，至一九六七年七月十七日安葬於臺北大屯山巴拉卡之大官林。另樹立四米高半身銅像，座於東南亞最高山玉山主峰，以慰天靈。

于右老生前自知來日無多，曾撰寫三首自輓的哀歌，亦壯亦悲，感人至深。茲錄如下，以誌哀思：

一、

葬我於高山之上兮，
望我大陸。
大陸不可見兮，
只有痛哭！

二、

葬我於高山之上兮，
望我故鄉。
故鄉不可見兮，
永不能忘！

三、

天蒼蒼，
野茫茫，
山之上，
有國殤！

# 羅家倫的養生之道

人是有意識的，有靈感的，有智慧的，所以他有思想的自由，有選擇的自由，他可以憑他的判斷來指揮他的行動。人生值得一活，世事值得努力，歷史值得創造，正是為此。

——羅家倫

羅家倫字志希，原籍浙江紹興，公元一九九六年生於江西進賢縣，一九六九年（民國五十八年）十二月在臺北逝世，享年七十四歲。他是五四運動的主角之一，「五四運動」這一名詞即由其最先創用。其後參加國民革命軍北伐戰役，曾任清華大學、中央大學校長，於促進中國現代學術頗有貢獻。

羅家倫著的「新人生觀」一書，出版於民國三十一年對日抗戰最艱苦時的重慶，來臺後於民國四十年修訂再版。據其自序，自述寫作本書的動機云：「自從神聖抗戰發動以來，我就開始做一點積極的思想工作。我寫這部新人生觀的時候，不想照傳統的寫法，分門別類的論列人生哲學的各部分。我祇想把中國民族思想和生命中，我認爲缺乏或貧乏的部分，特別提出來檢討、來發揮。但是寫成以後，也自成一個系統。」他要把它獻給有肩膊、有脊骨、有心胸、有眼光而又有熱忱的中華兒女，尤其是青年。當時此書行銷甚廣，對戰後青年思想的引導，曾有良好影響。

著者鑒於人人對於人生都有其看法。我們生命的意義是什麼？生在世上有什麼價值？我們如何能得到富有意義和價值的生命？我們的前途又是怎樣？我們要解決這些問題，就要研究人生哲學。人生哲學乃是一種人生的態度，並非抽象的概念和高不可攀。

我們生在這個時代，舊道德標準已動搖，而新的道德標準尚未確立，一般人尤其是青年，都不免彷徨迷惑，往往進退失據，而陷於煩悶和苦惱的深淵。因此建立新的人生哲學實有必要。著者認爲要建立新的人生哲學，在態度上至少有三點不同：第一、新的人生哲學不是專講「應該」，而是要講「不行」。舊的人生哲學常以爲一切道德的標準，都是先天的範疇，人生祇成應填塞進去，而新的人生哲學則認爲這是事實的需要，經驗的結晶，經過思考後的判斷。第二、新的人生哲學不專恃權威或傳統，乃要以理智來審察現代的要求和生存的條件。權威和傳統並不是都要不得，祇是不必盲目的全部接受，我們要以理智和經驗去審察，看它是否合於現代生命的願望、目的，以及求生的動機。第三、新的人生哲學不講「明心見性」之學，更不涉性善性惡之論。他是主張整個人生及其性格與風度的養成，從知識中探討生命的奧秘，並從經驗與習慣中培養理想的生活。他否認先天原始的罪惡，他也不憑藉直覺來判斷是非。他要從民族和人類的歷史和文化裏，尋出人與人相處、人與自然相與的關係，以決定個人所應該養成的性格和風度。

## 新人生觀

羅氏根據上述新的人生哲學所應具的三種態度，來建立新的人生觀。他所提出的人生觀包括下列三種：

第一是動的人生觀：宇宙是動的，人在宇宙之間，自然也是在動的。希臘哲學家赫拉克萊圖斯說：「你不能兩次站在同一條河裏。」孔子在川上說：「逝者如斯夫，不舍晝夜。」都是這個道理。宋儒偏重「主靜主敬」之說，把活潑潑一個人，弄得動彈不得。可是動有兩種，一是有意識的動，一是無意識的動。有意識的動是主動、自動，無意識的動是「機械的動」，是被動、盲動。人是有意識的，有靈性的，有智慧的，所以他有思想的自由，有選擇的自由，他可以憑他的判斷來指揮他的行動。人生值得一活，世事值得努力，歷史值得創造，正是爲此。

第二是創造的人生觀：人生要動，但不是機械的動，乃是有意識的動，我們應當把我們的動力，發揮到創造性的事業方面去。我們不祇是憑自力創造，而且要運用自力，以發動和征服自然的能力來創造。我們不僅驅使無限的電力爲人類服務，不久的將來，人類也許更能解放宇宙間無限的原子能，成爲被管制的動力，來爲人類謀幸福。人類之有今日，是歷代先哲們不斷創造累積的成果，今後的前途，則要靠我們發揮創造的能力了。

第三是大我的人生觀：我們所以有現在，是賴多少人的血汗精力造成的。我們無論在物質方面或精神方面的享受，都要靠廣大人群的貢獻，祇有憑著他們的貢獻方能充實形成小我。反過來說，也祇有竭力發揮小我，擴充小我，才能實現大我。爲小我而生存，這生存太無光輝，太無意義。必須小我與大我合而爲一，才能領會到生存的意義，必須將小我來提高大我，推進大我，人群才能向上。

人生觀不是空虛的，是要藉生活來實現的。我們實現上述三種基本的人生觀，必須靠以下三種的生活方式。

第一是生力飽滿的生活：生命的存在，固然要靠生力，生命的發展尤其要靠生力。生力是生命裏面蘊藏著的無限生機，把生命不斷向上向外推進和擴大的動力。有生力的人生是朝氣勃勃的，無生力的人生是氣息奄奄的。

第二是意志的生活：能過意志生活的人，不是特立獨行的人，便是堅苦卓絕的人，意志薄弱的人，見了困難就逃了，只有意志堅強的人，纔能運用生力克服困難。開戰以前計較的是利害的輕重，開戰以後計較的是意志的強弱，這就是勝負的關鍵。有形的戰爭如此，一切生存的戰爭也是如此。

第三是強者的生活：能憑藉意志去運用生力以征服困難的生活，即是強者的生活。這裏所說的強，是「強而不暴」的強，是「天行健君子以自強不息」的強。強的反面是弱，搖尾乞憐，自己認爲不行，便是弱者的象徵。強者的哲學是接受生命、接受現實，不倚賴人，不倚賴神，能接受痛苦和在危險中過生活，要威嚴的生、正義的怒，而且要有殉道的精神。

羅先生在提出上述三種人生觀及三種生活方式後，接著進一步要大家認識「理想」、「智慧」和「人格」三個力量。理想是人類對於宇宙和人生所嚮往的最高意境，它是我們的遠景，也是我們努力的目標。智慧是人生的透視，是一種微妙的穎悟，它能籠罩和體會理性和經驗，而從中悟到眞理。人格是衡量個人一生生命價值的標準，是某一個人異於他人的特徵，也是某一個人生命連續的維持力，尤其是他道德的生命。

此外，羅先生對於西洋人生哲學中的悲觀主義、樂觀主義、命定論及機械論等，都有扼要的敍述和中肯的批評。他認爲：「我們用不著悲觀，因爲除了毀滅自己的生命而外，悲觀毫無是處。我們要樂觀才能提得起做人的興致。但是我們決不能存過分的、盲目的樂觀，因爲它會造成人的倚賴性和惰性。」至於命定論和機械論業經現代哲學否定，更無採行的價值與必要。

羅先生認爲要建立新的人生觀，還要明辨下列各項觀念，並從事修養，見之於行動。

## 道德的勇氣

要建立新人生觀，第一必須養成道德的勇氣（Moral courage）。什麼是道德的勇氣？道德的勇氣乃是人生精神力量最好的表現，與「匹夫之勇」及「好勇鬥狠」的勇不同，衝動與虛矯都不是道德的勇氣，因爲衝動是感情的，不是理智的，是一時的，不是持久的；虛矯是趾高氣揚的人，無實學而自負的人。我們所要的是「臨事而懼，好謀而成」的人，他對事非經切實考慮後決不輕易接受，而一經接受，就要咬緊牙根以全力幹到底。他所有的勇氣是經過內心的鍛鍊，表現出來就有力量。

羅先生認爲要養成道德的勇氣，必定要有兩個先決條件：第一是天性的敦厚，一個人有無作爲，能否擔當國家大事，以及能否成爲患難的朋友，必須看他天性是否敦厚。古來許多大政治家用人，都寧取誠樸而不喜小巧的人。第二是體魄的雄健，此與膽量有關，體力好的人不一定膽子大，但體力差的人卻往往膽子小，一遇危難，倉皇失措。

具備這兩個先決條件，然後才可以談到如何修養道德的勇氣。修養就是把原來的質素加以有意識的鍛鍊。孟子所謂「天將降大任於是人也，必先苦其心志，勞其筋骨，餓其體膚，空乏其身，行拂亂其所爲，所以動心忍性，增益其所不能。」就是要養成至大至剛的「浩然之氣」，以及「泰山崩於前而色不沮，黃河決於側而神不驚」的從容態度。這樣，道德的勇氣才可說是修養完成。

至於具體的修養方法，可分爲四項來說明。

一、知識的陶鎔：眞正的道德勇氣，是從知識產生的，因爲經過知識的磨鍊而產生的勇氣，才是有意識的，而不是憑直覺的。唯有經過嚴格知識訓練的人，才能眞正辨別是非，才能樹立「知識的深信」，才能發爲有系統、有計畫、有遠見的行動。

二、生活的素養：僅有知識的陶鎔還不夠，必須更有生活的素養。西洋哲學把簡單的生活和高超的思想聯在一起說，實在很有道理。沒有簡單的生活，高超的思想是不能充分發揮的。一個人的行動，必須心無所蔽，不爲嗜慾所制，然後在最後關頭，方能表現其偉大。

三、意志的鍛鍊：特立獨行的人才能過意志的生活，他有百折不回的決心，堅韌不拔的操行，所以「舉世譽之而不加勸，舉世毀之而不加沮。」他有「雖千萬人吾往矣」的氣概，他能以最大的決心，貫徹他的主張。他是「富貴不能淫，貧賤不能移，威武不能屈」的。

四、臨危的訓練：一個偉大的領袖和他的偉大的人格，祇有到面臨危難緊急的時候，才容易表現出來。世界上那一個偉大的人物，不是經過多少的危險困難，不爲所屈，而後才能產生的？不能臨危不變的人，必定是懦夫，祇有強者才不怕危險，才能在危險中完成其人格充分的發揮。

中國歷史上，偉大的人物甚多，其中宋朝的文天祥是充分表現道德的勇氣的最佳例證。他以一個書生，在國家危亡的時候，奮起領兵抵抗，屢戰屢敗，卻仍屢敗屢戰，百折不回，視死如歸。最後被執，在獄中除作正氣歌之外，還集杜詩二百首，這是何等的鎮靜！何等的從容！他就刑時衣帶中所寫的「孔曰成仁，孟曰取義，惟其義盡，所以仁至。讀聖賢書，所學何事？而今而後，庶幾無愧！」幾句話，眞是可以動天地泣鬼神！也是他一生修養成功的道德的勇氣的充分表現。

## 知識的責任

知識是人類最高智力發展的結晶，也是人類經驗中最可珍貴的寶藏，求得知識的人，享受人間特惠，應該負一種特殊的責任。而且知識是精神生活的要素，是指揮物質生活的原動力，也是人類一切行爲的最高標準，倘若有知識的人不能負起特殊的責任，則無異糟塌知識，阻礙人類文化的進步。

什麼是知識的責任？羅先生說：「知識分子既然得天獨厚，受了人間的特惠，就應該對於國家民族社會人群負起更重大的責任來。世間上唯有知識分子才有機會去發掘人類文化的寶藏，才有特權去承受過去時代留下最好的精神遺產。知識分子是民族最優秀的分子，同時也是國家最幸運的寵兒，如果不比常人負更大的責任，如何對得起自己天然的秉賦？如何對得起國家民族的賜予？又如何對得起歷代先哲的偉大遺留？知識分子在我國向稱爲『士』，曾子說：『士不可以不弘毅，任重而道遠，仁以爲己任，不亦重乎？死而後已，不亦遠乎？』身爲知識分子，就應該抱一種舍我其誰至死無悔的態度，去擔當領導群倫繼往開來的責任。當民族生死存亡的緊急關頭，知識分子的責任尤爲重大。范仲淹主張『先天下之憂而憂，後天下之樂而樂』，必須有這種抱負，才配做知識分子。」

我國社會上的一般通病，就是一般知識分子不負責任。行政界的通病更是不負責任，推諉責任。上級機關對下的公事，是把責任推到下面去，下級機關對上的公事，是把責任推到上面去。責任有如一個皮球，上下交踢，踢來踢去的結果，竟和火線中間有一段「無人之境」一樣。

這種不負責任的病根，據羅先生診斷的結果：第一是缺少思想的訓練，已有的思想不能發揮，新的思想無從產生；第二是容易接受外來的思想，喪失自己的立場；第三是思想混沌不清，不易形成自己思想的系統；第四是思想散漫，難於形成精密的思想；第五是思想頹廢，沒有生氣，影響形成頹廢的行爲；第六是不能從力行中體會思想。

最後，關於知識的責任，羅先生下結論說：

我們要改造民族思想的話，必定先要自己負起知識的責任來。尤其是現在，知識分子對於青年的暗示太大了。我們對於青年現在最不可使他們失望，使他們喪失民族的自信心。我們稍見挫折，便對青年表示無辦法，是最不可以的事。領導青年的知識分子尙且如此，試問青年心理的反應如何？我們要告訴他們世界上沒有沒有辦法的事，民族斷無絕路，祇要我們自己的腦筋不糊塗。知識是要解決問題的，知識不怕困難，知識就是力量。

顧亭林說道：「天下興亡，匹夫有責。」何況知識分子？他又說：「有亡國者，有亡天下者。」他所謂「亡國」是指朝代的更換，他所謂「亡天下」是指民族的滅亡。現在我們的問題，是要挽回亡天下、亡民族的大劫。在這時候，知識分子如不負起這特別重大的責任來，還有誰負？我覺得我們知識分子，今後在學術方面要有創作、有貢獻；在事業方面要有改革、有建樹。我們不僅要研究眞理，並且要對眞理負責。我們尤其要先努力把國家民族渡過這個難關，不然，我們知識分子一定要先受淘汰，連我也要咒詛我們知識分子的滅亡！

## 運動家的風範

運動的直接目的固然在於鍛鍊個人的體魄，進而增進整個民族的健康。但運動的精義還不止此，更有道德的意義，就是在運動場上養成人生的正大態度和政治的光明修養，以陶鑄優良的民族性，這就是運動家的風度。

養成運動家的風度（Sportsmanship），首先要認識「君子之爭」。論語云：「君子無所爭，必也射乎？揖讓而升，下而飲，其爭也君子。」這是何等的光明，何等的雍容。英文中fairplay這個字最好譯作「君子之爭」，其起源也是出於運動，但其含義則引申到一切立身處世待人接物的方式。運動是要守著一定的規律，在萬目睽睽的監視之下，從公開競爭而求得勝利，所以一切不光明的態度，暗箭傷人的舉動，和背地裏佔小便宜的心理，都當排斥。

其次，有風度的運動家要有服輸的精神。「君子不怨天，不尤人。」運動家正是這種君子，按照正道做，輸了有何怨尤？我輸了祇怪我自己不行，等我充實改進以後，下次再來，人家勝了，是他本事好，我祇有佩服他，罵他不但是無聊，而且是無恥。歐美先進國家的人民，因爲受了運動場上的訓練，服輸的精神是很豐富的，這種精神乃從體育的運動場上帶進了政治的運動場上。例如美國選舉總統，失敗者總是立刻致賀電給當選者，充分表示運動家的服輸精神。

有風度的運動家不但有服輸的精神，而且更有超越勝敗的心胸。競爭當然要求勝利，比賽當然想開記錄。但是有修養的運動家，必定要達到得失無動於中的境地。保羅說：「人人賽跑，祇有一個第一。」記錄不過用以試驗人力可能達到的限度，而人力是有限的。我們參加運動乃重在運動的精神，「勝固欣然，敗亦可喜」，這是重要的運動精神之一種。

有風度的運動家是「言必信，行必果」的人。運動會要舉行宣誓，其意義即在此。臨陣脫逃，半途而廢，都不是運動家所應有的。「任重而道遠」和「貫徹始終」的精神，應由運動家表現。所以賽跑落後無希望得獎還要努力跑到的人，乃是有毅力的人，大家鼓勵之不暇，決不容有「喝倒采」的現象。

要之，運動可以增強民族體魄，提高國民道德，但從人生哲學看來，運動家的風度才是運動由技而進的道。運動家的風度表現在人生上，是一個莊嚴公正協調進取的人生，有運動家風度的人，寧可有光明的失敗，絕不要不榮譽的成功。

## 文化的修養

在現代機械文明工業社會中，大家都感覺到生活的緊張與單調，因而更感覺到厭倦、煩悶和不安。社會上多的是情感的刺激，而少情感的安慰。知識的訓練，工作的效率固然重要，但是情感的調劑至少也同樣的重要。一張一弛的道理，不祇是適用於調弓，而且適用於人生。人生的弛是必要的，但是這弛不是等於放縱。要求「道德的假期」不僅毫無裨益，而且有害於人類的心靈。讓我們把眼光轉移到文化的修養上吧。

我國的先哲對於人生的教育和社會的文化，認爲要文質並重。「質勝文則野」是孔子的名言，必須「文質彬彬」，然後能成爲君子。這個「文」字包含豐富的生活內容，「化」字則可解釋爲「大而化之」及「潛移默化」。文化是民族心靈的結晶，要提高民族道德，非提高民族文化不可。

文化的修養，範圍極廣，若祇就個人的文化修養而言，當以能陶冶情感的美育爲最重要。什麼是美育的修養？可以用文學的修養、音樂的修養和繪畫的修養作爲代表。

文學不僅可作發揚情緒的烈燄，而且可作洗滌心靈的淨水。「詩可以興、可以觀、可以群、可以怨。」祇不過是先聖對於一部分文學的讚美。文學是要提高人生的趣味，消除人生的煩悶的。最好的文學家是他人想說而說不出的話，他能說得恰到好處，他人表現不出的情緒，他能表現得盡情愜意。學社會科學的人，應當以文學培養心靈，學自然和應用科學的人尤其應當如此。

音樂是從心裏發出來的一種特殊語言，有節奏、有旋律，和諧而美麗，不僅是娛耳，而且可以陶冶情緒，提高德性。中國從前禮樂並稱，莊嚴和諧，後來禮樂分了家，所以禮淪爲枯燥的儀式。中國的文學與音樂原來也是結合在一起的，後來也分了家，古時的人可以撫琴而歌，宋代詞人作品可以演奏，元代以後樂曲失傳，詞便成了只能誦而不能唱的了，這是民族文化修養上的一大損失。

最後談到繪畫。中國畫的境界甚高，成就甚大，這正是由於中國畫與文學不曾分家之故。

我國一向不重視匠畫。蘇東坡論吳道子王維畫說：「吳生雖妙絕，猶以畫工論，摩詰得之於象外，有如仙翮謝樊籠。吾觀二子俱神俊，又於維也斂衽無間言。」摩詰固然是詩中有畫、畫中有詩的作家，吳道子也是一位畫中傑出的天才，東坡猶於其間有所軒輊，可見其境界之高。畫不祇是表現自然，而且表現心靈，不僅是表現現實，而且表現意境。所以一幅名畫往往百看不厭。畫家要有精妙的技巧，更要有高尚的修養，同時讀書的人也要有這種修養，才能心領神會。

## 理想的人生

此外，羅先生在其「新人生觀」一書中，還討論到尙俠與同情，責任與權利，目的與手段，創造與佔有，學問與智慧，以及信仰、理想、熱忱等，論述頗爲精闢，可供參考。

總之，羅先生的人生觀強調主動的、創造的、大我的人生觀，而反對悲觀的、命定的、機械的人生觀，頗具創見，並提出實踐新人生觀的生活方式，具體易行。

下面一段文字是全書最後的一段，可當作全書的結論：

「在這紊亂的世界，我們不能老是彷徨，長此猶豫，總持著懷疑的心理，享樂的態度。這必定會使生命空虛，由否定生命而至於毀滅生命。我們雖然遇到過壞人，但是不能對於人類無信心；雖然目擊強暴，不能對於公理無信心；雖然知道有惡，不能對於善無信心；雖然看見有醜，不能對於美無信心；雖然認識有假，不能對於眞無信心。我們要相信人類是要向上的，是可以進步的，我們的理想是可以達到的，我們的努力是不會白費的，因爲宇宙的人生的本體是眞實的。純潔的信仰，高尚的理想，充分的熱忱，是我們改造世界建設篤實光輝的生命的無窮力量！」

# 李石曾的養生之道

世界無非一舞台，乾坤渺小自何來，可憐人類庸迷妄，竟自稱靈且獨裁。

——李石曾

開國元老李石曾先生，河北省高陽縣人，生於清光緒七年（公元一八八一年），歿於民國六十二年（公元一九七三年），享年九十三歲。先生素以字行，名煜瀛，筆名眞名、石僧，晚年自號擴武，又號怪石。

他是奇人，也是妙人，他的一生是奇人奇事，也是妙人妙事。身爲清廷相國公子，卻醉心於平民革命。三歲時曾隨任軍機大臣的父親進宮覲見慈禧太后，跪拜進退，皆能中節，慈禧太后大悅，摸摸他的頭說：「這孩子將來必大有前途，千萬好好教養！」隨後賞賜了許多禮品玩具，一家引爲殊榮，後來卻仍然協助孫中山先生起來領導革命。

他幼讀詩書，早已奠定國學根柢，二十二歲時，以隨員名義隨清駐法使臣孫寶琦前往巴黎，一住六年。初入農校，三年畢業，繼入巴斯德學院、巴黎大學深造。他久居法國，深受自由、平等、博愛思想薰陶。

一九〇六年在巴黎與張人傑、吳敬恒創立世界社，倡導世界互助。次年，三人在巴黎刊行「新世紀週報」，介紹無政府主義，鼓吹革命。頗爲　中山先生推崇。乃由張人傑介紹，參加同盟會。

一九〇七年，先生因研究大豆成功，在巴黎用法文發表《大豆的研究》專書。次年發起創辦巴黎豆腐公司，回國招股。一九〇九年，巴黎豆腐公司成立，　中山先生至巴黎，曾往參觀，頗加讚揚。《孫文學說》第四章曾有記述：「吾友李石曾留學法國，並游於巴(斯德)氏高(第業)氏之門，以研究農學而注意大豆，以興開『萬國乳會』而主張豆乳，由豆乳代牛乳之推廣，而主張以豆食代肉食，遠引化學諸家之理，近應素食衛生之需，此巴黎豆腐公司之所由起也。」

民國初建，他在上海看到往來京滬一帶的各省軍人，縱情聲色，新興政客，熱衷獵官，而且剪髮易服之後，社會風氣漸趨奢侈，乃與吳稚暉、張靜江、蔡元培、張繼等發起組織「進德會」，以矯正陋風。在進德會的「緣起」中，說明了發起宗旨：「亡清之腐敗，積社會之腐敗而成，腐敗之原因雖種種，而亦自有其最普通之可約言者在焉，即『吃花酒』、『鬥麻雀』，加之以『討小老婆』是也。若民國新建，承其流而不加注意，將腐敗之根株不去，而凋敝之原氣難復，因發起爲進德會，廣徵海內有道之士，相與邀約，爲社會樹立風聲，庶新社會可以成立，而國風不乎其變焉。」

進德會不設會長、幹事等名目，不訂章程，不納會費，不設罰則，只要經過會員介紹，就刊列姓名在會冊裏，讓大家都知道他是進德會會員。進德會所標榜的是八項戒約，即不狎邪、不賭博、不置妾、不作官吏、不作議員、不吸煙、不飲酒、不食肉。因有此八項戒約，又稱爲「八不會」。會員分爲普通及特別兩種，普通會員戒約爲不狎邪、不賭博、不置妾；特別會員又分爲甲、乙、丙三種，丙種會員須遵守八項戒約，僅有李石曾、吳敬恒、廉泉三人能夠始終遵守不渝。

進德會後又擴大成「社會改良會」，改良條款增至三十六項，其要點增加減少繁文喜壽喪事送禮等之應酬，廢除大人老爺之稱呼，以先生代之，及廢除纏足穿耳之陋習等。

民國八年，石老與吳敬恒發起組織留法勤工儉學會，標榜「勤於作工，儉以求學」，提供學生作工的機會，工餘以工資所得求學，使國內清寒學生亦可出國留學。數年之間，先後留法之勤工儉學學生已達二千餘人，培育了不少人才。

民國十三年清遜帝溥儀出宮，爲保存清室所遺國寶，石老毅然負責召開會議，通過故宮博物院臨時組織大綱，故宮文物圖書數十萬件，得以公開展覽，且得保存以至今日，未有散失，石老貢獻甚大。

在學術方面，他對中國文字的演變，具有深刻之研究，曾公開發表「增訂七書」。即將中國文字象形、指事、會意、形聲、轉注、假借之後，加上「切音」，由六書而成爲七書。切音即爲中國之反切，一如西方拼音，以往用爲附註，他則毅然加入正書，謂之七書。他要推行「中國國際文字學」，就是要把這套東西推展到全世界。

他曾經發起「集文」運動。所謂「集文」，即收集一切有關文藝、文獻、墨迹、資料，由收藏者自行整理、題注、保存，並參加展覽，茲引錄他的原文一段說明如下：

讀書是最有益的，但有時或有人感覺到艱深枯燥、單調的種種痛苦，尤其是不容易用它替代不良的嗜好；我們所主張的學典（或名百科全書）尤其新方法可以補救普通書的短處；但不易於短時間內大量成就。「重文」與「集文」幾乎可以看作是「人生學典」，由每人陸陸續續、隨時、隨地、隨事、隨物，隨自己的力量了解喜好……等等，於每日、每週、每月、每……集成多多少少的手扎、詩箋、與批注的郵封、剪報、圖書……等，日積月累，每人自成一「我的人生學典」，豈非大快之事!?……集文的範圍確極廣大：日報、雜誌、小冊子或圖書無事不及，再加以自己批注評論，興趣更濃；無論喜好文藝或科學，由一小片字紙到書報所載的原子能、微生物，無不是「人生學典」寶貴的資料。不但在紙片上並可在實物上與行動上，發揮萬有，手腦兼施，腿腳並用。。譬如在山林中得到一種新奇或可愛的花草，用採標本的方法壓好，加以批注，寫明地點時間，以及個人的感想，或是詩詞，或是學理，均無不可；這的確是學典的體裁，加以自己的智慧心情，將物與我與空間化合成一體，此非「人生學典」而何？

他所說的「集文」或「人生學典」，範圍非常廣泛，可按各人的興趣、力量收集資料，並加以批注，以供研究應用，實可稱之爲個人的百科全書或資料庫，比單純的集郵、集幣有意義多了。

石老的漫長一生眞是多采多姿，在此無法盡述，僅舉幾件奇事和妙事如下：

——石老是老國民黨員，可是他終生沒有入過國民黨。石老說，他的國民黨黨員身分，是 孫中山先生派的。

——石老沒有護照，可是他卻能走遍天下。

——石老做任何事只是全力去開創，辦好了他卻很少過問。

——石老到臨死沒有一張睡床，睡覺全睡在椅子上。

——石老手中擁有不少國寶，到了晚年，寧可舉債渡日，絕不肯賣掉任何一件寶物。

——石老喜歡收集名片，他認識人後就將名片保存，並且在名片上註明年月日和地點。

——石老有一個脾氣：樂於去看人，不喜歡人來看他，因爲他說，去看人比較能控制時間。

——石老曾解釋他的智仁勇：推行「中國國際文字學」（即他所說的「七書」）是智，一生素食是仁，倡導自強不息就是勇。

## 素食主義與養生之道

現在讓我們來談談李石曾先生的素食主義。早在一九〇八年，他當時僅二十八歲，因發起創辦巴黎豆腐公司，回國招股，即倡言肉食之害，主張素食，與伍廷芳共同發起素食會，揭櫫宗旨爲「愼食衛生」。自此以後，終生素食達六十餘年之久，從未改變。

石老主張素食，數十年間倡導甚力。至民國三十年，石老在渝發起組織「世界素食同志聯合會」，其「緣起」云：

世界各國各地民族各機關闡明素食主義，實行素食組織之同志，在在皆是，其動機或在戒殺，或在衛生，或在經濟，亦皆精神上不外乎合理，事實上同歸於素食；凡此均爲同志，有聯合而爲全世界一大團體之需要，是即本會組織之所由來也。肉食者實「害他不利己」最顯明之一事，其於眾生世界，一如戰爭之如人類社會，同一兇愚，不能再容許存在於進化之人群也。肉食之爲屠殺，不能視爲小惡而可爲。人人習於殺，時時習於殺，殺殺不已，象徵於「弱肉強食」，成爲風尚。欲於此種社會之中，而得和平世界，萬無可能之理也。肉食含毒激烈之品質，小則害一己之機體，大則以其變態之心理而害他，是有百害而無一利，若代之以素食，於滋養絕對不成問題，早爲科學所證明。世界上無絕對之良好，素食亦豈能獨外，惟其害己害他之程度，絕非全等於零，而必減少多多無疑，且其尚爲今日之所必要也。（以後科學再進步時，亦或尚有更合理之養料）。凡血肉滋養品均可代之以卵、乳、豆腐、麵粉諸質，而其價格減少於肉食多倍。以廉價之食品，得同等而較衛生之養料，既益於身心，復益於經濟，舍此而不爲，其不解者甚矣。執此諸故，同仁等一面本個人之信念，一面代表所在之組織，於全世界各國各地機關集合而成爲「世界素食同志聯合會」。玆述其緣起，並擬定組織大綱，爲臨時之公約，並以待下屆大會共同討論而增益之，而普及之。深望

> 全世界尚未參加素食社會之多數群眾，亦均吾人新興主力之同志，共促世界之和平，與人群之進化於將來也。

由此可知，石老倡導素食，其動機不論在戒殺、衛生或經濟，只要實行素食，都引為同志，而其終極目的則為消除弱肉強食，促進世界和平。會員分為全素會員（即已實行完全素食者）、期素會員（即每月或每年有一定期素食者）、節制會員（即節制肉食而履行不定期素食者）、與隨喜會員（即見善心喜而隨時試行素食或贊成本會宗旨者）四種。

關於素食之理論根據，石老有兩篇文章予以闡明：一為「肉食論」，一為「素食論」。前者說明不肉食之宗派、歷史、肉食素食之科學觀，肉食之流弊，以及不食肉之利益等，其結論云：「由素食宗派，折衷其所宜；由歷史之源流，而徵素食之經驗；考諸科學，而知動物非必須之品，肉食之習慣非不可除；察肉食之流弊，知當誡之理由；論素食之利益，推而及於人格之文明、社會之經濟，肉食問題關係之大，亦由茲可見矣。」並提出推行之方法：一曰教育，使人曉然於肉食之流弊與素食之利益；二曰更代，選備食料以代肉質，改良烹飪以代肉味，使食者毫無口腹之苦，自不復戀戀於肉食也。後者則說明素食之演進：我們最早的祖宗是吃素的，他們在樹上巢居，或在山上洞居，吃野果野穀，他們都健康長壽。後來漸漸能打獵，能養野獸變成家畜，素食之外兼肉食，形成弱肉強食之惡習。

石老在談話中亦曾說明他的素食觀。他曾說：「我的素食觀，大要在一個『仁』字。營養衛生只是一端；眾生平等，又是一端；在這雙層重點中，以『仁』一以貫之。」

石老創辦巴黎豆腐公司，也可以說是爲了推廣他的素食主義而設立的。

石老從二十八歲開始就吃長素，六十多年來，從沒有間斷過。他不但自己吃素，且常勸人吃素。他的家人和許多友人都受到影響。他的原配李夫人姚同宜女士，定居巴黎，專事教養子女。夫人是天津名門鹽業巨富閨秀，衣飾樸素，舉止端莊，平易近人，生活簡單。伉儷及女公子亞梅同食長素，親自烹調，毫無世俗浮華氣息，十足平民精神，曾經有一段趣聞：亞梅三十歲時在上海結婚，吳稚暉先生是證婚人，他致賀詞說：「亞梅三十不知肉味。」來賓哄堂大笑，吳先生詼諧風趣，他實際上指的是亞梅小姐出生後就開始吃素，三十年來都沒有吃過肉類。

民國二十四年三月，石老與吳敬恒、張人傑乘輪船由滬赴渝。一次在船上午飯，張人傑作咳，張夫人歎息說：「夜間咳嗽更厲害，都是由於吸煙所致，勸他戒煙又不聽。」張說：「此與戒肉不同，吸煙僅自害而不害人，我已花甲之年，多活少活幾年，已無多大關係。」石老靈機一動，立即建議張夫人戒食肉交換張先生戒煙，居然伉儷兩位欣然贊成，齊聲同意，而且立即實行，交出餘煙，吳敬恒在餘煙三支上各寫小字一行作證，交張夫人保藏作爲紀念。

石老常勸孫女婿劉崇仁夫婦說：「吃素可以延年益壽。」石老生活規律，飲食簡單，每晚八時就寢，凌晨三、四點就起來寫文章。日常每餐只吃一碗素麵，再吃一碗蕃茄豆腐湯，若有訪客就從餐館叫素餃子來吃。

石老最喜歡吃大蒜，幾乎每飯都不離蒜，他最喜歡把蒜搗碎，然後加鹽和豆腐一起吃。

每次出門，都不會忘記口袋裏帶著二三十顆大蒜。有人請客，如果未備大蒜，他就要來一碗白開水，從口袋裏掏出大蒜，泡上一泡，用來佐餐。他能享高壽，有人認爲與吃長素和吃大蒜有關。

石老又愛吃豆芽。年輕時本來不愛吃，後來聽李儀祉說豆芽富有維生素丙，吃了好處很多，才勉強食用。後來習慣成自然，便喜歡吃了。

石老酷愛溫泉浴，民國三十七年，初次來臺灣，省主席魏道明夫婦歡迎逕住北投溫泉招待所，每日行溫泉浴達十四小時之久。

他曾對人表示：自己因爲不作官，心情永遠輕鬆愉快，所以很少生病。即使生病，也絕不吃藥打針，僅以「少吃飯，多喝水，多睡覺」來治療。他認爲這是最好的養生方法，與人閒談時，總勸人採行這個方法，並對人保證，若能做到，必可長命百歲。他常自豪的說：「我只有醫生朋友，而不要醫生看病。」他堅持：「我吃素，吃大蒜，就可以維持健康。」

石老不相信任何宗教，但有人組織佛教會，他也加入了。不過，他曾表示：「我是不信教的，可是佛教會組成了，我也不好不參加。事實上，要說起來，我的思想比較接近道教。」一點不錯，他的思想言行都是以無爲、自然爲依歸，他服膺老子的哲學思想，一生的志業與經歷，可用老子說的「至大無外，至小無內」概括了。

石老七十歲的生日是在烏拉圭孟都過的，至友吳敬恒曾寄賀詩二首：

人生七十古來稀，七十而今孩與提，

烏拉圭中幼稚苑，遠勝農工法蘭西。（其一）

人生七十古來稀，喜有艷妻方與齊，

畫眉舉案併相祝，百歲巍坊可預題。（其二）

石老八十歲時，曾作詩一首述懷，詩云：

八十年來瑣記中，不曾言利與功名，

自由新世相輝映，互助前編雜夜鳴；

空陸航行遍湖海，晨昏靜坐豈階坪，

君知我志十年事，不爲私圖共鬥爭。

關於石老一生的行爲及其個性，他在所著「石僧筆記」中曾自我剖析：「自我記憶，總是不避艱深，且只是求艱深，但這『求』字並非出於有意，而是不知不覺的走入艱深的途徑，……我一生總是走遠路，換一句話說，不走直徑而走圓線。……例如我生而爲官，定要留學，留學就留學也好，亦不肯單純的留學，而兼著革命，革命也好，不專一本國的革命，還要世界革命、社會革命，甚至全人類全宇宙的革命，……所以又留學、又革命，又研究學術，又作各種事業，弄得艱苦萬分，皆深入這不可自拔，必至死而後已。……所以革命後還是不作官，……甚至於不吃肉，不但自己不吃肉，以圖一身之衛生，還要全世界都不吃肉，所謂『哲學素』，非僅『衛生素』而已；要食品革命、全人類革命等，豈不是自討苦吃。……」可見石老事無巨細但求深入貫徹的精神。

石老本來有活一百二十歲的信心，醫生亦料他可活至一百歲，但九十三歲時，因患急性消化道出血，拒絕醫生驗血，以致無從輸血增強體力，於民國六十二年九月卅日與世長逝。

逝世前曾親寫遺囑，其總則云：

煜瀛今已九十三歲圓滿，而日近于九十四五以至百年之後，均不太遠。數年以來，曾自行組織治喪之後事，關於遺體之安排極爲簡化，絕不舉行任何儀式與喪墓禮俗之繁擾，以累社會友好，此等各節在我九十歲前後，包括九十壽辰之祝，均已心領敬謝。張岳軍先生等多友曾公開同意稱許。亦採納鄙見，刊行世界叢書，由小冊以至巨著，出于中外作家，亦包括鄙人自行寫作，而絕非自傳等以小己爲中心之宣傳。近正寫我小品幾項，不久脫稿付印之後，煜瀛則自行減食以至絕食，則將與世永別，以骨灰追隨吳稚老簡單的投入海中，以了百年之過去，然則「死而不已」留遺作與世人常存，尤關友好同志永爲紀念。此志已決，並非來自悲觀厭世與任何不快情緒而使我自殺，實乃別一「老而不死」之新途徑，但亦並不心悅接受原壤之譏，更非有所逃避，只以老年無數之小病紛至于不死不活之中的情景，將入于處以「帶病延年」死刑之苦，則頗不能忍耐，以待無情無理無法之處罰，此乃自由求去。我本屢有投海之意，亦即追隨于海中之稚老。唯思投海之後，將被海中之野獸吞食，情有不甘，而欲以減食絕食代之於先，然後成入海之骨灰，不爲海獸之所喜。我不吃肉，故亦不肯以我之肉被食於海獸也。故今決實行減食絕食，繼之以絕食而死。死後乞諸同志友好受我之委託，代爲執行及保管幾大要事與公物，永留於全世界，有關中國國際，而非屬於任何私人。大道之行，天下爲公，世界萬物之大我，而絕非任何小己也。

由這篇充滿哲理的遺囑總則中，可見石老之達觀，而欲留遺作於世，闢一「老而不死」的新途徑。唯其減食絕食至死，以骨灰追隨吳稚老投入海中的計畫，則因病起倉促，來不及實行。

綜觀石老一生的修養要訣：生活規律，早睡早起，不嫖不賭、不吸煙、不食酒、長年吃素，始終信守不渝。精神方面則淡泊明志，功成不居，故能輕鬆愉快，與世無爭。

# 蔣介石的養生之道

勵志養生，存誠袪憂。

——蔣介石

## 出身寒微堅苦卓絕

先總統蔣公介石爲當代名人之一，其思想行爲對後人之影響極大。他的一生經過無數風浪與驚險，仍能享高齡，當歸功於他的養生有道。

蔣公中正，字介石，原名瑞元，譜名周泰，學名志清，浙江奉化人。曾祖父祁增，字懷盛，祖父斯千，字玉表，父名肇聰，字肅菴。母王氏。蔣氏於有清之世，絕意仕進，孝弟力田。

蔣公生於公元一八八七年（清光緒十三年丁亥）十月三十一日（陰曆九月十五日）午時於武嶺溪口鎮。六歲起始入家塾就讀。九歲父卒，全賴王太夫人管教。十三歲始出就外傅。十七歲赴縣城肄業鳳麓學堂，受新式教育。二十歲東渡日本，肄業東京清華學校，是年冬返國，在東京認識陳其美。一九〇八年，公二十二歲，再東渡日本，入振武學校肄業，由陳其美介紹加入同盟會。一九一〇年，公二十四歲，卒業振武學校，升入高田陸軍第十三師團野砲兵第十九聯隊爲士官候補生。是年初次謁見孫中山先生，傾談國事，中山先生許爲不可多得之革命人才。一九一一年，蔣公二十五歲，武昌起義，微服回國至上海，從此參加革命大業。

蔣公早年喪父，家庭困苦，時受鄰里的欺淩侮辱，正如其母王太夫人所說：「歷盡人世難堪之境」。由於此種折磨，適足以養成其堅苦卓絕的個性。蔣經國曾在其所著《我的父親》一書中引其父親自述云：

我從前在家裏，每天一定要掃地、洗地板，還要燒飯。吃飯的碗筷，也統統自己洗滌，吃完飯的時候，不僅桌上地上不能有半粒飯屑，就是飯碗裏有一點不乾淨，也一定要受父母的嚴格教訓，甚至打罵。穿衣也是一樣，如果有一顆扣子沒有扣，父母也要罵的，洗臉有一點沒有乾淨，父母一定叫我再洗。

又說：

我自己曉得，我之所以能有這種的能力，來擔任救國救民的事業，完全是從小養成的。大家都曉得，我自幼小就自己掃地燒飯，非常刻苦耐勞，在家聽從父母的話，入學敬重先生。我父親過世之後，免不了別人的欺侮，我總聽我母親的話，安分忍耐，有時被我母親打了罵了，一點也不怨，一點也不恨。所以我現在一天到晚忙碌，精神始終如一，這無非是幼小養成的習慣。

由此可知王太夫人對蔣公的幼年時期生活管教甚嚴，對蔣公「撫愛之深，常如嬰孩，而督教之嚴，甚於師表」。王太夫人常以「大孝報國」及「男兒惟以身許國，乃爲無忝於所生」之大義相激勵。此種管教感召對蔣公日後一生事業有莫大的啓示作用。

蔣公原配毛福梅，爲奉化同鄉，生於一八八二年，比蔣公大四歲，一九〇一年蔣公結婚時十五歲，一九一〇年生子蔣經國，毛氏歿於一九二一年。次子蔣緯國，生於一九一六年，是蔣公養子，原生父爲戴季陶。一九二七年蔣公與宋美齡女士在上海結婚。宋氏生於一八九八年三月十七日（陰曆二月十二日），現已一百零三歲。蔣公歿於一九七五年，享年八十九。

## 信仰基督堅忍不拔

蔣公認爲人類的精神生活非常重要，而宗教信仰就是充實人類精神生活的最佳途徑。他深信「人生不可須臾無宗教的信仰」，宗教信仰的自由，乃是人類幸福的最基本條件。他在《民生主義育樂兩篇補述》中指出：「人之所以異於禽獸者，在其有精神生活。精神得不到安定，人格便陷入破碎的境域。個人不能保持其人格的完整，社會也就不能保持其安定的秩序和良好的風氣。現代的心理學家也嘗試以科學方法來治療人類的精神病。如果是神經系統有了病，在醫學上並不是沒有治療的方法，但是要使一個人收拾其破碎的心理，養成其完整的人格，科學還是無能爲力的。唯有宗教信仰和人生哲學的基本思想，纔是人格的內在安定力。」

蔣公是虔誠的基督徒，他信仰基督教最堅定，最澈底，亦最赤誠。經國先生指出：「家父信仰基督教，決不是迷信，而是有其高深的哲學基礎。家父曾說」：

我們中國「天人合一」哲學思想，乃是承認了「天」的存在，亦就是承認了「神」的存在。故天曰「神」，又曰「神者，天地之本，而爲萬物之始也。」然則天與神究竟是什麼？其與人的關係又是如何？中庸說：「天命之謂性，率性之謂道。」又說：「上天（神）之載，無聲無臭，至矣！」這就是天即神，天即心與「天人合一」的證明。不過中國哲學思想的尊天事神，決不是如後來世俗迷信之徒，所認爲「活靈活現」的菩薩，而是爲了我們確立人的精神價值，亦就是使吾心中常有主宰，因此「天人合一」觀念，實在就是儘量提高人的價值。

蔣公曾說：「人生不可須臾無宗教的信仰。」他是位虔誠的基督徒，並過持之有恒的靈修生活。基督徒生活有四柱，即讀經、禱告、聚會、見證。他對這四件事，經常不斷地做，從來沒有間斷過。

他每天清晨起來盥洗後喝溫開水一杯，開始在陽台上作柔軟體操、唱聖詩，約二十分鐘後，回到書房靜坐，禱告，讀經。每逢主日必到教堂聚會，每逢耶穌受難日，必定發表文告和證道詞，有時也在聖誕節發表證道詞。他過的是純粹基督徒的生活，除了讀經、禱告、聚會、見證做得很勤外，在譯經方面也盡了很大的力量。

此外，蔣公喜歡閱讀《荒漠甘泉》一書，他曾將此書重新編訂，交人重新翻譯，並附以蔣公的證道詞，經國先生說：「家父喜讀『荒漠甘泉』，且於深心印證之餘，在各章的後面加以批註。我們讀過這些批註，就可以體認家父的靈性修養。例如家父於民國三十四年一月三日，在『荒漠甘泉』上批道：『去年下半年飽經艱危，而能堅忍不拔安然渡過者，實得力於此書不少也。』」

## 寓理帥氣自強不息

經國先生在所著《我的父親》一書中稱蔣公是「一位平凡的偉人」。遇事總是專心致志，有恒心，有毅力，埋頭苦幹，自強不息。大如國家大事，小之日常生活，乃至飲食起居，莫不如此。蔣公在日記中寫道：「天下事名與實皆相反，有名者無其實，而有其實者，輒不與名。成功與失敗亦相反，然不經失敗難致成功。古今事同一轍，吾不禁爲歷史外無名英雄興慨不置也。」又說：「凡事不可稍涉虛榮，有虛榮，便有恥辱。」他常常鼓勵革命青年，要做無名英雄。惟有不求名聲，而肯爲百姓、爲國家去拚命犧牲的人，纔是眞正的革命者。苟徒慕虛榮，貪求名利，奔競倖進，最後必致身敗名裂，求榮反辱。

經國先生又說：「壯年的人，血氣方剛，見異思遷，不易篤定，喜新厭故，把握不住；畏難苟安，往往爲環境所左右和制服。這是父親在自己的事業開始時，所直接體驗出來的。至於如何能使自己精神專一，勇往直前，則有賴於平日的修養。」

至於平日如何修養，蔣公曾有許多體驗。例如他說：「專心一志，以心爲主，以志帥氣，則此心不亂，而此志益堅。否則聞亂見雜，未有不目眩而心搖者也。」又云：「以純潔高尙之態度，強毅勇敢之精神，養成我偉大人格。」這都是教人一種養氣的工夫，亦即如何培養堅強的意志。他提示我們：首先不要怕環境的困難艱苦，其次要有犧牲的精神，再次不要受外物的誘惑，最後要有冷靜的頭腦，沉默寡言。大學所謂：「靜而後能安，安而後能慮，慮而後能得。」孟子所謂：「養吾浩然之氣」，都是這個道理。

當民國三十八年（公元一九四九年），經國先生四十歲生辰，蔣公曾題：「寓理帥氣」四字，來勉勵他。他以蔣公的日常生活小節解釋道：

易經說：「天行健，君子以自強不息。」沒有恒心的人是談不到修身，也說不上養氣的。父親在日常生活的小節中，從沒有絲毫的鬆懈和苟且；如早晨的健身運動和每晚的寫日記，數十年如一日，從無間斷。父親體質堅強，平日不喝酒，不吸菸，以喝白開水代茶。父親自己說過：「我現在雖然作了全國最高的統帥，但除了定例統帥應有服裝儀節之外，我個人一切生活行動、思想精神，完全就是一個士兵。」父親早年在日本留學的時候，無論天氣怎樣冷，每晚就寢以前，一定用冷水擦身，早晨起身後，一定用冷水洗面。習慣養成之後，終久不曾間斷。至今每天早晨，還是用冷水洗面，從事運動，所以體魄堅強，耐勞耐苦。父親在日常生活中，最注重的是自然界的太陽、空氣、水，此亦與志趣澹泊有關。

——蔣經國著：《我的父親》

民國三十七年（公元一九四八年）過年的時候，天氣非常寒冷，蔣公在決定下野之前，曾寫下兩句話：

「冬天飲寒水，雪夜渡斷橋。」

字裏行間不難看到他當時的心情是何等沉重，是怎樣「忍人之所不能忍」。

蔣公的天性是孝順父母的，惟能盡孝，所以才能對國族盡忠。他五十歲生日時曾寫一篇〈報國與思親〉的文章。其中有一段說：「口體之養，世俗之譽，非所以盡孝；男兒惟以身許國，乃爲無忝於所生。凡此懿言，皆吾迄今猶無以慰吾母九原之望；每憶昔日寡母孤兒，形影相依之情景，彌覺罔極深恩之圖報無日也。」又說：「可知中國立國之道，自來皆以孝爲本。唯孝莫大於尊親，其次曰不辱。所謂尊親，謂當發揚光大吾祖先黃帝之遺緒；所謂不辱，謂當勿貽吾父母以隕越之羞。」

蔣公六十歲生日時，又寫了一段令人非常感動的話：「虛度六十，馬齒徒長，對母親未報作育之恩，對國家未盡忠孝之職；民衆痛苦，遺族罔恤，捫心自問，清夜長思，愧惶無地！」

## 日常生活規律有恆

蔣公的日常生活，無論如何忙碌，必定保持規律和有恒。

在規律生活方面，蔣公每日清晨五時起床，靜坐一刻之後，以冷水洗臉，做柔軟體操，朗誦讚美詩篇，研讀聖經，再做晨禱。然後寫日記，他因不習慣熬夜，所以通常都在早晨寫日記，寫完日記開始看報，中文報紙只看大標題，英文報紙則由秘書口譯當天重要的國際新聞。看完報紙，然後規劃當天的工作。七時半進早餐，八時左右準備上班。在車上，看看文件，並聽秘書唸重要的電報，及看廣播提要。九時以前到辦公室，上午接見賓客，開會，批閱重要公文。通常下午一時退公，一時半左右用午餐，然後小睡半小時。接著再辦公。

下午有時去看部隊，有時批閱公文，有時閱讀資料，有時也接見客人。當辦訓練的時候，也常約見學員個別談話。若下午未出去，在四時左右，休息一刻鐘或半小時，又繼續工作，六時半前後出去散步，或命車往郊外巡視，回來後用晚餐。晚上多半是看書，有時也看看電影。以上是蔣公每日的生活情況。

蔣公於工作餘暇，也到各地渡假，小住數日。在渡假期中，他往往利用寧靜的環境，細心思考，或草擬重要的文告。如民國四十年發表的《如何爭取自由》，就是在高雄渡假時寫成的。在角板上渡假時，又寫成《組織的原理與功效》。

蔣公每天寫日記，在日記中所記的並非簡短的大事記，而是包含各種檢討、反省及心得，在數量上超過曾國藩三十餘年的日記，在內容上每天多過美國總統華盛頓的日記，實爲中國現代歷史的寶庫。此外，蔣公定時的起居，定量的飲食，以及作息有常程，容止有定則，都足以表現他的恒心和毅力。

## 食衣住行整潔樸素

蔣公的食、衣、住、行，可以用八個字來形容，就是整齊、清潔、簡單、樸素。

在飲食方面，蔣公一向善於節制，每餐從不過量。用白開水當茶，煙酒不嘗，即使招待貴賓，也只舉杯爲禮。他非常重視飲食，所吃的食品精緻而簡單。早餐吃有上海風味的餐點、西式餐點，也有北方口味，每天變換。午、晚餐都是五道菜，二葷三素，或二素三葷，均兼顧風味和營養，另有雞湯作調味。此外，每餐要備家鄉菜醃鹽筍和芝麻醬。士林官邸的午餐是中式餐點，晚餐則是西式餐點。老先生對西餐的興趣不高，寧願吃家鄉菜。老夫人則喜吃生菜沙拉。老先生有時開玩笑說：「你眞是前世羊投胎的，怎樣這麼愛吃草呢？」

官邸的傳統美味是「黃埔蛋」，是用大火炒的蛋，裏面有蔥花，起鍋快，吃起來很嫩。老先生百吃不厭，尤其是牙痛的時候。飯後水果多吃木瓜、香瓜、西瓜、美國大梨等，不喜吃蘋果。此外，老先生在飯後有喝阿薩姆奶茶的習慣。又每逢王太夫人的誕辰和忌日，就連早餐都不吃，以致其思母之虔。據說在重慶時，老先生曾經吃過一次鯽魚，食後始知魚價甚貴，從此即不再吃。一條香蕉，若上午吃了半條，另半條必定留到下午再吃，一個梨子可以一留再留，分三次吃上兩天。

蔣公的衣服不考究質料的精粗，但非常整潔，破了沒關係，但定要補整，平日皆穿著軍服，除了式樣更易，不輕易裁製新裝，一件披風，二十年未曾換過；襯衣非至衣領破損，不允添置新的。襪子有加以補綴的。他除了出國訪問，曾經勉強穿過一二次西服以外，平常總是穿中山裝和軍服，家居時則多著長袍，瀟灑簡樸。主持大會盛典或接受外國使節呈遞國書，必著長袍馬褂或戎裝，以示莊嚴。

蔣公的住屋，不喜華屋。在南京時所住官舍乃一棟古老平房，伸手可觸及簷瓦。抗日期間，道經桂林。蔣公選住一幢平房「八桂堂」。重慶、黃山以及來臺後士林的官邸，都是二層樓房，其樸素無華，有如鄉村農家住屋。

蔣公的居室佈置很簡單，但房屋的周圍，他喜歡有較大的空地，可以種植花木。他對園藝很有興趣，下午下班後在園中散步時，往往親自種花除草。

蔣公生前喜歡往大溪鎮的慈湖小住數日，此處山明水秀，景色宜人，山谷人家，宛如江南。在民國五十年前後，蔣公驅車前往角板山，經過福安里，見到如此一片靈秀之地，非常喜愛，爲追念慈母王太夫人，乃改名爲「慈湖」，興建慈湖賓館。自茲以後，蔣公常來渡假。

慈湖賓館三面環山，一面臨湖，紅磚築牆，正門嵌著一對獅頭銅環，古色古香。門楣正中懸有蔣公親書「慈湖」匾額。蔣公從前駐蹕此處時，經常沿山徑散步，閒眺湖光山色，或在窗下讀書寫字。蔣公逝世後，遺體暫厝於此。

## 讀書靜坐生活有序

蔣公日理萬機，憂患如山。他的生活如果不妥爲安排，使作息有序，情緒平衡，更談不到健康長壽。

蔣公的一天生活秩序，除辦公時間外，每天必定有兩次和夫人在一起的早禱和晚禱，兩次到三次的片刻靜坐，及兩次的飯後與黃昏的散步。他的生活情趣很多，例如徜徉於山水之間，遠覽烟雲風景，和臨池撫掌觀魚。偶然還會唱詩行歌，爲夫人題畫，與稚孫對奕。如有好的電影話劇，也往往抽暇觀賞。

蔣公自幼養成了好讀書、好研究的習慣。幾十年來，一年有一年的讀書計劃，一日有一日的讀書進度，從來不因日理萬機而間斷。他每天都要精讀一段經史或學案，每年也必定要選讀兩三種關於歷史、哲學、戰略一類的世界名著。他看書有始有終，從第一頁的序言或凡例讀起，一直讀到最後一頁爲止。一部書沒有讀完，決不讀第二部。他看書時，有批註，有旁點，甚至還有筆記和讀後感。他說：「我在閱讀某一種書籍沒有終卷以前，決不旁騖其他書籍，這就是有恒的起碼要求。」有一次他和人談起讀書的方法，曾笑著問道：「你們看我讀書爲文，得力於那一家？」於是有的說得力於史記，有的說得力於孟子。他說：「你們說的也對，我對史記、孟子，都下過一番功夫，但我最欣賞的，還是金聖歎的有獨到見解的批註，和他反覆論證的方法。」

蔣公對於文學、美術和音樂，都很愛好，都有很高的欣賞力。他閑空時常常朗誦詩歌。他喜歡背誦唐詩，不僅誦得極熟，且極有韻味。

一生苦學力讀的王雲五，對於蔣公的好學極爲欽佩。他說：「看到蔣公靈柩中的三民主義、聖經、唐詩、四書和荒漠甘泉這五本書，可知蔣公是位發揚固有文化優點、接受西方文化長處的智者。」

至於蔣公的靜坐，最主要的是靜坐收心，他從民國三年起，靜坐時所默念者：一為孟子養氣章，二為曾文正主靜箴，三為緜緜穆穆之條，四為研幾之條，五為一陽初動萬物資始之條，六為靈明無著之條。其後自民國七年起又加上下列各條：一、萬象森然沖漠無朕之條，二、去人欲存天理之條，三、心體意動、致知格物四句要訣，四、靜坐收心之條，五、何思何慮之條。又民國三十八年蔣公自謂「每日晚課，默誦孟子養氣章，十五年來未曾或間，自覺於此略有領悟。又嘗玩索存心養性之性字，自得四句曰：『無聲無臭，惟虛惟微，至善至中，寓理帥氣』為之自箴，而以寓理之寓字，體認深切，引以為快，但未敢示人」云。由此可知蔣公的靜坐，不是茫蕩空寂的靜坐，而是「日知其所亡，月無忘其所能」、「求心安而不動心」的靜坐工夫。

蔣公對於辦事、讀書、以至於寫字，都強調心到、口到、眼到、手到、足到；強調實幹、快幹、硬幹、苦幹。因此他說：「因為我以辭甘吃苦自勉，在事業進行中，也就減少了許多困難。」

蔣公一生所過的生活，都是一種澹泊寧靜近於苦行的生活。他是新生活運動的創始者，也是新生活運動的實踐者。新生活運動是以禮、義、廉、恥表現於食、衣、住、行中，蔣公所過的生活都能符合新生活運動的要求。

蔣公平常喜歡山水，公餘之暇，往往到山水勝地小住數日，例如日月潭、慈湖。他也愛花木，尤愛梅和松。慈湖行館門前花圃，他曾親手種植梅花數株，現仍挺立多姿。又在角板山，他曾親自度計位距，指點種植上千株白梅，早已枝葉扶疏，意態雅致。

## 修養心得撰成箴言

蔣公根據平日修養心得，每喜撰成箴言，以資自勵勵人，茲將歷年所撰箴言，摘錄如下，以供參閱效法。

一、民國三十九年十月二十五日撰成箴言四則如下：

**法天自強箴**

中和位育，乾陽坤陰；至誠無息，主宰虛靈。
天地合德，日月合明；主敬立極，克念作聖。

**畏天自修箴**

不睹不聞，慎獨誠意；戰戰兢兢，莫現莫顯。
研幾窮理，體仁集義；自反守約，克己復禮。

**養天自樂箴**

澹泊沖漠，本然自得；浩浩淵淵，鳶飛魚躍。
漫游涵泳，活活潑潑；勿忘勿助，時時體察。

## 事天自安箴

存心存性，寓理帥氣；盡性知命，物我一體。
不憂不懼，樂道順天；無聲無臭，於穆不已。

二、蔣公於民國三十八年三月十八日蔣院長經國四十歲生日題贈箴言一則並跋云：

## 寓理帥氣

每日晚課默誦孟子養氣章，十五年來未曾或間，自覺於此略有領悟。又嘗玩索存心養性之性字，自得四句曰：無聲無臭，惟虛惟微，至善至中，寓理帥氣。為之自箴，而於寓理之寓字體認深切，引為自快。但未敢示人，今以經兒四十生辰，特書此寓理帥氣，以代私祝，並期其能切己體察，卓然自強，而不負所望耳。

三、蔣公於民國四十八年三月十八日蔣院長經國五十歲生日題贈箴言一則並跋云：

## 主敬立極

民國三十八年初春，方下野鄉居中，適值經兒四十生辰，乃書「寓理帥氣」，以勉其卓然自強，無愧為蔣門之後。今寄寓臺灣，忽忽亦已十年，而國難黨仇恥辱重重之際，又逢經兒五十初度，甚感歲月如馳，復國有待，不禁憂喜系之，因書「主敬立極」，用錫其壽。夫敬、正也，極，中也，十年以還，我父子慘遭無端之譭，歷受橫逆之來，其感戚酸楚，有非世人所能想像及之。今後更在革命將成而未成途中，其艱險痛苦自將百倍於往昔，乃特書此致勉，以期益擴充往日寓理帥氣修養工夫，其意在不徧不激、盈科漸進，事事皆能忍辱負重，尤望能逆來順受，一以大中至正無憂無懼處之，以期有成焉。

四、蔣公於民國五十八年三月十八日蔣院長經國六十歲生日題贈箴言一則並跋云：

## 精一執中

余三十歲生辰　總理親題教子有方一額以贈先慈，嘉慰其守節撫孤劬勞報國之忱，而又授余「靜敬澹一」四字，以爲訓勉。至今雖已事隔五十餘年，而始終惕勵，不敢或忽。今歲爲經兒六十初度，猶憶當其四十歲時，余正下野鄉居慈菴，乃題「寓理帥氣」以勉之，及其五十之年，父子同在日月潭避囂，又以「主敬立極」勉之，使其能領會我民族傳統之大道與實踐之門徑，有所自焉。時光流轉，忽忽又且十年，在此十年期間，余對於我國中道哲學之研究，自覺有進一步之心得，乃以「精一執中」之語以授之，爲其六十生辰紀念，並期其能身體力行，有所傳承也。夫人心惟危，道心惟微，惟精惟一，允執厥中者，乃我國堯舜禹湯文武周公孔子以來，道統之正傳。朱子序中庸章句曰：蓋心之虛靈知覺一而已矣，而以爲有人心道心之異者，則以其或生於形器之私，或原於性命之正，而所以爲知覺者不同，是以或危殆而不安，或微妙而難見爾。然人莫不有是形，故雖上智不能無人心，亦莫不有是性，故雖下愚不能無道心。二者雜於方寸之間，而不知所以治之，則危者愈危，微者愈微，而天理之公卒無以勝乎人欲之私矣。精則察夫二者之間而不雜也，一則守其本心之正而不雜也，從事於斯，無稍間斷，必使道心常爲一身之主，而人心每聽命焉，則危者安、微者著，而動靜云爲自無過不及之差矣。余以爲朱子此說乃闡述道統危微精一中之正解，尤以動靜云爲自無過不及之差一語以闡明中字之義，誠爲開示蘊奧明且盡者矣。故余每晨默誦此篇，切己反省，未嘗有所間斷。今於經兒六十生辰，特手題此四字以訓之，期其對我國道統深切自勉，而無或怠忽，則庶幾乎。

其他箴言併錄於下：「生活的目的，在增進人類全體之生活；生命的意義，在創造宇宙繼起之生命。」「勵志養生，存誠祛憂。」、「千秋氣節久彌著，萬古精神又日新。」、「以國家興亡爲己任，置個人死生於度外。」

## 車禍重傷洋醫誤診

蔣公平時生活極有規律，煙酒不沾，養生有道，很少生病。一九六九年七月間，老先生夫婦從士林官邸乘車往陽明山官邸避暑，當車隊快速經過仰德大道嶺頭附近的彎道時，前導車司機發現前面有一輛下山的公路局班車，停在站牌上下客，此時突然有一部吉普車從班車後面超車，沒有減速往下衝，前導車只得緊急煞車，後面的總統座車來不及煞車，猛力撞上前導車的車尾，衝擊力非常劇烈，老先生手中握著手杖，身體往前撞到玻璃板，胸部受到嚴重撞傷，陰囊也撞腫了，假牙脫落。蔣夫人當時坐在左側，雙腿重傷，當場痛入骨髓，厲聲叫喊。

原本，老先生的身體是十分硬朗的，一年四季，大概只有幾次感冒的機率，而這次車禍之後，身體出現了惡化的警訊。其中，心臟擴大是致命傷，此外，他自一九六二年起即患慢性攝護腺炎，屢治未癒。一九七一年十一月間，老先生到高雄澄清湖，如廁出恭時感到便秘，命錢副官拿甘油球爲他灌腸，錢副官一連擠了兩個甘油球進入老先生的肛門，還是解不出大便，後來另一副官發現錢副官塞的兩個甘油球，根本沒有塞進肛門，而是塞到肛門旁邊的肌肉，把肌肉擦破了，乃立刻通知醫官急救、止血，但因肛門肌肉被甘油侵蝕，有潰爛的現象，治療了一個多月，才慢慢痊癒。蔣夫人曾不止一次地責罵錢副官：「老先生的身體就是給你拖垮的，你是罪魁禍首！」

蔣公自車禍重傷後，健康日走下坡。至一九七四年間，心臟仍然衰弱，老夫人聽從孔二小姐的建議，從振興復健醫院請了一位外國復健醫生心臟病權威余南庚，每天做復健運動，按摩全身肌肉，但成效有限。一九七五年三月間老夫人又聽從友人建議，請了一位美國醫師爲老先生診治，這位美國醫師看了老先生的病歷和檢驗報告後，建議立即進行「肺臟穿刺手術」，但總統醫療小組堅決反對，認爲老先生已經年高八十九歲，不適合作任何大型手術，以免發生併發症。老夫人聽了雙方的意見後，還是堅持主張立即進行穿刺手術。美國醫生爲老先生施行的背部穿刺手術可說十分成功，醫生從老先生的肺臟抽出大約一碗膿水。可是手術雖然成功，而手術的後遺症卻接踵而至，當天晚上老先生的體溫立刻由原來的三十七度多上升到四十一度。手術的第二天又發生小便帶血的現象，既急又猛，醫官輸了二百五十ＣＣ

血漿，情況才穩定下來。

高燒不退，小便出血，加上心臟停止跳動的頻率愈來愈高，作完背部穿刺手術後，老先生的心臟警訊頻繁，一日數驚。一九七五年四月五日的下午，他不停地起床又躺下，躺下後又想起來，顯得煩躁不安，晚上八點五十五分，老先生已沉睡多時，可是，心電圖上的心搏曲線，忽然變成一條白色直線，醫護人員立刻施行急救，實施電擊，連續電擊幾次，老先生的心臟一點反應都沒有，晚上十一時五十分去世。這時醫療小組知道事態非常嚴重，於是立刻向蔣夫人和經國先生報告這個不幸的消息。經國先生趕到士林官邸時，老先生早已歸西，沒有交代任何遺言。蔣夫人和經國先生都在病榻旁邊低聲啜泣，顯得非常難過。

嚴家淦副總統來瞻仰了遺容以後，就準備移靈，這時天上突然響起隆隆雷聲，然後一陣傾盆大雨如排山倒海而來，彷彿爲蔣公的仙逝而哀鳴，一代偉人從此長眠不起，全國軍民聞訊，無不哀傷痛哭。

# 周恩來的養生之道

健全自己的身體，保持合理的規律生活，這是自我修養的物質基礎。

——周恩來

## 生於世家長於東北

周恩來生於一八九八年三月五日（清光緒二十四年二月十三日）清晨，出生地是蘇北的淮安。他的祖籍原是浙江紹興。父母爲他起名叫大鸞。恩來是後來的學名，字翔宇，祖父兄弟五人，有四人做過知縣（縣長），先後遷居淮安。祖父周攀龍，原是一位紹興師爺（清代官府的幕僚），後來升爲紹興知縣。父名周貽能，後改名劭綱，字懋臣，爲人忠厚老成，曾學師爺未成，只做小公務員。母親姓萬，小名冬兒，性格開朗，精明果斷。恩來從小過繼給四叔，不久四叔過世，幼年的恩來由守寡的嗣母陳氏帶在身邊撫養。恩來從三四歲起就跟陳氏媽媽學習讀書寫字，並背誦簡單的唐詩宋詞。六歲時隨同父親、生母、嗣母和弟弟遷居清河縣清江浦，到外祖父的家塾裏讀書。此時家境衰落，靠借債度日，三年內生母、繼母相繼病故。恩來只好帶著兩個弟弟重新回到淮安的老家，於是十歲的恩來便不得不負起家庭的重擔。

周恩來十二歲時離開淮安，前往遼東依靠伯父。一九一一年春天他在瀋陽進入奉天第六兩等小學堂（後改名爲東關模範學校）肄業。他學業成績優良，名列前茅，尤其是作文、書法和英文，每學期總是全班第一。

他在瀋陽讀書期間，最大的收穫是鍛練了結實的身體和堅強的意志。他逐漸適應了以高粱米、玉米麵爲主食的東北生活。瀋陽風沙很大，他每天徒步往返學校，時常風沙撲面，泥濘難行。尤其是冬天，冰天雪地，北風呼嘯。他經常在寒風冰雪中跑步，以頑強的毅力鍛煉身體和意志。他在一九六四年八月二日與親屬的談話中曾談到他在東北上小學時的生活說：「到東北有兩個好處：一個好處是把身體鍛煉好了。無論冬天夏天，都要做室外體育鍛煉，把文弱的身體鍛煉強健了。再一個好處是吃高粱米，生活習慣改變了，長了骨骼，鍛煉了腸胃，使身體能適應以後的戰爭年代和繁忙的工作。」

## 參加長征飽受考驗

由於周恩來在青少年時期，在東北寒冷的氣候下鍛煉了強健的身體，後來在一九三三年的第四次反「圍剿」戰爭中才能吃苦耐勞獲得勝利。當時他與朱德一起置身江西建寧前線，在戰鬥激烈進行的時候，經常通宵達旦地工作，生活簡單樸素。睡的是門板床，再舖上稻草，蓋的是舊毛毯。床上沒有枕頭，就用一塊磚頭墊上，桌上點的是食油燈，洗面沒有毛巾，只用破布抹一抹。在這樣簡樸的司令部裏，他與朱德以高度的智慧，運籌帷幄，指揮若定，終於獲得了第四次反圍剿的勝利。

一九三四年十月十日，中共中央和紅軍總部從江西瑞金出發，率領紅軍八萬六千餘人開始二萬五千里的長征。周恩來由於過度勞累，糧食缺乏，只吃野菜和青稞。到毛兒蓋後，他終於生病了。但在行軍途中，不能休息，只好用擔架抬著走，好不容易才越過危險的草地，最後終於第二年十月十九日平安到達陝北。可見他的健壯的身體是經得起考驗的。

在長征結束後初到陝北時，周恩來接受美國記者斯諾的訪問，進行了長時間的談話，斯諾在《西行漫記》中描寫對周恩來的印象云：「在中國，像其他許多紅軍領袖一樣，他是一個傳奇式的人物。他個子清瘦，中等身材，骨骼小而結實，儘管鬍子又長又黑，外表上仍不脫孩子氣，又大又深的眼睛富於熱情。他確是有一種吸引力，似乎是羞怯、個人的魅力和領袖的自信的混合物。他講英語有點遲緩，但相當準確。他對我說已有五年不講英語了。他談吐緩慢安詳，深思熟慮，頭腦冷靜，善於分析推理，講究實際經驗。」

一九三九年七月十日，周恩來回到延安不久，發生了一件意外事情，他的右臂因墜馬而受重傷。當天他到中央黨校去做報告，因爲延河水漲，就騎馬前往。在途中，周恩來騎的馬受驚，把他摔了下來。他的右臂撞在石崖上，造成粉碎性骨折。警衛人員立刻上前，周恩來已經自己站起來，用左手扶著骨折的右臂，痛得咬緊牙關，事後雖經醫生治療，仍未見效，乃決定往蘇聯求醫，在蘇聯醫院經過三個月的治療，才痊癒返國。體重增加九磅，容光煥發。

## 自訂修養要則，身體力行

周恩來平常對於朋友的交往十分重視，他對朋友的態度是：待人以誠。他總是尊重對方，設身處地爲對方著想，照顧朋友的困難。在交換意見時，他總是坦率明確地說出自己的看法，從不含糊和敷衍，對正確的意見誠懇地接受，對不正確的意見，則予以合情合理地說服。他常說：只有把對方當作朋友，人家才會把你當作朋友。這是他交友成功的重要原因。

談到修養，他在一九四三年三月十八日參加整風學習中寫成《我的修養要則》七條如下：

一、加緊學習，抓住中心，寧精勿雜，寧專勿多。

二、努力工作，要有計劃，有重點，有條理。

三、習作合一，要注意時間、空間和條件，使之配合適當，要注意檢討和整理，要有發現和創造。

四、要與自己的、他人的一切不正確的思想意識作原則上堅決的鬥爭。

五、適當的發揚自己的長處，具體的糾正自己的短處。

六、永遠不與群衆隔離，向群衆學習，並幫助他們。過集體生活，注意調研，遵守紀律。

七、健全自己身體，保持合理的規律生活，這是自我修養的物質基礎。

周恩來的這篇修養要則，甚爲扼要和重要，內容包含加緊學習、努力工作、習作合一、正確的思想意識、發揚自己的長處、糾正自己的短處，向群衆學習、過集體生活、注意調研，遵守紀律，而最重要的是第七條，健全身體、保持合理的規律生活。

同年十一月十五日他在一項會議上的發言提綱中指出：要嚴格地要求並檢查自己、表示今後：「必須從專而精入手。寧可做一件事，不要包攬許多。寧可做完一件事，再做其他，不要淺嘗即止。寧有所捨，才能有所取。寧務其大，不務其小。這樣，做出一點成績，才能從頭到尾，懂得實際，取得經驗。」這是他做事的要訣。周恩來參加延安整風學習後，對他的思想有深刻的影響。

周恩來在修養方面，不但訂定修養要則，並且認眞實行，美國學者費正清曾經談到會見後的印象：「周恩來的魅力在初次見面時就打動了我。在我面前是一位濃眉、英俊的貴胄，卻爲民衆獻身；作爲個人，他的智慧和敏銳的感覺是罕見的。」另一位美國友人謝偉思也說：「周是非常熟練的、敏感的、明智的人。我未見過周發怒或心煩意亂。他總是那麼平靜、鎭靜。我沒有見過他克制不住自己的時候。他是一個令人敬服的人，很難找到他的缺點。他使與他談話的人很願意與他談，他很專心地凝視著與他談話的人，使人感到很親切。有人說周易於妥協是不公道的，認識他的人都承認他是一個很堅強的人、正直的人、誠實的人、有原則性的人。」

根據周恩來的保健醫生張佐良的回憶錄所述，與他相處較久的人都知道他脾氣很急，容易發火，但過後便不計較。他是重感情的人，他也尊重別人的感情。他對於女性，如護士、女服務員、女幹部等，都比較客氣。他善解人意，懂得尊重別人，他永遠以商量的口吻說話，商量後你可以接受，不接受也不要緊。這種開誠布公的風格，就是他的高明與吸引力的所在。他對那些才華出衆、有特殊貢獻的藝術家、作家、科學家、民主人士等，尤其重視，把他們看作國家的財富，情同手足的朋友，對他們特別予以照顧。

## 家庭單純嚴於律己

周恩來的家庭頗爲單純，平日和妻子鄧穎超相處融洽。鄧穎超祖籍河南，一九〇四年二月四日生於廣西南寧。父親早逝，母親是中醫。她跟隨母親遷居天津，考入天津女師後，即開始參加救國革命活動。她和周恩來相識是在一九一九年的五四運動中。那時，周恩來二十一歲，鄧穎超才十五歲，是個小妹妹，大家都叫她「小超」。鄧穎超後來回憶道：「在這次運動高潮中，我們相見，彼此都有印象，是很淡淡的。在運動中，我們這批比較進步的學生，組織了覺悟社，我們接觸得比較多一點。但是，我們那時都要做帶頭人，在整個運動時期，相約不談戀愛，更談不到結婚了。」他們的愛情關係是周恩來旅歐期間由通信確定的。在通信之間，他們增進了感情，特別是建立了共同的革命理想，要爲共產主義奮鬥。從這時起，周恩來和鄧穎超結成了生死不渝的戰鬥伴侶。

一九二五年九月，周恩來和鄧穎超在廣州結婚了，那時周恩來在廣州擔任黃埔軍校政治部主任。他們的婚禮從簡，不行大禮，不講排場。結婚後的生活依然保持著艱苦樸素的作風。

在廣州的這段生活給周恩來和鄧穎超留下了難忘的印象，將近三十年後，當周恩來再去廣州時，鄧穎超在給他的信中道：「羊城（廣州）是多麼値得紀念和易引起回憶的地方！它是我們曾和許多戰友和烈士共同奮鬥過的地方，又是你和我共同生活開始的地方。三十年前你和我是天南地北害相思，這次我和你又是地北天南互相想念。三十年來我和你的共同生活，多是在患難與共，艱苦鬥爭，緊張工作中度過的。」

他們結婚後的第二年，鄧穎超曾經懷孕，不幸小產。從此以後，未曾生育過。

周恩來沒有親生的兒女，他把幾個侄子、侄女視同己出，對他們充滿慈父般的愛心。但是，他把侄兒周榮慶送到河南農村當農民，侄女周秉建送到艱苦的內蒙古大草原去落戶紮根。他這樣做是出於對後代的一片愛心，因爲他認定只有到艱苦的地方，才能磨練他們的意志、增長他們的才幹。此外夫婦兩人收養了不少革命遺孤，都培養成革命接班人。

周恩來襟懷坦白，嚴於律己。他曾爲親屬訂定了「十條家規」，內容如下：

一、晚輩不准丟下工作專程去看望他，只能在出差順路時去看看。

二、來者一律住國務院招待所。

三、一律到食堂排隊買飯菜，有工作的自己買飯菜票，沒工作的總理代付伙食費。

四、看戲以家屬身份買票入場，不得用招待券。

五、不許請客送禮。

六、不許動用公家的汽車。

七、凡個人生活上能做的事，不要別人來辦。

八、生活要艱苦樸素。

九、在任何場合下，都不要說出與總理的關係，不要炫耀自己。

十、不謀私利，不搞特殊化。

周恩來律己甚嚴，對於自己的缺點和錯誤從不隱瞞。他具有鋼鐵般的自我控制能力，能忍人所不能忍。

## 注重鍛鍊節制飲食

一般人對於周恩來的印象是精神矍鑠，步履矯健。在六十年代末，年屆古稀的他時常活躍在各種外交場合中，一些國際友人詢問周總理有什麼特別的健康長壽的養生秘訣？他總是不假思索地回答：「我是一個中國人，當然是按照東方人的習慣生活！」

事實上周恩來健壯的體格和堅強的革命意志，都是他刻苦鍛煉的結果。晚年他在許多場合與青年講話時常說：「東北的高粱米飯、風沙和嚴寒鍛煉了我。」

後來周恩來在天津南開學校上學時堅持每日跑步。解放後由於工作非常忙碌，每天只睡眠幾個小時，但他仍堅持散步、打乒乓球和做體操三項運動。

周恩來的健身操動作，是由專家及保健醫生設計，隨著年齡和健康狀況的變化，作必要的修改。他做健身操時，每一個動作都很認眞。遇到新動作，他常叫別人站在旁邊提醒或糾正姿勢。他不管工作多忙或勞累，都堅持有恒地鍛鍊。

六十年代中期以後，他因工作太忙，延長夜間辦公時間，但仍抽空每隔二小時左右到室外散步十多分鐘，再進活動室打幾分鐘乒乓球。

他喜愛乒乓球運動，日後他竟成爲著名的「乒乓外交」重要的推動者，啓開了中美外交的大門，開拓了世界外交的新格局。

至於周恩來打乒乓的技巧並不太高，因爲他的右臂曾在延安時騎馬受傷，打乒乓受到限制，不可能有太多的殺球動作。

在六十年代末，周恩來患過一次較重的肩周炎，肩關節疼痛，使他的活動受到限制，甚至影響梳洗及更衣等日常生活。醫生爲他編了幾節增加關節活動的動作，他做得很認眞，後來終於痊癒。

他在一九六六年患了冠心病，一九七二年得了惡性腫瘤，但他仍盡力堅持做健身運動，直到病重住進醫院臥床不起，才被迫停止體格鍛煉。

據鄧穎超對保健醫生說，周恩來平常怕熱不怕冷，穿的衣服很單薄，到北京後一直不穿棉衣，不戴帽子，不戴手套，即使在寒風刺骨的惡劣天氣去機場迎接外賓時亦如此。睡覺時蓋的被褥很薄。他習慣用冷水洗臉，不用肥皂。飲食方面，他喜歡吃五穀雜糧，葷素搭配。每周的主食除了米麵以外，總要吃幾餐高粱米、小米及玉米麵做的食品。他很注意節食，保持適當的體重與良好的體形。

由於作息時間不同，一年到頭他夫妻倆難得在一起吃飯。他的早餐通常是麵包、果醬、黃油、豆漿沖雞蛋和麥片，很少變動。他說：「我在黃埔軍校時期，每天同蔣介石一齊吃早餐，吃的就是豆漿、雞蛋沖麥片。」

按照鄧穎超的吩咐：廚師在每周周末開出下一周的菜單。內容包括早、午、晚三頓正餐及消夜。正餐主食是粗細糧搭配，副食是一個葷菜、一個半葷半素、一個蔬菜和一個湯。廚師開出的食譜先交給保健醫生審閱，看是否符合營養學標準，即要符合低脂肪、低膽固醇、低碳水化合物、高維生素及適量纖維素等基本標準。

周恩來常吃的主菜是：紅燒鯽魚塊、紅燒魚、梅乾菜燒肉、紅燒獅子頭、及清燉肉丸子等。綠豆芽炒肉絲與茭白肉絲屬於半葷半素類，而燒油菜、大白菜、炒綠豆芽、燒豆角，以及上海人常吃的雞毛菜（小油菜）和豆製品等，都是他愛吃的素菜。他很注意節約，決不鋪張浪費。有一次廚師做了一道紅燒魚翅，他交代以後不要再搞這樣貴重的東西吃了。

有時醫護人員看到周恩來整天操勞，精神不濟，胃口欠佳，便讓他吃一碗雞湯麵或雞湯餛飩，他吃得很香，心照不宣，有一次出國訪問朝鮮，吃的常是異國風味——狗肉，有一次竟是「全狗席」，他也吃得很香。

周恩來的酒量不大，偶而喝一點茅台酒。美國總統尼克遜訪華期間，在簽訂「上海公約」後，周恩來高興之餘，向大家宣布：「我請你們吃洋澄湖大閘蟹，喝茅台酒。」結果大家都吃得很開心。

## 西花廳的一天

在中共的歷史上，周恩來的地位僅次於毛澤東，自一九四九年十月一日建國以後，直至一九七六年一月八日逝世，他都肩負國務院總理的重任。據說在一九七二年國慶招待會上，當周恩來向劉文輝舉杯慶賀時，劉文輝說：「總理，歷史上當宰相時間最長的是唐朝的郭子儀，他在任二十四年。希望總理保重，超過郭子儀！」當時周恩來已做了二十三年總理，此後又做了三年，眞正成爲中國歷史上任期最長的宰相。

周恩來的住所和辦公廳是在北京中南海大院西北角的西花廳。這是清末宣統年間修建的舊王府式四合院建築群，由前後兩個院落構成。院內的房屋、亭子、長廊、水榭等建築物已經相當陳舊，院內樹木花草茂盛，修剪整齊，環境幽靜，空氣清新。

西花廳的前廳氣派高雅，是周恩來接待宴請外賓的地方，院內有一橢圓形花壇，四周遍植低矮的常青樹，中央栽種芍藥花和月季花。周恩來和鄧穎超常在這裏散步賞花。

後院的面積較小，是周恩來的辦公室和起居室。辦公室西邊有一個活動室，室內有乒乓球桌及書櫥，是周恩來辦公間隙活動手腳的地方。辦公室東邊是客廳，他們夫妻在此用餐、休息，及與親屬會聚。客廳東邊是鄧穎超的辦公室兼臥室，隔壁是周恩來的臥室，室內傢具簡單，他睡的是一張普通木床。

周恩來住在西花廳，生活儉樸，自他住進來以後，不許翻新裝修房屋。

周恩來睡得很晚，起床較遲。他睡醒後便按枕頭旁邊的電鈴呼叫値班警衛人員，一起進到衛生間。他有時坐在抽水馬桶上就按電鈴，再把値班秘書叫進來，向他報告電話記錄，待批閱的緊急文件和一天的工作安排。有時叫老部下到衛生間來彙報工作。所以西花廳的工作人員戲稱衛生間爲第二辦公室。

他每天早上都在衛生間先做五至十分鐘的健身操，然後看報。他以驚人的速度閱讀完當日大量的報紙，發現了問題，就立即打電話到有關新聞單位指示更正。

周恩來很注意自身的修飾和儀表，他穿的中山裝及襯衫都熨燙得平平整整，線條筆挺，皮鞋擦得烏亮，花白的頭髮梳得很整齊，每兩天刮一次鬍子，若有外交活動則每天刮一次。

周恩來每天的工作非常緊張、龐雜，經常是一天只能睡眠四、五個小時。床頭放著電話機，他經常在床上處理工作，連吃飯、洗澡的時候，秘書都在等著匯報和請示工作。有時他半躺在床上，胸前放一塊木板，批閱文件和電報，不知不覺地閉上了眼睛。工作人員於是輕輕地走到他床邊，小心地摘去他的眼鏡，取走他手中的文件，替他蓋好被子。他常常這樣埋頭苦幹，徹夜不眠。他語重心長地對身邊的工作人員說：「老了，要用有生之年，爲人民多做些工作。」

周恩來有時要處理突發緊急事件，徹夜不眠。例如一九七一年九月十二、十三兩天處理林彪叛逃事件，徹夜指揮部屬阻止飛機起飛未果，只得驅車前往中南海報告毛主席。毛澤東氣憤地說：「天要下雨，娘要嫁人，由他去吧！」次日下午接到外交部報告，得知林彪所乘飛機已經在蒙古墜毀，機上八男一女全部死亡時，周恩來高興得連聲說：「啊！摔死了，摔死了！」又趕快向毛澤東報告這一大快人心的消息。爲處理此一突發事件，他已經連續五十多個小時沒有休息了。

## 多才多藝興趣廣泛

周恩來年輕時，好學上進，興趣廣泛，生活多彩多姿，情趣高雅。他喜好詩歌、音樂，及名家書畫。他的文章與口才都是一流的。

早在南開學校肄業時，曾在所辦刊物「敬業」發表《春日偶成》詩二首：及《傷時事》詩一首：

### 春日偶成二首

極目青郊外，烟霾布正濃；中原方逐鹿，博浪踵相蹤。

櫻花紅陌上，柳葉綠池邊；燕子聲聲裏，相思又一年。

### 傷時事

茫茫大陸起風雲，舉國昏沉豈足云；最是傷心秋又到，蟲聲唧唧不堪聞。

周恩來於一九一七年九月，往日本東京求學時，亦曾賦詩言志：

大江歌罷掉頭東，邃密群科濟世窮；面壁十年圖破壁，難酬蹈海亦英雄。

他到日本後致函同學，稱讚梁任公的一首自勵詩：

獻身甘作萬矢的，著論求爲百世師。誓起民權移舊俗；更研哲理牖新知。十年以後當思我，舉國猶狂欲語誰？世界無窮願無盡，海天寥廓立多時。

周恩來與郭沫若的交情很深，一九四〇年爲慶祝郭沫若誕辰五十周年和創作生活二十五周年的紀念活動，周恩來曾寫了一篇文章紀念，指出他一有豐富的革命熱情，二有深遠的研究精神，三有勇敢的戰鬥生活。事後郭沫若曾贈給周恩來一首五言詩：

疾風知勁草，歲寒見後凋。根節構盤錯，梁木庶可遭。駕言期駿驥，豈畏路迢遙？臨歧何所贈，陳言當寶刀。

一九四一年抗日戰爭期中，新四軍被國民黨擊潰，可能爆發內戰，周恩來在重慶發表一首四言詩：

千古奇冤，江南一葉。同室操戈，相煎何急！

此詩發表後，產生了震撼人心的強大力量。

周恩來愛好戲劇，一九七五年十月，中國工農紅軍長征四十週年，演出蕭華作詞的長征組歌《紅軍不怕遠征難》，其中周恩來最愛聽愛唱的一首歌詞是：

雪皚皚，野茫茫。高原寒，炊斷糧。

紅軍都是鋼鐵漢，千錘百煉不怕難。

雪山低頭迎遠客，草毯泥毡紮營盤。

風雨侵衣骨更硬，野菜充飢志益堅。

官兵一致同甘苦，革命理想高於天。

他在心情好、工作較少時，偶而去劇場欣賞京劇。他常在演出開始後半小時左右悄然入場，看完一二齣精彩的劇目後，悄悄地離去，以免驚動觀眾。他在養病期間，有時聽一些京劇名角如梅蘭芳、馬連良、譚富英、程硯秋、張君秋等的精彩唱段。

周恩來除擅長詩文外，對於書法亦極有興趣，平常處理公務都使用毛筆，他的行草造詣甚深。建國前夕在首都北京天安門外建立的人民英雄紀念碑，就是由毛澤東撰寫碑文，而由周恩來手書，鐫刻在碑上的，書風老練穩重。

## 收到馬克思的請帖

周恩來對於保持健康一向十分注意，自從擔任總理後，工作十分忙碌，無足夠的休息時間。一九六六年保健醫生發現他患了冠心病和輕微的心絞痛，此後經常需要呼吸氧氣及服用冠心病藥物。一九七二年又患了膀胱癌，經常尿血，此後病情一天天加重，至一九七四年夏，癌症惡化，腫瘤迅速長大，潰爛，出血量增加，凝結成血塊，堵住尿道口，使排尿發生困難，不得不住進三〇五醫院，接受外科手術治療，此時醫生又發現他患了結腸癌。數年間先後輸血八十九次，大小手術總共做了十三次。

周恩來自患癌症後，數年間精神體力已消耗殆盡。他的身高一七三公分，而體重最後減至三十多公斤。

他對於死亡並不害怕，一九七五年五月他曾對探病的譚震林說：「死，我並不怕。古話說：人生七十古來稀，我已經是七十七歲了，也算得上高壽了。可是總應該把國家建設得好一點，人民的生活多改善一些，再去馬克思那裡報到，才感到安心。現在這種狀況去報到，總感到內疚、羞愧。」同年九月七日接見外賓時，曾風趣地說：「馬克思的請帖，我已經收到了。這沒有什麼，這是不以人的意志爲轉移的自然法則。」可見他對於人生的最後歸宿——死亡，是看得很開的。

周恩來一住進醫院，病房就變成了總理的辦公室。除了有些會議不參加外，其他工作照常進行。包括批閱重要文件、接待重要外賓。

周恩來的病情不斷惡化，最後連看文件都很困難。他說：「我還能聽，腦子還能用。」他請秘書把文件唸給他聽，醫務人員看到他驚人的毅力，克制自己的痛苦，都不禁流淚。他還鼓勵他們說：「你們給我治療是個好機會，你們可以很好地在我身上總結經驗。現在還有那麼多人受腫瘤折磨。我就不相信沒有辦法對付，總有一天會突破的。」

周恩來的病情，延至一九七六年一月八日九時五十七分，終於與世長逝，享年七十八歲。夫人鄧穎超始終守在他身旁，強忍著內心的極大悲痛。在臨終之前，他們曾以徹底的唯物主義者的態度，共同商量後事。據鄧穎超回憶說：

當他知道自己的病不能挽救時，一再叮囑我，死後不要保留他的骨灰。這是我和恩來在十幾年前共同約定下來的。在中央作出人死後實行火葬這個決定不久，我們二人共同商定，互相保證，把我們的骨灰撒到祖國的大好河山去，撒到水裏土裏去。他自己就曾經講過；人死後爲什麼要保留骨灰？把它撒在地裏可以做肥料，撒在水裏可以餵魚。他還主張人死了以後應該做屍體解剖。在他病重住院期間，他曾交代醫務人員：「現在對癌症的治療還沒有好辦法，我一旦死去，你們要徹底解剖檢查一下，好好研究研究，能爲國家的醫學發展做出一點貢獻，我是很高興的。」恩來對他的後事，曾經對我說過，喪儀要從簡，規格不要超過中央任何人。一定不要搞特殊化。

早在一九五八年，周恩來首先把他死去的父親墳墓挖掉，進行深埋，還把他在淮安幾代親人的墳墓也托人挖掉，改爲深埋，把土地交給公家使用。

周恩來的夫人鄧穎超比她先生多活了十六年，於一九九二年七月十一日病故，享年八十八歲。

# 林語堂的養生之道

文章可幽默，作事須認真。

——林語堂

坦率、誠懇、樂觀、風趣；懷著一瓣未泯的童心，保持一份「我行吾素」的矜式，是現實主義的理想家，也是滿腔熱情的達觀者。

——語堂自畫像

林語堂，福建省龍溪縣人，清光緒二十二年（公元一八九五年）生，上海聖約翰大學文科畢業，曾在美國哈佛大學、德國殷內大學和萊比錫大學研究語言學，獲哈佛大學碩士、萊比錫大學博士學位。曾任清華大學、北京師範大學、北京大學教授、廈門大學文學院長及南洋大學校長。抗戰前一年，民國二十五年（一九三六年）去美國，一住三十年，民國五十五年（一九六六年）七月回國定居，築室於臺北天母，六十五年（一九七六年）病逝於香港，享年八十二歲。

林語堂一生以寫作爲業，任教時間甚短。他的寫作生涯可分爲三個階段：第一階段是在上海，可名爲「三十年代」，數量雖不多，影響卻甚大，他創辦的「論語」、「人間世」、「宇宙風」等雜誌，登載甚多寓意深遠，趣味雋永的文章，博得「幽默大師」的美譽，並編著有名的「開明英文讀本」和「開明英文文法」。第二階段是在美國，是他寫作的「豐收的年代」。三十年中，大部分用英文寫作小說、傳記、散文，以及中國名著英譯。最暢銷的《生活的藝術》一書，在美國已發行了四十版以上。但林先生自己最偏愛的是以三年時間寫成的英文《蘇東坡傳》。此外，他的三大小說：《京華烟雲》、《風聲鶴唳》和《朱門》也極暢銷。由於這些著作，他已成了世界聞名的大作家，並且被列爲二十世紀世界的智慧人物之一。第三階段是回國定居以後，十年之間，他用中文爲中央通訊社撰寫專欄，出版了《無所不談》一、二集，《平心論高鶚》。並且以五年時間編了一本《當代漢英詞典》。

## 讀書方法

讀書是求取功名和獲得文憑的一種手段，這是一般人對於讀書的看法。可是林語堂卻有不同的看法。他認爲讀書是修養生活上的一種樂趣和享受。一個沒有養成讀書習慣的人，他的生活是機械的、刻板的，受時間和空間的限制，所接觸的世界是狹隘的。可是當他拿起一本書來讀的時候，他便立刻走進一個不同的世界。如果是一本好書，他便立刻接觸到世界上一個最健談的人，引他到一個不同的國度或不同的時代，與古人爲友。所以杜威說，讀書是一種探險，如探新大陸，如征處女地。法郎士也說過，讀書是「靈魂的壯遊」，隨時可發現名山巨川、古蹟名勝、深林幽谷、奇花異卉。不但如此，讀書往往被帶進一個沉思和反省的境界裏去。所以最好的讀物是那種能夠帶我們到這種沉思的心境裏去的讀物。他認爲人們花費大量的時間去閱讀報紙，那並不是讀書，因爲它沒有沉思默想的價值。

根據上述理由，林語堂說：「讀書是文明生活中，人所共認的一種樂趣。凡是以勉強的態度去讀書的人，都是不懂得讀書藝術的人，更談不上讀書的樂趣。」

關於讀書的目的，林語堂最欣賞宋代黃山谷的說法：「三日不讀書，便覺語言無味，面目可憎。」這是一句名言，含有至理。它的意思是說，讀書使人得到一種優雅的氣質和風趣的談吐，這就是讀書的整個目的，而祇有抱著這種目的的讀書才可以叫做藝術。讀書的目的並不是要「改進心智」，因爲當他開始想要改進心智的時候，一切讀書的樂趣便喪失淨盡了。一個人如果抱著義務的意識去讀書，便不瞭解讀書的藝術。

讀書應是一種個人的嗜好，以滿足個人的興趣爲主。這種嗜好與對食物的嗜好一樣，必然是有選擇性的，正如英國俗語云：「在一人吃來是補品，在他人吃來是毒質。」所以一個人應讀他所喜歡的讀物才能獲益。否則勉強去讀不感興味的讀物，無異浪費時間。

世間有沒有必讀之書呢？林語堂指出：「世上無人人必讀的書，只有在某時某地、某種環境、和生命中的某個時期必讀的書。縱使某一本書，如聖經之類，是人人必讀的，讀這種書也有一定的時候。當一個人的思想和經驗還沒有達到閱讀一本傑作的程度時，那本傑作只會留下不好的滋味。」孔子說：「五十以學易。」便是說，四十五歲時尚不可讀易經。所以他反對爲他人開出必讀書目，一個人喜歡甚麼書，是要他自己去發現，他人不可越俎代庖。

林語堂自己喜歡讀那類書呢？他說：「我不喜歡第二流作家，我所要的是表示人生文學界中最高尚和最下流的。在最高尚的一級，可以說是人類思想之源頭，如孔子、老子、莊子、柏拉圖等，我所愛之最下流者是民間歌謠，如蘇州船夫的歌曲。」

他認爲，讀書必須讀自己性之所近的書，強迫他人讀指定的書是沒有用的。因此，「一個人發現他所愛好的著作乃是他的知識發展上最重要的事情。世間確有一些人的心靈是類似的，一個人必須在古今的作家中，尋找一個心靈和他相似的作家，只有這樣才能夠獲得讀書的眞益處。」他把尋找性之所近的作家譬如爲尋找一見傾心的情人。這種作家找到以後，把他的全部作品拿來讀了，吸收其精華，並毫不費力的消化了，浸潤在他的文學情人的懷抱中，久而久之，他自己的聲音相貌、一顰一笑，便漸與那個作家相似。過了幾年之後，他對這個情人有點感到厭倦，開始尋找新的文學情人，到他已經有過三四個情人，而把他們消化之後，他自己也成爲一個作家了。

還是聽聽林語堂自己的讀書態度吧：「讀一個人的作品，絕不應有在盡義務的感覺。我只是讀心悅誠服的東西，他們吸引我的力量在於他們的作風，或相近的觀念。我讀書極少，不過，我相信我讀一本書得益比別人讀十本的爲多。如果那特別的著者與我有相近的觀念，由於我用心吸收其著作，不久便似潛生根蒂於心內了。」

最理想的讀書方法，最懂得讀書之樂者，林語堂最嚮往的是中國第一女詩人李清照及其夫趙明誠。他引易安居士於《金石錄》後序，自敘他們夫婦的讀書生活，有一段極逼眞極活躍的寫照：「余性偶強記，每飯罷坐歸來堂，烹茶，指堆積書史，言某事在某書某卷第幾頁第幾行，以中否角勝負，爲飲茶先後。中即舉杯大笑，至茶傾覆懷中，反不得飲而起，甘心老是鄉矣！故雖處憂患困窮，而志不屈。……收藏既富，於是几案羅列，枕席狼籍，意會心謀，目往神授，樂在聲色狗馬之上。……」

李清照的讀書法才叫做眞正的讀書。興味到時，拿起書本就讀，這才不失讀書的本意。他勸青年人：「你們讀書時，須放開心胸，仰視浮雲，無酒且過，有烟更佳。……或在暮春之夕，與你們的愛人，攜手同行，共到野外讀離騷經；或在風雪之夜，靠爐圍坐，佳茗一壺，淡巴菰一盒，哲學、經濟、詩文、史籍十數本，狼藉橫陳於沙發之上，然後隨意所之，取而讀之，這才得了讀書的興味。」

但是，這種憑興味的自由讀書方法，簡單固然簡單，讀不懂時如何？林氏答曰：「須知世上決無看不懂的書，有之便是作者文筆艱澀，字句不通，不然便是讀者的程度不合，見識未到。各人如能就興味與程度相近的書選讀，未有不可無師自通，或者偶有疑難，未能遽然了解，涉獵既久，自可融會貫通。」

至於讀書的時間和地點也不成問題：「讀書沒有合宜的時間和地點，一個人有讀書的心境時，隨便甚麼地方都可以讀書。如果他知道讀書的樂趣，他無論在學校內或學校外都會讀書。……曾國藩在一封家書中，談到他的四弟擬入京讀較好的學校時說：『苟能發奮自立，則家塾可讀書，即曠野之地，熱鬧之場，亦可讀書，負薪牧豕，皆可讀書。苟不能發奮自立，則家塾不宜讀書，即清淨之鄉，神仙之境，皆不能讀書。』」清代的顧千里在夏天有「裸體讀經」的習慣。金聖歎認爲雪夜閉戶讀禁書，是人生最大的樂趣。陳繼儒（眉公）描寫讀書的情調以閒適爲尚。一個人只要有這種讀書的心境，無論什麼環境都能忍受得了。

此外，林語堂還談到讀書的幾點注意事項：第一、讀書所得的實益，與其見識與經驗相關。宋儒程伊川說：「讀論語：有讀了全然無事者；有讀了後，其中得一兩句喜者；有讀了後，知好之者；有讀了後，直有不知手之舞之足之蹈之者。」第二、凡是好書都值得重讀。眞正的好書不厭百回讀，讀好書有如掘金礦，掘得益深，收穫益多。第三、不要學古人的「苦讀」。「如果一個人把書本排在前面，而在古代智慧的作家向他說話的時候打盹，那麼，他應該乾脆上牀去睡覺。把大針刺進小腿或叫丫頭推醒他，對他都沒有一點好處。這麼一種人已經失掉一切讀書的趣味了。有價值的學者不知道甚麼叫做『磨練』，也不知道甚麼叫做『苦學』。他們祇是愛好讀書，情不自禁的一直讀下去。」第四、讀書的方法，一方面要精讀，一方面也要儘量涉獵翻覽。精讀才能深入，而欲求深入，非由興趣相近者入手不可。「一人找到一種有趣味的書，必定由一個問題而引起其他問題，由看一本書而不能不去找關係的十幾種書，如此循序漸進，自然可以升堂入室。研磨既久，門徑自熟。或是發現問題，發明新義，更可觸類旁通，廣求博引，以證己說，如此一步一步的深入，自可有成。」

讀書重在心靈的啓發，而現在在學校讀書的學生適得其反，林語堂很同情他們，認爲他們在校讀書有四不可：①所讀非書：學校專讀教科書，而教科書並不是眞正的書，與其讀一本小說概論，倒不如讀三國、水滸，讀一部歷史教科書，不如讀史記。②無書可讀：因爲學校圖書館藏書有限，規模不大。③不許讀書：因爲在課室內看書，例所不許。倘是一人自晨至晚上課，則等於自晨至晚被監禁起來，不許讀書。④讀書不好：因爲處處受到校規的干擾，毛孔骨節，皆不爽快。而且學校所教，並非愼思明辨之學，乃是記問之學，記問之學不足爲人師。

林語堂因爲關心臺灣學生的讀書，曾痛論臺灣的教育制度，認爲現行的教育制度可以一言以蔽之：「教育爲考試，考試爲升學。」與「學問爲求知，求知在養趣」的方法相去甚遠，與啓發心智培養天才之旨趣相去更遠。因此產生惡性補習，成爲臺灣的土產、特產、名產。臺灣的瘧疾已除，霍亂已絕，只有這惡性補習無法根除，而且傳染普遍，其遺害青年子弟極大，患者初若無事，但是畢業以後，聽到讀書，沒有不怕的，一見書本，馬上思眠。因有惡性補習，乃有惡性讀書。爲考試而讀書，便成惡性讀書。在惡性讀書之下，學生必定是恨書本。不強迫不讀，不督責不讀，不考試不讀，而根本不會讀，不想讀。讀書到了這種境地，其乏味無趣可想而知了。

要之，林語堂在這十幾年來，提倡自由讀書不遺餘力。他認爲讀書最要緊的在「養趣」，「興味到時，拿起一本書就讀」。無論在校、離校，做教員，做商人，做公務員，休閒的時間都可以讀書。這樣子的讀書，所以開茅塞，除鄙見，得新知，增學問，廣識見，養性靈。

讀書的意義，是使人較虛心，較通達，不固陋，不偏執，還可以啓發心靈，增加風趣。難怪他在生時，終日沉浸在讀書的快樂中。

## 寫作經驗

林語堂的讀書方法是以興趣爲主，他的寫作態度也是以興趣爲依歸。他由教授變爲職業作家，在近半世紀的漫長歲月中，從不以寫作爲苦，而且樂此不疲，持久不懈。他常說：「寫東西的時候，也是我最快活的時候；欲使心情安靜，還是寫文章。」他經常在清晨五點鐘開始工作，有時連續十多小時，當他放下筆，才發現時間的飛逝。「有了興趣，你是不會去計算鐘點的。」興趣是他寫作生涯中，生命瓊漿的泉源。在另一場合他還說過：「從事寫作，必須依靠著興趣，同時也要由於天性所近而去寫作，這樣才會喜歡寫作，從寫作中得到樂趣，而不感到苦。」他在「無所不談合集」中，曾有三篇短文，一再談到興趣對於讀書和寫作的重要。

他曾告訴他的二女兒太乙：「要做作家最要緊的事，是要對人對四週的事物有興趣，要比別人有更深的感覺和了悟，要不然，誰要聽你說話？」在她父親的潛移默化中，林太乙也不知不覺走上寫作的道路，她稱這條路是「槌心椎骨的寂寞途程。」

爲了對事物具有深刻的感覺和了悟，林博士的興趣廣泛，他愛花，愛魚，愛一切自然界的景物。他談垂釣之樂、蒔花之趣，也談美食之妙。他愛人，愛世界，愛周遭的一切，因此，每一樣事或物出現在他的筆端，都分外顯得眞實和美好。

對事物有興趣，並有深切的了悟，這僅是寫作的前提條件之一，可是尙須孕育相當時候，到了非吐不快，才可見之於文。他談到寫作經驗時說：「關於我自己寫作的經驗，有幾句話可說：必也心有所喜悅，然後爲文，心有所感受，然後爲文，或確有所見，然後爲文，……天地間的事理人情，至繁且雜，卻不可凡有所見，即爲文章。必也在胸中孕育多少時候，多多思量，然後著爲文字，吐之爲快。這就是孕育以後胎動時期，不必喝什麼催胎大快湯，臨盆自然順適而愉快。若是時機未到，吮筆濡毫，便成流產，這是犯不著的。」他把寫作比作婦女生產，必須懷孕足月，始可順利臨盆。

他不喜歡那些引經據典的文章，他叫這類文章是「抄書」。寫文章必須要有話可說，要說由衷之言，更要有一己之見。他常說：「一個人要寫書，是因爲他有話要說，因此，他說的話，應該是由衷之言，是一己之見，而不是處處仿學古人，更不應該是人云亦云的無病呻吟。」他自己的文章有訴說不盡的意見，絕無不著邊際的贅語，他所說的話都是出自內心的，所表達的思想都是他自己的，絕非他人的。他是根據自己的直覺下判斷，思索自己的觀念；創立自己獨立的見解，「這樣的文章，才會有生命。」

有人問他：「寫好文章有什麼訣竅？」他說：「培養個人的性靈。」他強調性靈文學的重要，有性靈的文章，一定清新可愛，充滿活力。他認爲：「要想寫出一流水準的文章，要想成爲名作家，那麼，他所寫出的文章，必須有風格，也就是文中要有風骨。」他解釋，風格就是一個人思想、感情，和所有言行的表現。由一個人文章的筆調，就可以看出一個人日常言行的風格。而文章的風格，可以調皮，可以豪放，也可以風趣，各人有各人不同的風格。但是，各人要想在文章中表現獨特的風格，就必須注意性靈的培養。他常說：一般人寫文章，注重文字的推敲，其實文章本身的修辭固然重要，僅有優美修辭的作品，永遠不能列爲第一流。

林先生文章的風格曾經幾度變遷。他初期的文字有如學生的遊行示威，披肝瀝膽，慷慨激昂，公開抗議，並無什麼技巧和細心。其後言論自由受到限制，使他另闢蹊徑，轉變爲幽默的風格。他在自傳中寫道：「那嚴格的取締，逼令我另闢蹊徑以發表思想。我勢不能不發展文筆技巧和權衡事情的輕重，此即讀者們所稱爲『諷刺文學』，我寫此項文章的藝術乃在發揮關於時局的理論，剛剛足夠暗示我的思想和別人的意見，但同時卻饒有含蓄，使不致於身受牢獄之災。……在這個奇妙的空氣當中，我已經成爲一個所謂幽默或諷刺的寫作者了。」

林先生評判文章好壞的標準是「清順自然」四個字。他提醒有志寫作的朋友們，當提筆寫作時，先拋開「作文章」的觀念，不必掉文舞墨，堆砌詞藻，只要好好的，規規矩矩的用自然的國語，表達自己。「文貴自然，散文的好，必須好在清新、眞實，必須避陳腐，也要忌呆板，不可輕浮和油腔滑調。」關於文體方面，他還有兩句話：「平淡不流於鄙俗，典雅不涉於古僻。」

他在論到「文學的國語」時說，我們提倡白話文學，就先得對白話對國語有相當的信任，很多人往往不曉得白話有其絕妙的詞語，不相信白話裏眞有文學的價値。無論古今中外，不外是「用字恰當」才有它的傳達力。他特別佩服「紅樓夢」，當小說是第一流，當白話也是好得不得了，再沒有寫白話比紅樓夢好的人。

關於文法方面，他最討厭語體歐化，掉洋腔，學洋人講洋話。例如「你的玻璃被打碎了。」這個「被打碎了」是怪話。其次，故意把句子拉長，破壞了國語的簡潔。例如「她是他第一個哥哥的太太。」洋化得連「大嫂」都不會用。又如「這句話很長，慢慢的說吧。」是簡潔。如果說成「慢慢的說這句很長的話吧。」則是冗長不自然。

至於國語的詞彙，我們有很豐富的遺產，文言中有許多成語不一定是僻典，往往經過幾千年鍛煉，變成極能傳情達意的語詞，不應該一律排斥，而應該加以選擇，保存在國語內。例如「飲水思源」、「功虧一簣」、「司空見慣」、「言外之意」，已經成了國語的一部分，「集思廣益」、「懷才不遇」、「一見如故」、「一見傾心」、「具體而微」、「曲高和寡」等，都是很好的詞語，不易用口語表達出來，沒有理由摒棄不用。

此外，林先生對於時下文章，常見有「他」「它」「牠」的分別，「的」「地」「底」之不同，以及「他(她)們」的表達方法，都一律稱之爲怪物，不是我們自己的語言習慣，而是三十年代有人提倡「語體歐化」的後遺症。他有兩句話說「的地底滴到頭疼，他她牠忒兒摟鼻涕。」就是譏此庸人自擾之意。

「清順自然」是林先生評文的總綱，他在「看見碧姬芭杜的頭髮談小品文」一文中論之更詳：「我看小品文應有四字，曰清、曰眞、曰閒、曰實。清者，清新之意，不落窠臼，不拾牙慧。與凝重，煩細相反，與學術論文相反。眞者，所抒由衷之言，所發必眞知灼見的話。閒者，閒情逸致之謂。實者，充實飽滿之謂，故言有盡而意無窮。必須充實博厚，而能以平易言語出之，這就是所謂深入淺出的功夫。」

林先生反對「文言的白話」，認爲這種文體比文言還要彆扭，因而他主張用一種語錄體，文言白話隨意混用，順其自然，如何寫法暢通，便振筆直書，求其能寫出「心上筆下忽然之言」，使人讀時稱心順眼，不解自明。他認爲語錄體的特色是「簡練可爲文言，質樸可爲白話，有白話之爽利，無白話文嚕囌。」

至於寫作時的主觀條件與客觀環境，他不信任靈感，但他講求「靜」與「專」，人要靜下來，心也要專，再加上興趣，文思自然潮湧而來。如果靜不下來，心又不專，一天等靈感，那才是白費精神。

林語堂寫作時的神態，據他的女兒在「吾家」一書中的記述：「當他寫作的時候，彷彿整個屋子都屬於他所有的，沒有誰敢去驚擾他。」這就是他的「靜」和「專」。他的書房是一間舒適的屋子，四面全是書架，角落裏放著一張寫字檯，當他做完了工作，房中滿是烟霧，原來他烟斗不離手，烟斗是他的良伴。檯上放了幾本他喜歡的書，還有他喜歡的筆和放大鏡。他寫作時不喜歡用打字機，他的文稿都是手寫的。英文手稿都用硬皮筆記本，隨身携帶。他習慣只用筆記本右邊的一面，留下左邊的一面作爲修改時的備註。通常他把要修改的字句，用較深較粗的顏色筆塗去，依次編號，然後在左邊的空頁上，按號寫上修改後的字句，俾便排印與校對。他寫中文時，不習慣用方格稿子，喜歡用沒有格子的暗行稿紙。他喜歡坐在一張大而舒服的皮椅中工作，有活動的靠背。當他工作數小時後，把身子往後一躺，鬆弛一下肌肉和頭腦。他說，工作時的挺直姿勢，與工作完畢後躺在睡椅中的舒服姿勢相互變換，是生活的最高藝術。

他寫作的腹稿，大多數是在床上打成的，他的女兒寫道：「當全屋子燈光熄滅的時候，父親躺在床上思索，但並不睡覺。間或起來走到窗口，眺望窗外的風景。我們只在黑暗中看到他的烟斗中發出來的火星，紅紅的在窗口閃動。他有時靜靜的坐在那裏，直到他已計畫好了寫作的題材爲止。」

林大師自稱是伊壁鳩魯派的信徒（享樂主義者），但是勤奮不懈，著作等身。他曾爲自己做了一副對聯：「兩腳踏東西文化，一心評宇宙文章」。他說他「最喜歡在思想界的天地中馳騁奔騰。」他寫文章雖很幽默，做人卻很認眞，所以他常說：「文章可幽默，作事須認眞。」

總之，林語堂的思想著作值得我們欽佩與閱讀，他的寫作經驗亦可供我們參考與借鏡。

## 幽默世界

我們如果要了解「幽默」的確切涵義及其重要性質，最好遍閱幽默大師林語堂的著作，在他所著的「吾國與吾民」、「生活的藝術」、及「無所不談合集」等書中，均有專節或專文談論幽默，見解精闢，分析詳盡。

幽默是什麼？他對幽默所下的定義是：「幽默是叫人發笑的話，但是使人發笑的方法不是油滑，而是對人生有了深刻觀察後所說的老實話。幽默的語句都近人性，而且含有悲天憫人的胸懷。」他在另一文中又說：「幽默者是心境之一狀態，更進一步，即爲一種人生觀的觀點，一種應付人生的方法。無論何時，當一個民族在發展的過程中，產生豐富之智慧足以表現其理想時，則開放其幽默之鮮葩，因爲幽默沒有旁的內容，祇是智慧之刀的一晃。」

至於幽默的重要性，在於它可能改變我們整個文化生活的性質，包括幽默在政治上、學術上和生活上的地位。「它的功能與其說是物質的，不如說是化學的，因爲它改變了我們的思想和經驗的根本組織。」

在此，我們首須辨別幽默與幾個類似名詞的區別。

幽默與諷刺不同，幽默是莊諧並重的，使聽的人或讀的人，引起一種「會心的微笑」；諷刺則是以尖銳冷酷的語言譏笑別人，一針見血，容易刺破別人的假面具。

幽默也與謾罵不同，幽默是出於心靈的妙悟，它是同情的，所以只會笑，不會怒；謾罵則缺少理智的妙悟，它是自私的，急於打倒對方。

幽默又與機智不同。根據梁實秋主編的「最新實用英漢辭典」的解釋：「機智（Wit）與幽默（humor）均指了解和表達出可笑的事物，或使人發笑的才能。但機智指對於引人的、不平凡的、前後矛盾的或不相稱的東西反應很快，能立刻了解，並能以妙語警句說出。幽默則指能看出人生人性中可笑與荒誕的事物，且能同情及和善地把它們表達出來。」

林語堂曾將幽默區分為廣義的和狹義的兩種：「幽默有廣義和狹義之分，在西文用法，廣義的常包括一切使人發笑的文字，連鄙俗的笑話在內。西文所謂幽默刊物，大都是偏於粗鄙笑話的，若笨拙等雜誌，格調並不怎樣高，簡直有許多不堪入目的文字。在狹義上，幽默是與機智、譏諷、揶揄區別的。這三四種風調都含有笑的成分，不過笑本身有苦笑、狂笑、淡笑、傻笑各種的不同。又笑之立意態度，也各有不同，有的是酸辣，有的是和緩，有的是鄙薄，有的是同情，有的是片語解頤，有的是基於整個人生觀，有思想的寄託。最上乘的幽默，自然是表示『心靈的光輝與智慧的豐富。』」

一九七二年，第三十七屆國際筆會在漢城舉行，林語堂曾以「東、西方的幽默」為題，在會中發表精采的演說。在他的演說中，首先把幽默形容是「人類心靈的花朵」。他說：「我認為幽默的發展是和心靈的發展並進的，因此幽默是人類心靈的花朵。它是心靈的放縱或者放縱的心靈。惟有放縱的心靈才能客觀地看萬事萬物，而不為環境所囿。」

他接著指出，最崇高的幽默便是能逗引人發出一種含有思想的笑之一種幽默，人生充滿了悲哀與憂愁，愚行與挫折，那就是幽默所至，成為足以使人產生力量恢復精神的一個因素。它表現在一種廣大無邊的哀憐中——以一種悲傷但具有同情的態度洞察一切人生。這只有人類中最偉大者始克臻此。它表現在佛祖和耶穌身上。

隨後他舉出兩個幽默實例——一種由於承受這人間境況中所不可避免的事情，或者克服一種缺憾，藉以表現其力量的幽默。

第一個實例是關於蘇格拉底的，他有一個嘴巴很潑辣的悍妻。受到蘇太太一連串的責罵後，蘇格拉底便走出屋子去尋找安寧。當他步出門外時，自言自語說：「雷聲過後雨便來了。」於是他便泰然自若地走向雅典的市場去了。

第二個幽默實例是關於林肯的，有一天，一個年約十二歲的報童送報紙給林太太，他遲到了，林太太給了他一頓痛罵，那報童抱頭鼠竄而逃，向他的老闆哭訴，那是一個小市鎮，人人都彼此互相認識。報館編輯乃向林肯說起這件事，而林肯卻說：「請你告訴佛萊第不要介意。他每天衹見她一分鐘，而我卻忍受她十二年了。」

由上舉兩個幽默實例，林語堂說，顯示出在幽默中的一種精神力量，使蘇格拉底和林肯成爲偉人。如果蘇格拉底整天沉溺在妻子的溫柔懷抱裏，足不出戶，他便不會遊蕩街頭，拉住路人問他們一些令人困窘的問題了，他也不會創出希臘哲學中的逍遙學派了。林肯如果沒有一個愛吹毛求疵而又容易激動的妻子，他便不會經常在酒吧和人廝混，增強他的機智和幽默，並成爲一個精通英語的人，那麼，他便不能做到美國總統了。

一般的幽默能使緊張的心情轉變爲緩和，使神經在得到快感，而發爲笑。哲學家佛勞德曾舉一例甚佳：「某窮人向其富友借二十五元。同日這位朋友遇見窮人在飯店吃一盤很貴的奶漿沙羅門魚。朋友就上前責備他說：『你剛才跟我借錢，就跑來吃奶漿沙羅門魚，這是你借錢的意思嗎？』窮人回答說：『我不明白你的話。我沒錢時不能吃奶漿沙羅門魚，有錢時又不許吃奶漿沙羅門魚。請問你，我何時才可以吃奶漿沙羅門魚？』」

我國古代的許多大哲學家也是幽默家。例如老子曾說：「知者不言，言者不知。」又說：「聖人不死，大盜不止。」均富幽默感。至莊子一出，遂有縱橫議論捭闔人世之幽默思想及幽默文章出現。例如「莊子」一書中的觀魚之樂，蝴蝶之夢，說劍之喻，蛙鱉之語等，均爲上乘之幽默。茲舉其所述關於寡婦的故事一則：有一天，莊子從山中散步歸來，神情顯得非常悲傷。他的門徒問道：「你爲何顯得這麼悲傷呢？」於是他便說：「我散步時看到一個服喪的婦人跪在地上，手裏拿著一把扇子搧一座新墳，墳土猶濕。我問她：『你爲何那樣作呢？』而那寡婦卻回答說：『我曾答應我的親愛的丈夫，我要等他的墳土乾了以後才會改嫁，現在你看這可惡的天氣！』」

至於儒家的孔子，曾經被人描繪成一個道貌岸然規行矩步的學究，林語堂認爲，孔子根本不是那種人，「他能笑他自己的失敗和挫折，因爲孔子表面上是一個失敗的人。他離鄉別井，出國遠行，周遊列國十四年，想尋找一個願將他的主張付諸實施的統治者。他從一個城市走到另一個城市，他的門徒跟在後面，老是受到妒忌他的小政客痛恨。有好幾次他被他的敵人在路上加以攔截，而且至少有一次被圍困在郊外一家小客棧中，絕糧七日。當他的門徒開始發出怨聲時，孔子卻在雨中唱起歌來。孔子到鄭國，有一天，他和門徒走散了，孔子獨自站在城東門，鄭人或謂子貢曰：『東門有人，其顙似堯，其項類皋陶，其肩類子產，然自腰以下不及禹三寸，壘壘若喪家之犬。』孔子欣然笑曰：『形狀末也，而似喪家之犬，然哉然哉。』」

林語堂最推崇大詩人陶淵明作品中所含有一種美妙的幽默，稱之爲閒適的幽默。那是一種閒暇的知足，風趣的逸致和豐富的捨己爲人的熱情。他的「責子」一詩是最好的例子：「白髮被兩鬢，肌膚不復實。雖有五男兒，總不好紙筆。阿舒已二八，懶惰故無匹。阿宣行志學，而不愛文術。雍端年十三，不識六與七。通子垂九齡，但念梨與栗。天運苟如此，且進杯中物。」

我國歷代文人的文章，大部分講求衛道和八股，而缺乏幽默的滋潤。至於偶爾戲作的滑稽文章，如韓愈之送窮文，李漁之逐猫文，祇不過是遊戲文字，談不上幽默。只有在性靈派文人的著作中，以及宋之平話，元之戲曲，明之傳奇，清之小說，常可發現幽默的作品。

關於現代幽默小品文的格調及其寫法，茲摘錄林語堂一段精采的文字如下：

現代西洋幽默小品極多，幾乎每種普通雜誌，都要登一二篇。這種小品文，文字極清淡，正如閒談一樣。有的專用土白俚語作時評，求其浸入人心，如Will Rogers一派；有的與普通論文無別，或者專素描如Stephen Leacock，或者是長議論，談人生，如G.K.Chesterton，或者是專宣傳主義，如蕭伯納。大半筆調皆極輕快，以清新自然爲主。其所以別於中國之遊戲文字，就是幽默並非一味荒唐，既沒有道學氣味，也沒有小丑氣味，是莊諧並出，自自然然暢談社會與人生，讀之不覺其矯揉造作，故亦不厭。或且在正經處，比通常論文更正經，因其較少束縛，喜怒哀樂皆出之眞情。總之，西洋幽默文大體上就是小品文別出的一格。凡寫此種幽默小品的人，於清淡筆調之外，必先有獨特之見解及人生之觀察。因爲幽默只是一種態度，一種人生觀，在寫慣幽默文的人，只成了一種格調，無論何種題目，有相當的心境，都可以落筆成趣了。

林語堂不但擅長寫作幽默文章，而且很喜歡講幽默故事。在一次宴會上，他曾講過王國維怕老婆的故事：王先生愛學問如生命，勤於著作，可是王夫人卻是一個極其碎嘴的婦人，一天到晚老在王先生旁邊嘮叨不絕，王先生從書房躲到臥室，她也跟著到臥室，從臥室躲到廚房，她也跟著不誤。有一天，王夫人說要回娘家去住兩天，王先生大喜過望，以爲耳根能夠清靜，可以大寫特寫文章了。那裏知道，沒有王夫人的嘮叨，靈感反而不來，結果白浪費了兩天，一個字也寫不出來。

有一次，林語堂參加臺北一個學校的畢業典禮，在他講話之前，已有好多很長的講演，輪到他說話時，已經十一點半了，他站起來說：「紳士的講演，應當是像女人的裙子，越短越好。」大家聽了一發楞，隨後哄堂大笑，成爲第一流的笑話。

可惜這個名滿天下，把Humor譯爲「幽默」的創始人——林語堂已於民國六十五年（一九七六年）三月廿六日離開他的幽默世界了。

## 休閒生活

林語堂於讀書寫作之餘，甚爲重視休閒生活，他認爲從一個人的休閒生活中，最容易看出一個人的性情。娛樂是人生重要的一部分，如果一個人只知工作而無娛樂，這人生多麼乏味。

林語堂很羨慕古代文人的娛樂，例如看花、賞雪、品茗、酒飲、乃至欣賞大自然，這些都足以陶冶性情，調劑生活。至於現代人的休閒生活，他認爲打球、下棋、種花、集郵、習書畫、聽音樂，以及與友好談天……都是現代人休閒的好節目，可按各人的興趣去選擇。

他在海外居住三十年，著作等身，但每年都有休閒生活。他規定自己每年寫一部作品，新作品一出來，他就自動放一二個月的假，帶著家人出外旅行。在旅行中，把寫作完全拋開，一心尋找快樂。

除了旅行之外，他喜歡的娛樂項目甚多，有時候抽空携老伴去看一場電影，他喜歡名著改編的電影，這類片子總不會太差，而且可以與讀過的名著對照。他也看國片，但較喜歡古裝歷史片。

他喜歡逛舊書攤，認爲是一種娛樂。他說：「我最愛購買隱僻無聞的便宜書和絕版書，看看是不是可以從這些書裏發現些什麼。」他以爲在灰燼裏拾到一顆小珍珠，要比在珠寶店櫥窗裏看見一顆大珍珠更爲快活。

他把讀書也列爲娛樂之一，他說：「讀書是文明生活中，人所共認的一種樂趣，極爲無福享受這樂趣的人所羨慕。」他認爲一個人如果懷著要使心智得到進步而讀書的念頭，便失去了讀書的樂趣。「凡是以勉強的態度去讀書的人，都是不懂得讀書藝術的人，更談不上讀書是娛樂。」

他還喜歡釣魚，他很欣賞「鬥」魚的樂趣。當你拉線時，魚兒拼命掙扎，如果魚兒脫鈎，可能一無所獲，如果釣得一條大魚，滿載而歸，交給太太烹調，那樂趣和滋味眞是不可多得。

他不打麻將，也不玩橋牌，因爲它們太花腦筋，不但不能消除工作後的疲勞，反而有傷身體。但他喜歡輪盤賭，他有時把整個假期，消磨在世界著名的賭城裏，但不著迷，賭得有分寸，絕不因賭而誤事，絕不向人告貸，帶去的錢輸光了，他坦然離去，回家寫作。他認爲這樣便享受了他的假期，獲得了快樂。

據他的女兒無雙說，他有許多癖好，第一他愛吸煙。醒著的時候，差不多不停地抽煙，他如果不抽煙，就寫不出東西來。第二他愛喝茶，每天非喝茶不可。他獨用一隻茶壺，喝熱茶。第三他愛散步，平時走路非常快，與老伴一起散步時，老伴總是跟不上。他特別喜愛在鄉村中散步，在清晨，空氣清新，穿上雨衣在細雨中漫步，或持著煙斗在林中徘徊。

他喜收集音樂唱片，他愛好的音樂，喜歡聽了又聽，每年冬天的晚上，晚飯後，他愛坐在火爐前面，關上電燈，靜靜地享受音樂。

他喜歡馬，偶然畫畫馬，有時用泥來塑小泥馬，並不太像，他是藉此鬆弛一下。

他的胃口很好，喜歡吃烤牛肉。

他很會享受人生。他某年在巴西一次集會上，說了一則笑話，已經傳遍了全世界。這個笑話是：「世界大同的理想生活，就是住在英國的鄉村，屋子裝有美國的水、電、煤氣等管子，有個中國廚子，有個日本太太，再有個法國的情婦。」

# 毛澤東的養生之道

基本吃素，堅持走路；遇事不怒，勞逸適度。

——毛澤東

## 自學成才思想前進

養生保健爲人人所必備的知識，養生之道甚多，各人所採用的方法不盡相同。歷史人物功成名就，大多數由於他們具有獨特的修身養性秘訣，健康長壽是成功立業的基礎。當代名人蔣介石、毛澤東、周恩來、鄧小平他們的事功與健康有密切的關係。筆者在此專談毛澤東的養生之道，敬請讀者指教。

毛澤東字潤之，湖南湘潭韶山沖人，生於一八九三年十二月二十六日（光緒十九年癸巳十一月十九日辰時），歿於一九七六年九月九日零時十分，享年八十四歲。父毛貽昌，字順生（一八七〇—一九二〇），母名文七妹（一八六七—一九一九）。毛順生善於經營，由貧農變成富農。

毛澤東八歲開始入私塾讀書，先後在六處私塾讀了六年。他從小聰穎，他所讀的主要是儒家的經典——四書和五經。事後他追憶道：「我過去讀過孔夫子的四書、五經，讀了六年，背得，可是不懂。那時候很相信孔夫子，還寫過文章。」十六歲離開韶山，來到湘鄉東山高等小學堂求學，開始接觸到康有爲、梁啓超的思想。十八歲到長沙入第一中學肄業，當他初次離開家鄉時，曾略改前人七絕詩一首留給他父親：

孩兒立志出鄉關，學不成名誓不還；
埋骨何須桑梓地，人生無處不青山。

一九一三年毛澤東年滿二十歲時，以第一名的成績，考進湖南第一師範肄業，直至二十五歲畢業，這是他肄業最久的學校。事後他回憶說：「我沒有進過大學，也沒有留過洋，我讀書最久的地方是湖南第一師範，它替我打好了文化基礎。」基本上，他是「自學成才」的。

在一師肄業時，對他影響最大的是楊昌濟老師，後來在北京成爲他最眞摯的朋友，他積極從事社會活動，反對舊的教育制度，發動學潮，驅逐校長張千，組織新民學會，反對袁世凱執政。一師畢業後，由老師楊昌濟介紹，至北京大學圖書館當助理員，月薪八十元。埋首讀書，窮研馬克斯主義，五個月後離職。

## 精神文明體魄野蠻

毛澤東在一師肄業時，受楊昌濟老師的影響，主張「文明其精神，野蠻其體魄」，常對同學說，不但要會讀有字之書，而且還要會讀「無字之書」，即參加各種社會實踐的運動。一九一七年七月中旬，他邀約了兩位同學作了一次遊學。他們沿途調查民情，參觀佛殿，常常餐風露宿。有一次，他們露宿於河堤，他風趣地說：「沙地當床，石頭當枕，藍天為帳，月光為燈。」並指著身旁一株老樹說：「這就是衣櫃。」

湖南多江河湖泊，在一師求學期間，他常常邀約同學暢游湘江。游泳後與同學至麓山住宿，夜談甚歡。

在一師浴室旁有一口水井，每天清晨起床後，毛澤東要做的第一件事是洗冷水浴。他曾對同學宣傳冷水浴的好處：一是可以促進血液循環，增強身體的抵抗力，並能強壯筋骨；二是可以培養勇敢無畏的氣魄和戰勝困難的精神。

登山、游泳、露宿、風浴、雨淋，都是毛澤東年輕時鍛鍊身體的方法，運動的目的是為了增強體力，以便有充沛的精力，擔負起改革的大任，正如孟子所謂：「天將降大任於斯人也，必先苦其心志，勞其筋骨，餓其體膚，空乏其身，行弗亂其所為，所以動心忍性，增益其所不能。」

## 樂觀人生生死名言

毛澤東的生死觀充滿了樂觀精神。他說：「中國人把結婚叫喜事，叫紅喜事；死人也叫喜事，叫白喜事，合起來叫紅白喜事，很有道理。結婚生小孩是突變，一個變兩個，兩個變四個，這是辯證法。」

一九六五年，毛澤東在一次談話中又說：「人爲什麼要死，這是自然規律。森林壽命比較長，也不過幾千年。沒有死，那還了得，如果今天還看到孔夫子，地球就裝不下了。」他贊成莊子的辦法，死了妻子，鼓盆而歌。死了人要開慶祝會，慶祝辯證法的勝利，辯證法的生命就是不斷走向反面，人類最後也要到末日，人的死亡是產生比人類更進步的生命。恩格斯曾說：「要從必然王國到自由王國，自由是對必然的理解和必然的改造。」

他說許多人看不開。「人無百年壽，常懷千年憂。」秦皇、漢武都想長生不老，到頭來落得個「萬里長城今猶在，不見當年秦始皇。」其實，任何事物都不過是一個過程，人的一生也不過如此，有始必有終。所以他對於死亡毫無恐懼，稱死亡爲去見馬克斯。

他有一段看破生死的名言：「不要總以爲缺了你就不行，沒你在世界上，地球就不會轉，黨就不存在。你以爲張屠夫死了，人家就要吃帶毛的豬肉嗎？不必擔心什麼人死，誰的死會眞正成爲一個鉅大損失嗎？馬克斯、恩格斯、列寧、史達林，他們不都死了嗎？革命還是繼續下去。」

他不相信什麼「長生不老藥」，「長生不死藥」他說：「人哪有長生不死的，古代帝王都想盡辦法去找長生不老、長生不死之藥，最後還是死了。在自然規律的生與死面前，皇帝與平民都是平等的，新陳代謝嘛。」詩云：「沉舟側畔千帆過，病樹前頭萬木春。」這是事物發展的規律。他又說：「我在世時吃魚比較多，我死後把我火化，骨灰撒到長江裏餵魚。」

你就對魚說：『魚兒呀，毛澤東給你賠不是來了』，他生前吃了你們，現在你們吃他吧，你們吃肥了好去爲人民服務，這叫物質不滅定律。」

他認爲不但沒有長生不死，連長生不老也不可能。他常說：「看人老不老，先看走和跑。」中國有句俗語：「七十三、八十四，閻王不叫自己去。如果闖過了這兩個年頭，就可以活到一百歲。」因爲孔子活了七十三歲，孟子活了八十四歲。

一九六〇年五月，毛澤東曾對蒙哥馬利（二次大戰時英國的元帥）說：「人總是要死的，我想我會怎麼死法呢？第一是有人開槍把我打死，第二是飛機掉下來摔死，第三是火車撞翻撞死，第四是游泳淹死，第五是害病被病菌殺死。」

他對於死的價值觀，認爲爲人格而死第一，戰鬥被殺第二，自殺第三，屈服而死第四。

毛澤東早年曾有詩云：「自信人生二百年，會當水擊三千里。」他是患心肌梗塞而死的，死時八十四歲。

## 橫渡長江極目楚天

毛澤東甚爲重視養生保健，如前所述，他在年輕時就很注重鍛鍊身體，自成年以後，更加努力，可歸納爲下列八項：

一、**六段運動**：這是他早年自編的體操，他參考「八段錦」、「五禽戲」而編成的。包含手、足、頭、軀幹運動，以及拳擊和跳躍的動作，晚年把劇烈動作去掉。

**二、散步**：這是他平時的主要運動，經常在菊香書屋門前散步，喜歡快步行走，他特別喜歡踏雪。他很耐寒，冬天不戴口罩、手套及圍巾。他散步時間不長，每次五至十分鐘。

**三、爬山**：他喜歡爬山，更喜歡爬大山，年輕時曾在雷雨交加之夜，獨自在岳麓山爬上爬下。以後在多年征戰生活中經常爬山涉水，他爬山時，步子不緊不慢，能持續爬山很久，相當有耐力。他說：「我這一輩子爬了不少山。井崗山那麼高大，還不是靠兩隻腳走過來的。」有一年在杭州，他爬了南高峰、北高峰，還爬了莫干山等，幾乎爬遍了杭州周圍的大小山峰。

**四、游泳**：這是他最喜歡和擅長的運動。他游泳的特點是：游大不游小、游長不游短、游遠不游近、游急不游緩、游險不游易。他擅長側泳、仰泳。他說：凡是水都是可以游的，除若干情況之外，例如一寸之水不能游，結了冰的水不能游，有鯊魚的地方不能游，有漩渦的地方不能游，一百多度溫度之水不能游。除此之外，凡是水都是可游的。六十三歲時，首次橫渡長江，七十三歲時又橫渡長江。

一九五六年六月一日，毛澤東游長江後，曾賦「水調歌頭」詞一首：

才飲長沙水，又食武昌魚。萬里長江橫渡，極目楚天舒。不管風吹浪打，勝似閑庭信步，今日得寬餘。子在川上曰：逝者如斯夫！ 風檣動，龜蛇靜，起宏圖。一橋飛架南北，天塹變通途。更立西江石壁，截斷巫山雲雨，高峽出平湖。神女應無恙，當驚世界殊。

毛澤東還說：「游泳最大的好處是腦子能不想事，一想事就會向下沉。散步、跳舞、看戲、吃飯、吃安眠藥也做不到這一點。」

**五、跳舞**：在五十年代，毛澤東常在星期六晚上去春藕齋參加舞會，每次跳舞一至二小時。他喜歡聽民族音樂。跳舞中間還可以欣賞相聲、舞蹈之類的小節目。他喜歡跳音樂節奏鮮明的中四步，舞姿悠閑。他認爲跳舞既能鍛鍊身體，也是接觸群衆的好機會。

**六、梳頭**：由於長時間用腦思考問題，毛澤東會感到頭部不適和疲勞，這時他便要衛士幫他梳頭。從額部向後頸部緩緩反覆梳，時間長短不定。他背靠椅子，上身後仰，雙足前伸，雙目閉合，身體放鬆，他感覺很舒適。他說：「梳頭可以補腦，促進血液循環，有利於頭髮生長，使大腦消除疲勞。」他的頭髮甚爲濃密，至老不掉。

按明代學者冷謙所著《修齡要旨》中，載有養生十六宜。他做到了八宜，即髮宜常梳、面宜常擦、津宜數咽、目宜常運、胸宜常護、腹宜常摩、大小便宜禁口勿言，以及皮膚宜常乾。其餘八宜是：齒宜常叩、舌宜舔顎、耳宜常彈、腰宜常搓、濁宜常呵、肢節宜常搖、谷道宜常提以及足心宜常搓。

**七、按摩**：毛澤東用腦過度感到疲勞時，在服安眠藥後就叫值班衛士幫他按摩，促進睡眠。按摩對於下肢，尤其小腿肌肉，可以促進血液循環。按摩每次至少要一刻鐘以上，或半小時甚至一小時，按摩的手法也很有講究。

**八、擦澡**：他早年在湖南第一師範讀書時，已習慣於早上到井邊，脫去衣服，用吊桶打冷水淋身，淋後擦身，直到皮膚發紅發熱爲止。後來年紀大了，改爲用溫熱毛巾擦澡。衛士一邊替他擦澡，他一邊看書。問他爲何不洗澡而要擦澡，他說：

我習慣了，擦澡好處多，除清潔之外，還可按摩，促進血液循環，有健身功用。又可鍛鍊皮膚，適應溫度變化，預防感冒。

他曾建議陳雲採用此法。他說：「每天用毛巾沾熱水擦身，先熱後冷，又冷又熱，鍛鍊皮膚，使毛血管收縮又擴張。每天一至二次，擦一、二年後，可收大效。」

總之，毛澤東由於經常進行上述各項健身運動，使他身心健康，能享高壽。他六十二歲時，體重八十七公斤，身材高大，精神飽滿，故能先後二次游泳橫渡長江，而有「萬里長江橫渡，極目楚天舒。」的雄壯歌詞。

## 起居無時　飲食無常

毛澤東的飲食起居可用兩句話概括：「起居無時，飲食無常」。他的生活習慣與一般人不同，他白天睡覺，晚上辦公或讀書。醫生對他說，這樣會妨害健康，他反駁說：「老虎就是白天睡覺，夜裏出來，牠不見太陽，不是也很健康嗎？」他說他是「按月亮的規律辦事」。他比一般人較少見太陽，爲補救起見，乃有作日光浴的習慣。每隔三、五天總要曬一次太陽，他說這樣可以吸收太陽的紫外線，對健康有益。他曬太陽時，脫下衣服，隨手拿一本書，躺在椅上，一邊看書，一邊曬太陽，大約曬半小時後休息。

他平均每天睡眠不超過五小時，一週不超過三十小時，他的臥室很大，與舞廳一般大小。

他睡的木床有一個半普通雙人床大，床的內側三分之二堆滿了書。他從來不睡柔軟的沙發床席夢思。他睡在床上看書，他不看書是睡不著覺的。

他常說：「我的生活裏有四味藥：吃飯、睡覺、喝茶、大小便。能睡、能吃、能喝，大小便順利（能拉），比什麼藥都好。」平時睡醒後，赤身穿睡衣。他平日只穿舊衣服和舊布鞋。新布鞋一定要別人穿一段時間，完全踩合腳後他才穿上。

他一天吃兩餐飯，早餐午餐合在一起吃，喜吃油膩辛辣的湖南家鄉菜。他不講究穿著，只要求穿寬大一點的衣服。

他經常吸菸，把香菸裝在菸嘴上吸，他喜歡抽英國製的三五牌香菸。他說：「這個菸嘴是宋慶齡介紹給我用的，裏面裝有濾菸器，據說可以將尼古丁濾掉。」他在晚年重病時戒了菸，咳嗽和支氣管炎也好了。

喝茶是他的一大嗜好。每日睡醒後第一件事就是喝茶，一邊喝茶一邊看報。他喜喝綠茶，尤喜龍井茶。喝時茶要濃要熱。他喝完茶後，用手指把茶葉掏出，放進嘴裏吃了。他認爲茶葉像青菜一樣有營養。他說喝茶可以益思、明目，少臥、輕身。他說中國人最早種茶，以後傳入日本、印度、歐洲。唐代陸羽曾著《茶經》。這是中國人對世界的貢獻。

毛澤東有他的飲食原則，即葷素搭配、以素帶葷、粗細搭配、海陸搭配、雜食不偏、口味清淡、餐次適當、內容簡樸、熱量適中。

這些原則頗合於醫學要求：高蛋白質、多維生素、多纖維素、低脂肪、低膽固醇、低鹽、低糖、熱量適中、營養平衡。

他平日不喝酒，興致高時也可喝兩杯。他喜吃紅糙米，摻以小米、黑豆或芋頭。平時飲食四菜一湯，包括一盤乾辣椒，一碟臭豆腐，一碗湯。有時吃紅燒肉及烤芋頭。

他很少刷牙，只用茶漱口。他說老虎並不刷牙，爲什麼虎牙鋒利無比？

他對衣、食、住、行從無特別要求。他不食補品，衣著樸素，喜住平房。他有失眠症，須服安眠藥才能睡覺。晚年患老年性白內障，開過刀。

毛澤東長壽的原因，主要是他的精神心理上的樂觀開朗、信心堅強、喜怒不形於色。勤奮好學，感情豐富。加以個性堅忍，不怕困難，體不服病，病不服重，人不服老，老不服衰。晚年仍與衰老疾病作頑強鬥爭。

## 虎猴性格　晚年孤寂

毛澤東的個性頗爲特殊，他曾經自我剖析；他兼有「虎氣」和「猴氣」兩種性格，虎氣爲主，猴氣爲次，這是一個有趣的比喻。我國民間傳說：老虎天性勇猛，無所畏懼，敢衝敢闖，而猴子生性頑皮，聰明伶俐。老虎和猴子都是人們喜歡的動物。他具有這兩種性格，使他在敵衆我寡的情況下，能堅持下去，取得最後勝利。他有時遭受打擊，寧折不彎，因此，他在價值的選擇上，認爲有人格的得生第一，奮鬥被殺第二，自殺第三，屈服第四。他最深惡痛絕的是屈服。他最佩服項羽的英雄氣概，但決不自殺，要幹到底。他曾經自我評論，好處佔百分之七十，壞處佔百分之三十，他說：「我不是聖人」。他的自尊心極強，不願向別人表明心跡，性格內向，因此增加他的苦悶和孤獨感。

他晚年的意志力和自信心仍很堅強，頭腦清晰，反應機敏，與人交談時，仍不失往年的幽默和風趣。

由於自然規律的不可抵抗，他和普通老人一樣，晚年時無法抵抗各種老年疾病的折磨。由於感冒和吸菸，他常患支氣管炎，醫生給他一些保養的建議，他說：「醫生的話只能信三分，最多信一半。」他有心臟病和肺氣腫。

他生病時反對吃藥，他說：「用藥，自身的抵抗力就會衰退，只有抵抗力不行時才須用藥。」

他的性格中有強烈的幽默感，不是嘩衆取寵，而是予人以信心、歡樂和智慧，甚至是鬥爭的武器。當敵機轟炸延安時，侍從請他到防空洞去，他若無其事地說：「不要緊，沒什麼了不起，無非投下一點鋼鐵，正好打兩把鋤頭開荒。」

他有很強的自尊心，早年雖未讀過大學，喝過洋水，有人攻擊他是「山溝裏的馬列主義」、「狹隘的經驗論」，因此激勵他到延安後發憤讀書，故能寫出皇皇大著。

他晚年失去家庭天倫之樂，沒有夫人子女陪伴。由於江青的阻撓，愛女李敏也不能相見，只有病危時才見了一面。一代強人至感孤獨。除夕時冷冷靜靜，只得叫秘書張玉鳳找出南北朝時文學家庾信的〈枯樹賦〉，一字一字苦吟：「昔年種柳，依依漢南；今看搖落，淒愴江潭。樹猶如此，人何以堪！」

毛澤東的養生保健要訣，有四句話十六字概括如下：

基本吃素，堅持走路；

遇事不怒，勞逸適度。

他在飲食方面以素食爲主，運動以散步爲要。心理方面，遇事不發怒，平日注意適當的勞動和休閒生活。

毛澤東說：平時要注意飲食、陽光和空氣，病時主要靠食物治療。

老毛又說：「藥，醫不了死病，死病無藥醫。醫生最後也要死。」

## 菊香書屋涉獵廣博

毛澤東把讀書作爲腦力勞動後消除疲勞的良方，恢復思維能力的強壯劑。在日理萬機時，他和書仍然形影不離。臥室、辦公室、游泳池和廁所都堆滿了書，眞是無時無地不讀書，無事不用書。

早在抗日戰爭時期，老毛曾向他的同志說：「我們要來一個讀書比賽，看誰讀的書多，掌握的知識多。只要是書，不論是中國的、外國的、古典的、現代的、正面的、反面的，都可以涉獵。」

老毛喜愛異香撲鼻的菊花，庭院中種了許多菊花。他的書房名叫「菊香書屋」，是在北京中南海的一座十八世紀中國宮廷建築的四合院內，古樸幽靜，菊香撲鼻。他的藏書豐富，一九六六年夏，藏書已達數萬冊。包括馬、列、恩、史和魯迅的全集。還有叢書和類書，如永樂大典、四庫全書、四部備要、萬有文庫、古今圖書集成、二十四史，以及世界名著、翻譯叢書等，不下六、七萬冊。

他的讀書範圍很廣，包括馬列主義、哲學、經濟、軍事、文學、史學等。他在書上喜歡加蓋「毛氏藏書」的印章。他愛書如命，對於書的保護極爲注重。他的藏書分爲六大類，即一、馬列史全集，二、馬、列政治、經濟、社會書，三、中國歷史，四、中國古書，五、現代名著，六、工具書。除自己的藏書外，他歷年向圖書館借閱的圖書達二千餘種，五千餘冊。

他睡的木板雙人床，堆了半床書，他喜歡斜靠在枕頭上看書。每本書看過的部分都夾著白紙條，露在書外，好像書的鬍鬚或頭髮，以便查尋。他對於線裝的古書決不折頁，以免損壞。

他愛讀書，愛護書，每日與書作伴，同書共寢。他有在床上看書的習慣。他還喜歡在飛機上看書，因爲在飛機上沒有電話和公文，沒人請示，最方便看書。此外，當他乘火車往各地巡視時，在專車上也看書。

他說：「鑽到看書、看報、看刊物中去，廣收博覽，於你我都有益。年紀大了，是下苦工學習的時候，但以不損害健康爲原則。」中國的書，只有佛經和中醫書他沒有讀過，其餘無所不讀，他讀書之廣博無人可比。最難得的，他在六十多歲的時候，仍發奮學習英文。

他能終日讀書而不感到疲倦，因爲他讀書有法。他認爲腦力換體力固然是休息，而這種腦力換那種腦力也是休息。看文件累了看報紙，看正書累了看閒書，看大人書累了看小人書，看政治書累了看文藝書，這也是一種休息。他看當代小說，有時讀至入迷，忘記了疲倦。

毛澤東早在延安時的一次演說中說：年老的人也要學習，我如果再過十年死了，那麼就學九年零三百五十九天。他曾詼諧地對秘書說：「我活一天就要學習一天，盡可能多學一點，不然，見馬克斯的時候怎麼辦？」

他非常推崇文學家魯迅，他在一九四二年五月，在延安文藝座談會上說：「魯迅的兩句詩：『橫眉冷對千夫指，俯首甘爲孺子牛』，應該成爲我們的座右銘。」

他除勤於讀書之外，也勤於寫作，他著的《毛語錄》賣出上千萬冊，僅次於天主教基督教《聖經》的發行量。一九六六年文化大革命之前《毛澤東選集》已使他賺到三百萬元人民幣的稿費，成爲全國首富之一。

## 詩詞大家毛體書法

毛澤東生性聰慧，努力進修，不但是傑出的政治家和軍事家，還是不可多得的文學家和書法家。他的詩詞及書法成就之高，也是當代少有的。而詩詞與書法有益於養生是衆所公認的。

在歷代詩詞中，他特別愛好三李的詩和辛棄疾的詞。三李即唐代詩人李白、李賀和李商隱。

對於舊詩的寫作他認爲不易作好。他在給陳毅談詩的信中，曾經談到詩的作法：「詩要用形象思維，不能如散文那樣直說，所以比興兩法是不能不用的。賦也可以用，如杜甫之《北征》，可謂『敷陳其事而直言之也』，然其中亦有比興。『比者，以彼物比此物也』，『興者，先言他物以引起所咏之詞也』。……宋人多數不懂詩是要用形象思維的，一反唐人規律，所以味同嚼蠟。以上隨便談來，都是一些古典。要作今詩，則要用形象思維方法，反映現實，古典絕不能要。但用白話寫詩，幾十年來迄無成功。民歌中倒是有一些好的。將來趨勢很可能從民歌中吸引養料和形式，發展成爲一套吸引廣大讀者的新體詩歌。」

由此可見，他自己雖寫舊詩，並不贊成一般青年人寫舊詩，今後最好從民歌中吸引養料和形式，發展新體詩歌。

毛澤東的詩詞已有定評，他以粗豪的筆觸和瀟灑的氣度，展現出「萬水千山只等閑」、「亂雲飛渡仍從容」的英雄氣概，其詩品與人品了無判隔。

依據人民文學出版社一九八六年出版的《毛澤東詩詞選》所載正篇四十二首中，詞三十首，詩十二首，副編中詩詞各四首。可見他的詩詞作品中詞多於詩。事實上他在詞方面的成就比詩大，這是大家所公認的。

茲錄〈沁園春〉詞一首如下，以供欣賞：

北國風光，千里冰封，萬里雪飄。望長城內外，惟餘莽莽；大河上下，頓失滔滔。山舞銀蛇，原馳蠟象，欲與天公試比高。須晴日，看紅裝素裹，分外妖嬈。 江山如此多嬌，引無數英雄競折腰。惜秦皇漢武，略輸文采；唐宗宋祖，稍遜風騷。一代天驕，成吉思汗，只識彎弓射大雕。俱往矣，數風流人物，還看今朝。

這首詞作於一九三六年二月。作者原注：原指高原，即秦晉高原。此詞是詠雪之作，上半闋描寫北方雪景，壯觀美麗，下半闋藉雪起興，表達逐鹿中原的壯志，並貶抑中國歷史上的五位君主，而透露他自己的雄心壯志。

毛澤東喜歡書法，平日喜看字帖，特別是草書字帖，這是他的嗜好之一，也是他的重要娛樂活動，藉以獲得休息。據統計，他書房所藏的拓本及影印本的碑帖約有六百多種，經他看過約有四百多種。

一九五九年十月，由衛士向故宮借了二十件字帖，其中八件是明代大書法家寫的草書，包括解縉、張弼、董其昌、文徵明、傅山、王鐸等。此後，他研習臨寫了大量碑帖，經過由楷書而行書，由行書而草書的變化階段，對前人的書法藝術有所取捨：取二王之秀逸，孫過庭之俊拔，張旭之狂韻，懷素之放肆，蘇黃之渾厚，極盡變化，不失法度。毛澤東說：「字要寫得好，就得起得早；字要寫得美，必須勤磨練。刻苦自勵，窮而後工，才能得心應手。」他主張習字要有體，但不一定拘泥前人，他自己已經就是如此，才有了今日廣為人知的「毛體」。

## 吃素走路　勞逸適度

綜觀毛澤東的養生保健之道，項目繁多，內容複雜，有的可供參考，有的要以他作爲鑑戒。他的養生十六字要訣：「基本吃素，堅持走路；遇事不怒，勞逸適度。」極有參考價值，它包含了飲食、運動及心理衛生各方面的鍛鍊與修養。

至於他的學習精神及讀書生活，值得吾人敬佩與效法，尤其在詩詞創作和書法成就方面，表現突出，自成一格。他在多年征戰生活中，仍能身強體壯，精神奮發，克享高齡，他的養生之道當有可取之處，值得吾人借鏡。

# 楊森的養生之道

不斷的從事運動，保持有規律的生活，屛絕不良嗜好，有病信賴西醫，飲食均有節制。此外，再加上心安理得，精神愉快，以及不發脾氣。這就是我養生之道的全部。

——楊　森

楊森將軍，字子惠，四川廣安人。清光緒十年（公元一八八二年）正月二十四日生。幼年時讀於家塾，並於課餘習武。及長志在軍旅，入陸軍部四川陸軍速成學堂，畢業後任軍官職，適值辛亥革命，躬與其役。其後參加北伐、抗戰，歷任軍長、集團軍總司令等，轉戰沙場二十年。民國三十三年任貴州省政府主席，三十七年調任重慶市長。三十八年來臺後，先後聘爲戰略顧問及國策顧問。迭膺全國體育協會理事長，數次率團出國參加世運會及亞運會，老而益壯，世所欽羨。六十六年（公元一九七二年）五月十五日病逝臺北，享年九十六歲。

惠公的一生，幾乎亙一世紀之久，多采多姿，絕非短文所能盡述。除了他自著的「九十憶往」、「沙場二十年」及「楊森回憶錄」三篇長文可當自傳來讀外，下面的一段自述，卻可當作他的小傳：

我出身廣安鄉間紳糧人家，早年吾家子弟舖展在面前的只有三條路：修文、習武與種田。我曾修文又復習武，六歲束髮受書，並且指揮群兒，操演隊伍，山隈水涯，稻香撲鼻。常年與大自然親炙。八歲我已能騎馬射箭，打幾套拳，舞彈殺棍。我曾同時赴考文武兩科秀才。中學畢業升入軍校，受過嚴格的軍事訓練，步出校門，側身軍旅，六十餘年來轉戰萬里，自排連長幹到督軍、總司令、副司令長官，綏靖主任。從政亦曾膺寄方面，迭任省長、主席。（參見「我的養生之道」）

## 對人生的看法與做法

在談到惠公的養生之道前，讓我們首先瞭解他的人生哲學。根據我的瞭解與分析，惠公具有左到各項精神，也就是他對於人生的看法與做法。

第一是樂觀奮鬥的精神。惠公一生曾經兩次失敗，被軍閥趕出四川：一爲民國十四年惠公任督軍時代，銳意謀統一四川全省，因誤聽部屬主張，於進兵攻擊川中各軍時，部隊發生內變，一敗不可收拾。一爲民國十六年惠公任二十軍軍長時代，統率師旅共八部之多，誤受人擁戴擔任聯合進攻劉湘的總指揮，但因各部進退協調不一致，致爲劉湘軍各個擊破。惠公在以上兩次失敗後，毫不氣餒，絕不悲觀，均能重振軍威，反擊敵人。尤其在對日抗戰時期，能深明大義，加入抗日戰鬥行列，親歷淞滬會戰、淮南會戰、長沙會戰各役，出生入死，沉著英勇，對於抗戰勝利貢獻甚大。

至於惠公對於人生的看法，更是樂天知命，讚美人生，創造人生，享受人生。他有一段話說得得極爲透闢：

人類最大的悲劇是什麼？我嘗以爲不是天災、人禍與戰爭，……人之所悲，悲在天生靈性竟自湮塞。幼年混沌未開，少年渾渾噩噩，青年迷迷惑惑，中年唯唯諾諾，及至垂垂老矣，一心只在備辦衣衾棺木。像這樣的人生，做一日和尚撞一日鐘，這鐘便不撞也罷，撞了唯有訇訇亂響，徒擾人耳，於己一無裨益。反不如胸挺腰直的站起來，歡天喜地的笑起來，一味衝刺的跑起來，點點滴滴的做起來！愛國家、愛民族、愛世人、愛自己。爲使天生萬物清新悅目，何妨戴一副翠綠色的眼鏡。我們只追求，只欣賞，只歌頌，只讚美人生美好的一面。仁民愛物，樂天知命。一輩子都過這種事事新鮮，事事可喜，事事順利，事事可爲的學生生活！（參見「我的養生之道」）

第二是服務犧牲的精神。惠公的服務熱忱確是平常人所難及的。他常說：「中山先生所示：人生以服務爲目的，確是揭示人生眞諦。人人講求服務，不爭權，不奪利，則天下太平。」又常說：「服務就是替天行道，替天行道就是順天應人的革命工作。」惠公對於服務的眞諦體會極爲深切，所以他的服務熱忱極爲高昂。一生從事服務工作，至老不休，至死不渝。

惠公擔任中華民國老人福利協進會理事長後，與他共事多年的該會總幹事羅時審，對惠公的服務精神欽敬無似，他說：「惠公服務的對象是多目標的，多方面的。只要被服務者有需要，只要力之所及，沒有不有求必應的。就我所知，惠公生平眞是做了數不盡的好事，積了數不盡的功德。這是惠公多采多姿的一生中最多采的一面，也是最感人的一面。他的服務熱忱有如汪洋大海，無窮無盡，豪壯無比。他的服務氣魄雄邁絕倫。他的服務襟懷眞是磅磅礴礴，坦坦蕩蕩，自自然然，誠誠實實，所以能沁人肺腑，鼓舞群倫。」（羅時審：「惠公與老人福利協進會」）

惠公的服務事實，眞是舉不勝舉，除了在大陸時期從事軍旅服務國家民族之外，來臺以後，所擁有的頭銜有好幾十個，全國性的如中華民國體育協進會理事長，中華民國老人福利協進會理事長、中華民國健行登山會理事長等，地方性的如青潭國民學校家長會主席等。每擔任一項職務，必盡力推展工作，爭取團體榮譽，出錢出力，服務大衆，犧牲金錢時間，在所不惜。屢獲蔣公介石頒授獎章及褒揚。

第三是學習研究的精神。惠公在自撰「我的養生之道」一文中云：「我的養生之道很簡單，一句話就可以說完：我一輩子都在過學生生活。」一般人只在少年和青年時期過學生生活，絕少在老年時期仍過學生生活。惠公接著解釋這句話的意義說：「我始終覺得我和幼少年時期一樣，淡泊寧靜，喜歡接觸大自然，對新奇事物與各種智識，隨時都會激發強烈的研究興趣，敬業樂群，與人相交但知和悅親切，緊隨著時代巨輪而唯恐落後退步。於是，位至封疆大吏，而不失我農家兒的本色，富貴榮華亦不易我一仍相沿的生活習慣，不計得失，不起機心，雖三冬嚴寒猶如惠風和暢。——我不知道這是否可以作爲我一生在過學生生活的註腳。」

由於惠公緊隨著時代巨輪，避免落後退步，所以對於新奇事物及各種新智識具有強烈的學習研究興趣。他自稱曾經研究過楊貴妃和安祿山之間的曖昧關係，探討過淡水魚應該如何施以人工授精，查證出來秦始皇修築馳道條條大路都是直的，學過誆人的魔術以及西洋人發明的催眠術。他來臺後羨慕空中飛行，於是學會了駕駛飛機；爲應留美各子女的請求赴美國訪問，學會了英語會話以及跳交際舞和現代舞。晚年喜習書法，以致求書者絡繹不絕。這些都是富於學習研究精神的事實表現。他認爲我們要「學到老，學不了。」我們既然生在人世，就應該一心進取，但求有所獲，不計其所失。

第四是冒險犯難的精神。惠公一生中有大部分時間過軍旅生涯，軍人在作戰時的冒險犯難，那是理所當然的。惠公在抗日時期，參與各個戰役，驚險萬狀。有一次奉令向貴州撤退，部隊開始移動，他從借住的民房匆匆外出，騎馬進發，左腳剛一踏出房門，就聽到「咻——」的一聲長鳴，他大叫一聲不好，身子一挫，眼見一顆砲彈落在腳邊，它在地面滾了兩下方始停止不動。衛士們看呆了，等到清醒過來，紛紛向他道賀：「到底是總司令命大福大，砲彈打到腳邊，居然它就不炸！」

民國三十七年惠公擔任重慶市長時，共黨鼓動暴民參加搶米風潮，警察鎮壓不了，他乃帶一支手槍，帶幾名衛士，及一班勇士，親自出動，在十萬以上的暴民騷亂之中，昂首挺胸，勇往直前，居然完成鎮暴的任務，此種出生入死冒險犯難的精神眞是少人可及，那年他是六十七歲。

## 深究養生之道

通常一個人的外貌可作爲年齡的表徵，可是惠公是例外。他活到九十多歲時，頭髮不白（仔細看僅有幾根銀絲），牙齒不搖，眼不花，耳不聾，步履矯健，動作敏捷，精力體力都很充沛，曾在大颱風裏爬上玉山之巓。曾有外賓猜他的年紀是四五十歲。八十五歲時在榮民總醫院攝護腺開刀，某護士猜他的年齡不到六十歲。民國五十一年他訪美歸來後接到兒媳的信說：「爸爸：我們的鄰居都很懷念您，當我們送您啓程，從機場回來，一連有幾位芳鄰問我：『你丈夫的弟弟，已經走了嗎？』」那幾位美國人一定是從外貌上比較，以爲惠公的年齡比他的兒子還小。

惠公雖然年登耄耋，但他絕不言老。他常批評那些沒有死就寫遺囑安排後事的人，不明白不言老就不會老的道理。每逢他的生日有朋友舉杯祝他長命百歲，他笑說：「你是在咒我早死了。」他並不是怕死，他認爲人類的壽命可以超過百歲，猶憶民國六十六年元宵節，筆者參加中華健行登山會在臺北圓通寺附近登山，出發前在一片爆竹與歡笑聲中，惠公在圓通寺的石階上向大家講話。他說：「根據生物學的研究，一般動物的壽命是其成長年齡的六倍。人類的成長年齡是二十歲，所以人類的壽命應爲一百二十歲，才是正常現象。」

由於惠公年高體健，精力充沛，異於常人，加以其家庭生活頗有傳奇色彩，於是引起許多人的好奇，遇有機會都向他請教養生之道，並求證一般的傳說。有人說他是天生異稟，深諳道家內功，吃過什麼仙丹靈藥；有人說他曾經遇到什麼老和尚，傳授給他採補之術；有人說他年輕時遇見過異人，得到指點，懂得長生之術；也有人說他有秘方配製的特效藥酒，使他老而彌堅。對於這些傳說，他一概否認，別人當面問他，每次他都回答說：「沒得道理！沒得道理！」或斥爲胡說霸道，尤其當有人問到有沒有袪病延年的「楊森藥酒」，他總是笑著搖頭道：「如果有這種酒，我自己都要買一瓶。」

但是，話又說回來，惠公的一生，足跡履及半個地球，生命快要持續到一個世紀，閱人多矣，什麼稀奇古怪的事兒沒有見過？加上他有好奇喜新的研究興趣，對於古今的養生之道，中外的奇門秘宗，無不窮研深究，下過一番工夫。

舉例來說：他研究過道家的內功。吐納是道家修煉方法之一種，其實就是我們日常所行的深呼吸，自口呼出腹中的污濁之氣，再由鼻子吸入清新的空氣，所謂吐故納新，道家認爲可以卻病延年。惠公卻認爲任何事必須有一個限度，也就是孔子的中庸之道，不過，無不及。過於相信道家的吐納之術，行深呼吸的次數多了，不但對身體無補，於健康無益，相反的，它還會使你吃多了氧氣而暈而醉。你如不相信的話，可以立刻作一次試驗，當你用力地深呼吸，長長的呼氣，長長的吸氣，要不了十次八次，就會覺得頭暈目眩，飄飄然不知置身何處，這種暈和醉的感覺，要比喝醉了酒更難受。水喝多了也同樣會暈會醉，惠公對於日本人發明的飲水健康法，提倡多喝水可以百病不生，根本就不相信。

至於道家內功的「練氣成丹」，惠公不但相信它有道理，而且在年輕時練過。他認爲「練氣成丹」的氣並不是空氣，或呼吸出入的氣息。它的字義似可解釋爲：「無形質可見，但卻可以互相感應而發生作用者。」因爲呼吸出入的氣息全在肺中，它不可能直接的「運」或「練」到身上的其他部分。所謂丹，亦即丹田。丹田在臍下三寸之處，而在丹田和臍帶之間，也就是臍下一寸五分的地方，有一處穴，名爲「氣海」。惠公在年輕時練過多年的內功，嗣後雖荒廢了幾十年，卻依然留有顯著功效，因此他並不否定道家「練氣成丹」的價值。

他也練習過靜坐。道家和佛家講求靜坐功夫，道家稱爲靜功，佛家謂跏趺而坐，使心入定，即爲打坐。靜坐功夫練到了火候，則聽不到聲響，甚至連自己的一呼一吸都不自覺，誠所謂心如止水，一塵不染，到達「身如菩提樹，心似明鏡臺，本來無一物，何處惹塵埃」的莊嚴曼妙的境界。修道的人遠離塵寰，入山唯恐不深，呼吸清新的空氣，飽覽山光水色，確是人生最高的享受，對身心健康都有益處。但若專事靜坐而不運動，則過猶不及，亦非養生良法。所以惠公更著重於運動，而有「動體靜心」的說法。

## 研究二百五十歲老人李青雲的養生之道

現在談到惠公研究二百五十歲老人李青雲養生之道的經過情形。民國十六年，惠公任國民革命軍第二十軍軍長，在四川萬縣駐防。有一天與部屬座談養生之術，座中副官長桂雲津報告說：「我家住在開縣陳家場，場上流寓有二百五十歲的老人，名叫李青雲，原籍四川綦江縣。他到陳家場的年月，現已不能確算，只聽本地耆老說，自其高曾祖以來，口口相傳，已看到老人踪迹，但如野鶴閒雲，時去時來，行蹤無定。此老現仍居陳家場一所茅屋裏，汲泉拾薪，自行炊爨，食米蔬菜油鹽，則由附近鄰人之敬老好義者輪流供給，衣履亦復如是。老人腰腳輕矯，健步如飛，隨時由陳家場登大啞口鐵鳳山山頂，上下數十里，朝往夕返。如果惠公願意一瞻李叟豐采，並聆其略談養生之術，我可以將他歡迎到萬縣小住。」惠公聞言，喜不自勝，乃派人陪同桂副官長前往歡迎。李青雲身高七尺，軀偉體重，準備轎夫八人，分兩班換抬，但李青雲卻舍轎而不乘，一路健步如飛，步行來到萬縣，暫住招待所。

惠公聽說李青雲到了，即往訪問。李青雲說他生於清康熙十七年，（即公元一六七八年），現年二百五十歲。原籍四川省綦江縣，開縣是他流寓之所。他曾結婚十多次，生有子女多人，繁衍的子孫和曾玄孫很多，已不能自計其數。因爲他壽命太長，妻子死了又娶，娶了又死，孫兒曾孫玄孫都已死了，多年都是孑然一身，而今單獨生活慣了，並不感覺寂寞。他又說：「我少年時曾在岳鍾琪部下當兵喫糧，參加打過金川。後來厭倦軍旅，我便在四川青海邊境的雪山採藥，將我所採的藥材，在灌縣等地售賣。因爲打野（露宿之意）數天不獲一飽，便吃何首烏、黃精、白芨之類以充饑。因此便工作如常，不感困倦。與我偕行一同採藥者共有三友，除本人外，一爲東北長白山人周某，一爲江西龍虎山人張某。每入高山深壑，時遇虎豹豺熊，我等因富有狩獵經驗，並具大無畏精神，從未遭受傷害。其他兇險雖不免偶有遭逢，但都能逢凶化吉，頗有入水不溺近火不焚的幸運。採得藥材以後，時常以特效草藥爲人治病，藥到病除，每獲薄酬，輒以用作旅費。故遠游雖少帶銀錢，仍可到處得人相助，不虞匱乏。」

根據惠公的描述，李青雲身高約七尺，赫然巨人，禿頂無髮，面色紅潤，聲音宏亮，牙齒全已脫落，但令人一望而知似陸地神仙，如無養生奧秘，何能齡逾二百？惠公當即詢以卻病延年之術，欲以公開於世，使人人能獲枕中之秘，共躋不老，茲錄李青雲之言如下：

長生由於自然得來，我登山涉水，吸風飲露，得日月的英華，受天地的靈氣。渴飲甘泉，饑食異草，夜宿山洞，晨越峻巖，多與軟紅十丈的塵俗絕緣。並縱游道觀僧寺，獲遇異人指點。有人教我垂簾守竅，冥心默坐，燒丹以鍊汞。有人教我調息止觀，忘我忘人，心如明鏡臺。有人教我修養身心，止於至善，盡性以至命。我以爲道佛儒的修養方法，下手功夫不同，目的都是一樣。換句話說，就是要澄心淨慮，放下萬緣，息息歸臍，長生可冀。龜鶴鹿都以善用胎息而延其年，人能法之，便是眾妙之門。明公如喻動靜雙修的道理，勉而行之，可以盡人合天，長生久視。

這段話是由惠公部屬軍法處長袁煥仙所紀錄，惠公抄入日記中。惠公並加按語云：「我意人欲長生，應法大自然，如日光、空氣、水、運動等善於利用，於人健身延年始爲有益，凡中外合乎科學名論，無不如此主張。李青雲以跋涉山川，久過戶外生活，呼吸新鮮空氣，時作日光浴，能獲致長壽健康，確非無因，且有至理。上段由袁煥仙筆記李青雲口述的養生談，跡近玄虛，然而有人推崇，究竟有無實際效用，未便武斷，只好公開於世，以供養生家的參證，但是老子道法自然一語，固中外殊途同歸古今理無二致也。」（參見楊森作：「二百五十歲老人李青雲」）李青雲老人在萬縣備受各界歡迎之後，即返回開縣陳家場，惜不久竟大限屆滿溘然長逝了。

## 惠公的養生要訣

以上兩節所談，都是惠公研究他人的養生方法，至於惠公自己的養生之道爲何呢？惠公的養生之道是擷集各家之說，融會貫通，並在身體力行之前，先經過科學的印證或考驗，所以無不行之有效。

由於惠公在不同場合所談的養生方法不盡相同，茲將筆者所見到的資料中，先將他所說的養生要訣摘錄如下；然後再進一步分項詳談。

——多多的求學問，好好的交朋友，兢兢業業的做事情。不必虛耗半點精力，不容浪擲一分一秒時間。在內心裏，輕鬆愉快，無憂無慮；在外表上，按部就班，恪守規律。人是大自然的產物，理應一切順乎大自然。有適宜的運動，必然有充足的睡眠；有營養的食物，自會有充沛的體能；有開朗的心情，亦將有活潑的生機。天假我一二百歲，原是請我享受宇宙萬物來的，我又何必愁眉苦臉，扳著指頭細數流年呢？（楊森：「我的養生之道」）

——把古今中外的奇門秘宗全都看穿了，識破了，因而我更佩服孔夫子，子不語怪力亂神，在兩千多年以前，能夠有這樣的見識，實在很不容易。而我也正因爲曾經打破過許多不可思議的謎，所以我決不迷信，決不訪仙修煉，妄想長生不老。……我的養生之道，毫無神秘可言，不過，看起來雖似老生常談，做起來依然有其訣竅。在這裏，我願將我八十餘年來的經驗與心得，貢獻給中外讀者。——不斷的從事運動，保持有規律的生活，屏絕不良嗜好，有病信賴西醫，飲食均有節制。此外，再加上心安理得，精神愉快，以及不發脾氣，這就是我養生之道的全部。（楊森：「我的家庭生活」）

——養生之道可分精神物質兩方面，而以「動體靜心」四字爲秘訣。在精神方面：人生百年，須有三萬六千日之樂，每天均宜大笑數次，不可愁眉苦臉，意態消極。此爲蜀中先賢蘇東坡先生之卻病延年術，其理顚撲不破，最宜倣效。在物質方面：吾人要經常行日光浴，透新鮮空氣，和多使用水。早晨起來，即晞朝陽，並行各種運動，無論馳馬、技擊、球類活動、或駕車散步，各隨所好。如能利用春秋佳日，或休沐餘閑，在叢林曠野、名山勝水、遠足遊覽以改換環境、滌盪塵襟，尤符理想。至於水更是清潔強身之本源，俗語說：人窮水不窮，任何處所均可取之不盡，用之不竭。游泳具有清潔與運動兩項功效，常行之更爲有益。而預防江海航行入水不溺，獲得緊急救生之術更有需要。（楊森：「楊森回憶錄」）

——我在中外雜誌發表了「二百五十歲老人李青雲」，有許多好奇的朋友，對於李青雲的軼事和他的長生不老之術饒有興趣，或者來信質疑，或者當面探詢，大有打破砂鍋紋（問）到底，欲窮宇宙間探賾索隱秘奧的精神。老實說來，神仙也是凡人做，凡人也可做神仙。如欲長生不老，何妨參考我們四川蘇東坡先生的兩句名言：「長生不可學，請學長不死。」我即對東坡的「長生不可學」，認爲是至理名言。因爲在歷史上，秦皇、漢武求仙延年，結果欲益反損而失敗下場，便是很好的教訓。所以我對那些玄妙虛幻無法驗證的長生之道，一概不予置評。我祇信合乎科學不悖自然的體育運動，把它當做人類健身強種卻病延年的不二法門。但是人人都有「生亦我所欲，死亦我所惡」，用盡各種方法，包括醫家治療之術，衛生家保健之術，乃至釋家靜坐，以及中國相傳道家服食、導引、吐納等方式，凡足以達到延年卻病目的者，似不妨照東坡「請學長不死」的說法，任人試探天地間奧秘，各盡所欲，各求所需，採用各種物質、精神、生理、心理、先天、後天之長不死方法，希望盡其人事，終其天年。（楊森：「再談一次李青雲」）

——許多人傳說我有養生秘訣，還說我有什麼老和尚傳授的採補之術，眞是胡說八道。我的養生之道是：定時作息，每天都要作一次流汗喘氣的運動，不抽煙、不喝酒、不吃辛辣油膩的食物、不打牌、不冶遊。最主要的是持之以恒，數十年如一日，才能收到功效。煙、酒及辛辣的食物刺激性強，易於損傷腸胃，增高血壓。油膩的食物易於使人肥胖，脂肪加多，招來的毛病更多。至於打牌和冶遊，不僅浪費時間和金錢，且通宵不睡覺，對身體的損害可想而知。（劉昌博：「惠公必然不朽」）

## 不斷的運動

惠公的養生要訣僅是原則的提示，現在讓我們進一步來探討他的具體方法。這些方法可以分爲：一、不斷的運動，二、規律的生活，三、保持心理的健康。

談到運動，惠公的名堂可多了。他自幼年熱愛運動，至老不衰。在五六歲的時候，就已經開始學習國術。他所練的國術是號稱天下無敵的祖傳楊家拳和楊家棍，這是外功。他還練過很多年的內功，相信道家的「練氣成丹」。並且請教了許多名家，經過長時期的研究實驗，自己設計了一套簡單有效的內功動作。他早年所練的內功，後來雖然多年不練，仍保留顯著的功效。至於他晚年放棄練內功的原因，認爲西洋人的健身術，能練成較有彈性的肌肉，可以柔克剛，也甚有道理。

惠公在軍中時全力提倡體育，以後更逐漸的擴及民間，他所提倡的運動項目是體操和球類，所帶的隊伍必定有球隊的組織。他自己最喜歡打網球，可惜學得晚了，打得不太好。來臺灣以後學會打高爾夫球，打了幾年，進步很慢，且花費太多，乃放棄不打。

他喜歡騎馬和打獵。騎馬是他終生熱愛的運動。三四歲就開始學騎，到老仍以一鞭在手爲無上樂事。因爲熱愛騎馬，對馬匹極有研究。至於打獵尤其是他樂此不疲的嗜好之一，一有空閒就携帶獵犬進入深山去打獵，他認爲打獵是兼顧身心的一種全面運動，需要翻山越嶺，奔跑蹤跳，可以習騎射、練身體，訓練作戰技能，培養尙武精神。七十二歲時在花蓮打獵，所乘巡道車與火車相撞，有一位鎮長當場慘死，惠公幸跳車得快，竟未受傷。

惠公晚年最感興趣的運動就是登山。他兼任中華民國健行登山會名譽理事長多年。該會的前身是他所領導的體協所屬的一個單位，所以事實上登山會是他創辦的。多年來在他的領導下，登山活動有如雨後春筍，形成一種蓬勃的社會風氣。

筆者自民國六十年秋季參加中華民國健行登山會後，每逢星期例假日經常陪同楊理事長往臺北近郊登山。每次登山只要有他在，山友們總是感到特別的興奮。他的健步如飛，談笑風生，歡樂隨和，在在都予人深刻的印象。

據他說，當他五十五歲任第二十軍軍長時，率兵追擊流竄二萬五千里進抵川康邊境的共黨殘餘部隊，將朱德逐出懋功城，並續向夾郎山一帶掃蕩。夾郎山主峯海拔七千餘公尺，山高林茂，積雪蔽道。他身先士卒，居然攀登峯頂。其他國內名山，他還登過東嶽泰山，南嶽衡山。

在臺灣，他曾兩次攀登玉山。當民國五十五年八月十六日，惠公八十五歲，第一次登玉山，適逢颱風來臨，但仍冒著狂風暴雨，勇敢前進，驚險萬狀，卒獲登頂。第二次登玉山則在民國六十年重陽佳節，惠公已達高齡九十歲，打破高齡登山記錄。兩次登玉山，惠公均有詩誌盛。其後又在九十一、二歲時，先後攀登臺灣次高山雪山及險峻的大霸尖山。

平時每逢假日惠公必登臺北郊山以爲樂。每次自晨八時半開始，下午三至五時回家。在登山途中，大家簇擁著他，一面閒聊，一面前進。他經常穿紅色襯衣，卡其布長褲，腳穿登山鞋，頭戴斗笠，拿著手杖，興緻勃勃，穩步向前。中午飽餐後，在樹蔭下休息，說說笑笑，與衆同樂。健行登山會計畫每年在惠公生日前後，在北市近郊登山祝壽，並以他的年齡定一山名，以資紀念，六十五年夏曆正月廿三日登拇指山，那時他九十五歲，曾把拇指山次峯定名爲「九五峯」。六十六年三月十三日，健行登山會爲惠公舉辦一次祝壽登山，一萬多男女青年陪他登上德高山，大家一致決議按惠公年齡將德高山改名九六嶺，可惜這是他最後一次的登山，再過兩個月，五月十五日，他便與世長逝了。

惠公認爲：一個人想要活下去，就必須活動，想要健身和長壽，就必須運動。普通的散步、早操，只能算作活動，眞正的運動必須出汗和喘氣。也就是運動的強度與速度必須以出汗和喘氣爲標準。其次，任何運動必須持之以恒，切勿間斷，才能收效。惠公每天運動，數十年如一日，有恒精神令人敬佩。這是他從多年實踐體驗中所得的兩個原則，值得我們重視與實行。

## 規律的生活

健康長壽的惠公，除了平日注重運動之外，最重要的養生之道就是過規律的生活：作息眠食均有定時，根除不良嗜好。居室整潔樸素，飮食清淡有節，加上從事休閒活動，精神有所寄託，心安理得，心情愉快。有此修養，那有不健康長壽之理？

他自己曾說：「我一生奉行有規律的生活，早睡早起，眠食有定。我每天晚上九點鐘入眠，清晨五點半鐘起床，中午再睡一小時的午睡，時間規定在下午一至二時，一天睡九個半鐘頭。此外，我不吸煙、不喝酒、不賭博，少吃肉類，多食水果。凡此種種，不僅我自己奉行不懈，同時我全家的人也必須一體遵守。」

惠公晚年每日的生活動態大致如下：清晨五時半起床後即往戶外作健身運動，打一套楊家拳，到出汗喘氣爲止。上午閱報讀書或撰寫文章，有時主持會議，接見賓朋，下午抽暇臨池作書，間或應邀參加親友子女婚禮福證。電視除新聞節目外很少觀賞，晚九時就寢，每逢星期例假，除非特別緊要之事必須親自處理外，絕不放棄登山活動。

飲食方面：他定時、定量進餐，特別注意清淡，少吃。他說要想身體健康，必須注意兩個字，那便是「多」和「少」。多就是多做運動，少就是少吃東西。一般人遇到可口好吃的食物，往往飲食過量，容易傷害胃腸。他說：「要活得好，只吃七分飽。酒囊飯袋，吃的腦滿腸肥，四肢不動，要想健身長壽，不啻緣木求魚，比上天還難。不過這樣的人，上天國是很快的。」他平時不喜歡吃油膩的東西，如果迫不得已參加應酬，則下一餐必多吃蔬菜少吃葷腥。平常早餐是饅頭、稀飯或豆漿，午晚餐則二菜一湯，很少吃肉，總以素食爲原則，他這個四川人從不吃辣椒。自民國六十三年一月起，惠公受粥會會衆推舉，主持粥會，所備之菜不外是青菜、豆腐、泡菜，葷菜只有香腸、臘肉而已，其用意無非在倡導節約。此外，他不相信冬令進補，許多補藥多爲膠質製成，不易消化，吃補藥不但無益而且有害。

衣著方面：除了登山裝甚爲簡樸如前所述外，日常衣著甚爲注意，常常穿舊衣服。但據其女傭阿劉云，惠公甚少做新衣服。因爲他善於保養，注意整潔，外出歸來後，衣必上架，鞋必上油，所以時常見他容光煥發，衣冠楚楚，其實他自奉極儉，一套衣服常穿一二十年，一雙皮鞋也可穿六七年。

居住方面：惠公來臺初年住在臺北市長春路，因嫌市區嘈雜空氣惡濁，乃於四十七年遷居臺北近郊新店稻子園半山上。其地面臨清溪，可憑可釣。一座兩層的磚造房屋，寬敞適用，四週三千多坪的荒山，經二十多年來的經營，有竹林，有菜圃，花木扶疏，濃蔭蔽天，富有林泉之勝，且交通方便，確是住家的理想境地。難怪他為人題字曾有「斯文寄天地，至樂在山林」之聯語。

疾病醫療：惠公身體一向都很健康，極少生病，一生只生過四次病，第一次是幼年曾患感冒，第二次是患盲腸炎開刀割治，第三次是膀胱結石開刀治療，第四次攝護腺開刀。其中有三次都是西醫治好的，所以他相信西醫。九十六歲時不幸患肺癌，開刀後不治逝世。

## 保持心理的健康

我們欲求健康，除了生理的因素之外，心理上的關係也很重要。因為心理的反應會影響生理。

惠公不但經常注重鍛鍊體格，同時也極為注意心理的健康。第一、他晚年對名利看得很淡。他曾自我坦陳說：「說來令人難於置信，我雖然浮沈軍界政海六十多年，但我一向把名利二字看得很淡，因此成敗利鈍，對我都不會發生什麼重大的影響……辛亥革命成功，群雄崛起，天下滔滔，有力者自行封疆列土，擁兵自重。在那段時期，我未嘗不有『秦失其鹿，天下逐之』的陳腐思想，以為祇要有才幹，有實力，就可以目無餘子，大展抱負。再以當時有機會讓我一一親炙聲名顯赫的大人物……我取他們之長，克他們之所短，在那些年裏，我不免雄心萬丈，氣吞河嶽，說我沒有野心，那當然是自欺欺人之談。然而後來接觸更廣了，眼界也一天天的開濶，我見到了大千世界，芸芸衆生。這才知道山外有山，天外有天。與其囿於四川一省，連年征伐，殃及梓里，何不輸誠中央，服從領導，共負國家民族之重責。這就是我『既不能令，就要受命』的人生哲學之由來。我的目標只求能夠施展胸中抱負，爲國家民族多做些事，名位爵祿我一概不縈於心。正因爲我有這樣的宗旨，所以我到臺灣甘爲區區一名鄰長，也還替地方上做了些事情呢。」（楊森：「我的家庭生活」）惠公在這段文字中，不但說明了淡於名利，並且坦陳他「既不能令，就要受命」的人生哲學。

其次，他經常能「心安理得，精神愉快」。一個人的名利之心既淡，則與人無爭，凡事都能看得開，淡泊寧靜，自然能做到心安理得。精神愉快則來自樂觀進取，胸懷開濶，樂天知命，凡事都向好的方面想，決不悲觀憂慮。加以惠公喜歡接近大自然，誠樸敦厚，不計得失，不起機心，不發脾氣，對新奇事物喜歡追根究柢，具有多方面的研究興趣。所以惠公的健康長壽，豈是偶然得來？

第三、注重休閒生活。惠公的休閒生活，除了前述的狩獵、登山等戶外活動外，晚年喜歡臨池學書以及吟詩寄懷。他在「九十憶往」中自述學書之經過云：「余素嗜金剛經碑，剛健婀娜，兼而有之。曩在軍中，盾鼻磨墨，未廢臨摹，山居無俚，又復加摹習，自覺尚無進步，不料虛聲由空谷傳出，問字亭畔，常來乞書之客，求者不拒。」又述學詩經過云：「又余幼時，曾向家廷襄伯父學詩，略窺門徑。在戰場戎馬餘閑，亦曾小吟寄懷。即在黔、渝主政，退食之暇，亦偶爲之，不計工拙，只圖遣興。不料傳抄詩壇，間有發表。狄君武先生主持之粥會，勝友如雲，亦謬邀唱和。余不自揣綘灌無文，時亦附庸風雅，赳赳武夫，竟效蘇玉局以鐵板高唱大江東去之川腔，作中興鼓吹，聊以解嘲，故不自藏其拙也。」

他曾自述與于右任先生有關書法的一段軼事云：「右老七十壽辰，賀客盈門，各方所贈之詩詞字畫多得不可勝數，但最使右老欣賞的倒不是頗負盛名的書家，獨取我的一幅中堂。他贊賞說：『楊子惠若不是半生戎馬，爲國宣勞，對於寫字方面多有些時間練習，以其絕頂的聰明，必成大家，恐怕我們這些字與之相較，只有覆瓿的份了。』」可見惠公的字有其獨到之處，尤喜作擘窠大字，渾厚雄健，筆力老練，眞可說是人書俱老。

至於惠公的詩篇，多爲登山遣興之作，例如登玉山絕句十首，登山竹枝詞十首及題杖詩九首，均載「楊森將軍紀念冊」中，清新可誦。

## 家庭生活

惠公的家庭生活，外間傳說甚多。有人說：他有幾十位太太，幾百個兒女，因爲人數衆多，只好採取軍事管理、起床、吃飯、上課都要吹號、排隊、點名。惠公每次出征出巡，兒女們必須到機場車站列隊歡送歡迎。有一次惠公出征歸來，與參謀長同行，專機降落後，兒女們列隊等候檢閱點名。惠公忽然看到一個七八歲的男孩，遠遠的站在隊伍外面，於是勃然大怒，跑上去給他一記耳光，同時高聲的喝問：「你爲什麼不排隊？」那小孩被打得放聲大哭，參謀長連忙跑過來對惠公說：「報告總司令，這是我的小孩子。」這當然是他人編的笑話。

惠公的妻子兒女衆多，這是事實，據其女兒楊萬運說：「先父娶過好幾位太太，共有子女二十八人，分別爲譚、劉、田、陳、蕭、曾、汪、蔡八位母親所生……現在除萬運一人在臺灣外，另有七個兄弟姊妹留居美國，其餘則均在大陸。」（楊萬運：「悼念 父親」）但惠公自己對友人及記者則稱有子女四十三人（二十二個女兒，二十一個男孩）。最大的孩子是民國元年生的，最小的是個女兒，民國四十九年生。惠公多妻，據楊萬運的分析有兩種原因：一爲在當年的社會中，一個中等以上的家庭，納妾乃是常事。二爲惠公健康長壽，要想找一個能與他白首偕老的太太很不容易，因此他的婚姻生活與常人不同。他對各位太太都一視同仁，祇以姓氏相稱，並無先後大小之分，又依各人的志願，使每個人都有上進的機會，有正當的娛樂。所以家中雖然群雌粥粥，卻能一團和氣，非常融洽。

他對子女的教育和管理特別注意，養成子女合群、守紀的習慣。以前在大陸四川的家裏，有自設的幼稚園，特聘音樂老師、體育老師教導子女，家中有鋼琴及各項運動設備。據楊萬運說：「先父對於所有子女，無不親切照顧，勖心教養。他當年雖然總領師干，忙於軍國大事，家中卻請了不少家庭教師，教育子女。並且在每年暑假期間，不論在國內國外就學的子女，都規定必須趕回重慶渝舍，由他親自教導做人處世的道理，和進德修業的途徑，隨時隨地予以啓發指示，尤其對身體的鍛鍊保養特別注意。同時他在軍中，對每一個子女，每週一定要寫信教訓鼓勵。他不但認識每個子女的面貌，熟悉每個子女的個性，連每個人寫字的筆跡，也逃不過他的老眼。」（同上）惠公的子女大都有正當的職業，如醫師、教授、律師、工程師、建築師、音樂家等，大家都能恪遵父訓，嚴守家規。

最後，讓我們聽聽惠公談論男女之間的問題。他不信多妻之害，他說：「根據我所研究的結果，精液和唾液、汗水、大小便一樣，是一種純粹出諸自然的排洩物。射精只不過是射出人體之內無妨排出的一些東西，毫無所謂，不必緊張。人們對於這個問題，只需存有這樣的一個觀念：『有則爲之，無則不必勉強。』」他曾經請教過一位美國體育專家，據該專家說：「性行爲在二十四小時之後必可恢復。因此，運動員只要能在比賽進行之前的二十四小時以內避免發生性行爲，那就儘夠了。根據這個原則，結婚不會影響到運動員的成績。」

總而言之，惠公的一生，幾及一世紀之久，健康長壽，多采多姿，既有豐富的人生經驗，更有精湛的身心修養，人生如此，似無遺憾。但惠公晚年有三大心願，那就是：一、反回大陸，榮歸故鄉；二、希望有機會去非洲狩獵；三、到喜瑪拉雅山，攀登世界最高的額非爾士峯。此三大心願，均未達成，卻因染患肺癌，齎志以歿，無論識與不識，對他都有無限的懷念。

# 王雲五的養生之道

對青年人，我有幾句忠告：「用忍耐，克服目前苦悶；多充實，再求改變環境；從書中，尋求新知樂趣；憑信心，邁向遠大前程。」

——王雲五

學術界奇人王雲五先生，號岫廬，原籍廣東香山。清光緒十四年（公元一八八八年）生於上海，民國六十八年（公元一九七九年）卒於臺北，享年九十二歲。

岫老在學術上的成就，完全靠苦學、力學、努力自修中得來。他在生前常對他的學生說，他一生的學校生活尙不滿五年，斷斷續續的進過私塾、夜校、及同文館讀書，均因故中止，沒有參加過考試，也沒有得到一張文憑。「但我看的書很多，很廣，中文書，我想以前的老翰林也沒有我讀的多，而英文書，博士和專家大概也沒有我看的廣。」岫老的這段話一點也沒有自誇，而是眞實的故事，要不是他自修苦學的精神，博覽群書，怎能從一個五金店的學徒做到大學教授最後被人稱爲「儒林泰斗」、「中國博士之父」及「全國最大出版家」？

## 岫老的為人與養生

岫老的個性堅忍，樂觀奮鬥，故能屢受挫折而不氣餒，且因抱「聽之於天」與「求其在我」的兩種態度，往往峰迴路轉，別入佳境。他在「岫廬八十自述」序言中有云：「我出身寒素，幼年體弱多病，固不敢預期有今日，更遑論倖存至今年。然而小時候經歷愈艱苦，軀體愈強健，精神亦愈積極。從大體言，不敢否認尚有多少成就；從細節言，則躬歷之挫折不勝枚舉。幸而從小藉苦鬥而養成之習慣，對任何挫折，悉視同命運予我之試驗，而以解決難題爲無上之自我報酬。職是之故，任何逆境不足陷我於消極，轉因『聽之於天』與『求其在我』之兩種觀念，往往峰迴路轉，別入新境。」

岫老於民國六十四年（公元一九七五年）農曆六月一日，八秩晉八米壽慶祝時，葉公超先生致辭謂：「雲五先生最難能可貴者，在不失其書生的本色。生活嚴謹、簡樸，做人重原則。」可謂知言。岫老以一個布衣，位至部長、副院長，毫無官架，能進能退，確不愧爲書生本色。他的生活嚴謹、簡樸，確是事實。他來臺後一直住在臺北新生南路的一棟破舊木屋內，面積僅三十多坪，屋內陳設簡陋，四週堆滿書籍，他終年生活其中，自得其樂。他認爲有這種生活已經很好了，何必講究而趨奢侈。至於做人重原則，出處進退，都能有爲有守，公正廉明。晚年從事學術文化的推廣工作，績效卓著。

李白詩云：「處世若大夢，胡爲勞其生？」岫老則把人生比作一種壯遊，不容虛度。他九十二年的壯遊，在歷史上已留下了無數的足印。民國五十年，他應門生之請寫了一首詩，題爲「反李白春日醉起言志。」詩云：「處世若壯遊，終日須神清。雪泥著鴻爪，人生記里程。豹死既留皮，人死當留名。盛名應副實，人力勝天成。人人懷此念，大地盡光明。」（按李白「春日醉起言志」詩云：「處世若大夢，胡爲勞其生？所以終日醉，頹然臥前楹。覺來眄庭前，一鳥花間鳴。借問此何時？春風語流鶯。感之欲歎息，對酒還自傾。浩歌待明月，曲盡已忘情。」）

岫老平日自奉的五句格言是：「野蠻的身體，文明的頭腦，積極的精神，平靜的思想，科學的處理。」

岫老的養生之道甚爲簡單易行。他有早睡早起的習慣，天沒亮便起來讀書寫作，清晨工作，環境清靜，頭腦靈敏，效率較高。他的健身方法是步行，常常安步當車。他每天總要大笑數次。喜講有趣的故事，童心不泯，嘗以小孩子自居。讀書寫作之餘喜歡寫字，他寫得一筆龍飛鳳舞的草書。平居甚少娛樂，連電視都不看。他喜歡杯中物，但絕不過量。他認爲日常飲酒少許，對身體有益。晚年可能爲求精神寄託，偶爾閱讀佛書，並和廣元法師結緣。

## 岫老的治學方法

岫老能夠苦學自修乃是由於具有兩項特殊的性格——好強與好奇。他曾說過：「我很好奇，凡一件新的東西，我決不怕難，一定要了解個透，沒有老師，我就靠自己。」這可從他年青時就讀完世界上最大的一部書──大英百科全書而得證實。他在年青時進入夜校補習及同文館讀書就打好了英文的基礎。當時商務印書館代理發行大英百科全書，他在好奇心驅使下，以分期付款的方式買了一部。「拿到了書，我是逐字逐句的閱讀，想想得來不易，就特別用心，對每一條都不放過。不到三年，一大厚冊的書我已經讀完了。從此，我也發現自己樣樣都看得懂，就連高深的數學也一樣通。」從此，他具備了廣泛的知識，對於各門學問都有探討的興趣。這時他才二十歲。

岫老十八歲即在上海中國公學教授英文，胡適即爲受教的學生之一。這兩位有師生之誼的名人，彼此在生前都極敬重，但由於治學方式的不同，在學問的造就上也不相同，胡適是著重專的，曾說：「爲學當如金字塔，又能博大又能高。」岫老則著重在博，他說：「爲學當如群山峙，一峰突起群峰環。」胡適由於好專，有時攢到牛角尖去不得出來，岫老有一次對訪問記者說：「記得胡適寫的哲學史，寫到第二集時，談到了佛教，於是他的專精態度又來了，非要搞清楚不可，就專心研究起佛學，最後，爲了一個廣東和尚絆了一下，他的哲學史反而擱下不寫了。」

岫老的治學方式並不是只要博而不要專，而是要由博返約，他認爲我們研究學問，尤其是社會科學，必須對自己專修的學科相關的學科廣泛涉獵，例如研究法律的，也要對教育、政治、經濟有相當了解，學經濟的，也要讀政治、法律、哲學方面的書，這樣才能達到他所說的「爲學當如群山峙，一峰突起群峰環」的境界。

岫老富於研究精神，四角號碼檢字法的發明，就是他研究的成果，早在民國十三年，他擔任商務印書館編譯所所長，並兼任東方圖書館館長，曾研究一套簡便而實用的圖書分類法，乃進一步研究檢字方法，他先用科學分析的方法，把各種形體的字一一予以分析歸納，廢寢忘食，最後終於發明了四角號碼檢字法，經過數次修訂，乃普遍應用於字典、辭典。現在許多公務機關中的卡片、檔案管理、公民營企業管理，以及哈佛大學漢文書書名卡、日本京都大學教授資料索引，都採用四角號碼來編排。當使用人默誦胡適之編的「一橫二垂三點捺，點下帶橫變零頭，叉四插五方塊六，七角八八九是小。」歌訣之際，都不能不感謝這位發明人。

岫老談到研究學問的方法也有他獨特的看法。何謂學問？「學問」這兩個字的解釋應是「學、問、思、辨、行」，也就是博學、審問、愼思、明辨、篤行整個思想系統和行爲的簡稱。至於研究學問的具體方法，他主張無根柢者最好先把英文、國文打好基礎，然後選定一個中心題目，多方面搜集有關資料，再依下列四個方法加以分析：

1. 將整體剖開成分體，就是化學分析。
2. 由一個結果追溯它的原因，就是邏輯分析。
3. 由簡單而複雜，由容易而困難，就是數學分析。
4. 由部分代替全體，找要點以窺全貌，就是文學分析。

然後將個別研究綜合，歸納成一個結論。

要研究學問，必先吸收前人已有的成就，所以讀書是最重要的。岫老一生最感興趣的兩件事，一是讀書，二是工作，從十幾歲開始，他便不停的讀書，不停的工作，他的一生與書結下不解之緣，他不斷的讀書、著書、出版書，乃至成立「雲五圖書館」來管理書。他讀書的速度甚快，所讀的範圍極廣，他坦承：「寧可一日不吃飯，不可一日不讀書。」、「讀書是一種興趣，也是一種權利。」讀書的目的是求學問，每讀一本書，就是開闢一個新的境界。

岫老有一次接受記者的訪問，有幾段話談到讀書的方法，甚爲簡要。他說：

——我讀書是爲了求學問。學問包括了學、思、行三要素，換句話說，求學問是沒有捷徑的，必須實行三多：即多讀、多記、多做；以及多讀一下，多參考一下，多研究一下。

——讀書是一種興趣，也是一種權利。不過，由於一般人對書的看法和需要不同，就有了不讀書、假讀書、眞讀書三種區別。

不讀書，是對書本不感興趣的人，他們被迫而讀書，於是稍微鬆懈，必定丟開書本。

假讀書，是當一卷在手時會勤讀，但是對書的內容毫無興趣。他們之中有許多人或許也有若干成就，但在做學問上卻無半點成績。

眞讀書，是深諳讀書味的讀書人，也許在學校中這些人的成績不太出色，可是由於他們已視讀書爲一種權利，即使離開了學校之後，仍然會手不釋卷，在勤研細讀下，往往成就會很大。

——最好的讀書方法是讀過之後，仍要加以思考，所謂「盡信書不如無書」。正如笛卡兒在「方法論」中說：「對任何事，除非無一隙可尋，就不要全信。」——我還要強調：凌晨讀書，心神清明，一無雜念，效果最好。年輕人如能養成早起看書的習慣，必可終生受益。

岫老的前半生忙於讀書工作，寫作較少，自政壇退休後，乃發憤致力於著述。在學術方面的著作有歷代政治，歷代教育思想十餘本，在個人方面的著作有論學、論世局、論教育、論國是、論經濟、論管理、論爲人、論政以及談往事，記舊遊等十餘本，此外，尚有「岫廬八十自述」、「岫廬最後十年自述」兩本自傳。其最後著作還彙集一本「岫廬序跋集編」。眞是洋洋大觀，由此可見其學養之廣博。他嘗自謙不能專精一門學問，其實他是中國的百科全書派，傳播文化啓發知識。百科全書的每一條都是專家用深入淺出的方法寫成的。他是既博且專，不能用某一門的專家來範圍他。

岫老認爲著述對於個人、社會、人類，都有莫大的益處。他說：「我一向認爲，著述對於個人、社會、人類，都有莫大的益處。試想：吾人生息於大地上，有如螞蟻之於大蛭中。若進而比宇宙，更微不足道，其比例自遠較螞蟻之於大蛭爲渺小，然螞蟻自生自滅，生時只爲營生，死時卻眞寂寞。人類則固有流芳百世或遺臭萬年者；無他，文字之紀錄爲之也。吾人今尚不敢妄斷其他動物有無文化之積累或史料的流傳，即或有之，亦斷不如人類之完整，蓋皆拜文字之賜也。」

岫老曾自述其寫作過程：採用科學方法，先閱讀群籍，找尋資料，找到了，用小卡片記下資料所在的章節，然後將一張一張小卡片串連成有系統的綱要，再依次進行寫作，他認爲寫作的時間最好是凌晨，那是世界上最安靜的時刻，心神清明，心無雜念，寫作效率最高，因此，他每晚八時就寢，半夜二時即起床，在書房中開始寫作生活。到了早晨，自己炊煮吃了早餐，有時由他人推著輪椅就近往臺大校園散步，回家後稍事休息，再行寫作數小時，樂此不疲，這是他晚年的主要生活方式。

岫老一生最大的成就，在於主持商務印書館五十九年期間，出版了無數好書，如四部叢刊、萬有文庫、大學叢書、中國文化叢書，四庫珍本，王雲五社會科學大辭典等，使他成爲國內最大的出版家，今天臺灣商務印書館，仍然能執全國出版業的牛耳，均應歸功於岫老的擘畫和領導。

岫老晚年的心願在於建立和充實「雲五圖書館」，「取之於社會，用之於社會」，他要將社會給予他的恩助，還報社會大衆。於是在民國六十三年他用兩萬本書，數百萬元的儲蓄，在新生南路三段他的住所對面建立了粗具規模的私人圖書館，「用自己的儲蓄，爲自己的珍藏，建立了一個永久的家」，並對外開放，年來獲益的社會人士及學生爲數不少。他在生前曾留下遺言，等他逝世後，要將住屋拆除，用他自己所遺留下的財物版稅，建築一棟大廈，作爲雲五圖書館的永久館址。

岫老生前曾說過二句富於哲理的話：「爲學不萌老態，做人須具童心。」在他最後幾年的生命中，仍不忘求知，只要一聽說有值得一讀的新書出版，便迫不及待的託人去買來，以便吸收新知識、新觀念。岫老常說：「人之一生，無異長期之遊覽。」單是他在學問上的壯遊足跡，可供我們指示迷途的地方實在不少，值得我們敬仰與學習。

最後，選錄他的七絕二首，以見其豁達、好學的赤忱：

有子有孫萬事足，無官無責一身輕，獨嫌文債還不盡，處身今後有書城。

十數青年同遊樂，問難析理勤舌耕，面對後生不認老，育才勉學互爭榮。

# 張大千的養生之道

小園忽報有奇事，臘尚餘寒百卉開；從此人天無缺陷，梅花聘了海棠來。

——張大千

## 「五百年來第一人」

當代國畫家張大千，被徐悲鴻推許爲「五百年來第一人」。他飽受中華文化的薰陶，不僅是一位傑出的大畫家，也是一位天才詩人，更是一位貪婪的饕餮客。他的詩、書、畫已到了出神入化的境界；他酷嗜美食，嚐盡了人世間的珍餚美饌。他的一生多姿多彩，享受八十五歲的高齡。

張大千名爰，字季爰。別號大千居士，清光緒二十五年己亥四月初一日酉時（西元一八九九年五月十日）生，一九八三年四月二日上午八時十五分病逝，享年八十五歲。

張大千出生於四川內江，排行第八。出生的前一天晚上，據說他的母親夢見一隻黑猿，家人戚友們都說他是黑猿轉世。張大千上有一姊七兄，下有兩弟，總計兄弟姊妹十一人，他排行第八。父名懷忠，號悲生，母名韓友貞。張家一向資力雄厚，經營實業、貨運、錢莊，爲當地的大戶人家。

張大千十二歲以前，均在家塾唸書，十三歲入天主教福音堂學校，接受新式教育，十六歲由內江往重慶，入求精中學肄業二年。十八歲被強盜綁架，強迫擔任盜首的師爺，經歷一百天，才脫險逃出。十九歲，他和二哥張善子同赴日本京都學習染織藝術。廿一歲由日本回到上海，拜名書法家曾熙及李瑞清爲師，勤習書畫。同年，因原配夫人曾慶蓉去世，看破世情，乃出家做和尚，爲時百日，取法號大千。他從李瑞清老師處不但學書畫，並學到他的生活習慣，李老師喜吃螃蟹，號稱「日進百蟹」，又喜歡穿道士裝，別號清道人。李老師還喜歡旅行遊山玩水，並對他說：「黃山看雲，泰山觀日，實屬生平快事。」張大千說：「當時我就暗下決心，一定要追求老師說的生平快事。」嗣後張大千果然受此啓迪，由國內的三山五嶽，到印度的大吉嶺，遍及歐美，遨遊四海，早已超出乃師所說的生平快事。讀萬卷書，行萬里路，見多識廣，對於他的藝事裨益至大。

一九二五年，他在上海寧波同鄉會舉行第一次個人畫展，展出一百幅，全部賣出，奠定他成爲職業畫家的基礎。

一九三七年七月七日抗日戰爭爆發後，張大千鑒於國難方殷，身爲畫家，未能奮身疆場爲憾，乃決心前往敦煌研究敦煌藝術。於是自一九四〇年起，他排除萬難，兩度前往敦煌，前後工作二年七個月之久，對於他的繪事裨益至鉅。他說：「臨摹敦煌壁畫對我的影響是多方面的。至於在藝術方面的價值，它是集東方中古美術的大成，代表北魏至元一千年來中國美術的發展史，也是佛教文化的最高峯。它早於歐洲文藝復興約一千年，可說是人類文化的奇蹟。」他臨摹了二百七十六件敦煌壁畫，當年他帶出了五十六件，其餘二百二十件，交由川西博物館保存。當年在重慶展出時，藝林讚譽推崇備至。書法名家沈尹默曾經題詩讚賞：「三年面壁信堂堂，萬里歸來鬢帶霜，薏苡明珠誰管得，且安筆硯寫敦煌。」

## 食不厭精膾不厭細

張大千的一生多姿多彩，下面擬從他的食衣住行育樂等方面略述梗概，以供參考。

美食與繪畫是張大千的兩大藝術。繪畫是他工作的藝術，美食則是他生活的藝術。他是畫家，也是美食專家。

他之精於食道，可說是家學淵源。他的父親講究飲食，他的母親精於烹調。成都最有名的一家川菜館榮樂園的老闆，就是他家裏的大師傅出去開的。

世人都說中國菜是天下第一，卻不一定知道中國菜的派別，張大千曾經指出：「中國菜就地理來分，是沿三江流域形成的三個流派：長江流域由成都發展至揚州，即所謂的川菜，包括揚州菜；黃河流域即所謂的北方菜；珠江流域包括福建、廣東所謂的粵菜、閩菜。北方菜取味於陸，閩粵菜取味於海，四川菜則兼得其盛。」其中川、揚菜得力於鹽商的「食不厭精，膾不厭細」。已經發展到了登峰造極的地步。張大千「大風堂」的菜式，全是正宗的川菜，不但絕不帶辣，而且嚴禁豬油及味精，盡量保持天然的風味。

張大千每次回國，來去均必經東京，以便品嚐川菜精華，因爲被他譽爲「當代川菜第一名廚」陳建民在東京經營川菜館。他說：「東京的中華料理，川菜是集一時之盛，以陳建民爲首，其次還有黃昌泉、張志候、彭九皋、唐世綱等七人。我每次去了，他們都請我，而且要開會商量，除了他們知道我喜歡吃的菜而外，還要由陳建民調度，要在我逗留東京七天之內，輪流做菜請我，由紅燒魚翅的大件，到豆芽、春捲等小菜，天天弄不同的菜給我吃，避免重複，以免我吃膩了胃口！」因爲他們對張大千極爲尊敬，並請他在品嚐之餘指點改進，或要求教幾個新鮮菜，例如「大千雞」「大千鴨」，都是由他口授做出來的以大千而得名的川菜。

張大千最喜歡吃魚翅，他的身體能老當益壯，他夫人的駐顏有術，必定與飲食養生有關。他說：「古人說凡是好吃的食物都是補身體的，我相信這個道理。魚翅我是經常在吃，我有發魚翅的特殊方法，是學北京譚家翅傳自清宮內的御廚烹調法。」

張大千喜歡的魚翅，產自北非洲，名叫「呂宋黃」的大排翅。主要的功夫在於發魚翅的方法，將魚翅放在罈內，一層網油間隔一層魚翅，用文火慢燉，要燉一個星期之久，這樣做出來的魚翅自然就與衆不同。

張大千講究吃，也講究吃的規矩。譬如主人奉給他的菜，他一定要吃完，留在盤內就覺失禮。他說爲了這個規矩吃過不少次苦頭：

那是在法國巴黎的朋友家裏，不知道他們怎麼曉得說我愛吃腰花。腰花一定要洗得乾淨，做得好才行，否則有惡臭，眞難吃。那一回的腰花未弄乾淨，女主人奉到我盤裏，我不能不吃。閉住氣勉強吃下去了，他們還以爲我很欣賞吃得快，又夾來了。哎呀，又不是太熟的朋友，這臭腰花眞把我吃慘了。

他接著說：「第二次是在趙旡極家裏，趙旡極對我很尊敬，總是稱呼我老師。他們的菜又做了腰花，總以爲我很愛吃，那曉得還是未弄乾淨。這兩回把我的胃口倒了，好久我都不敢再吃腰花。」

嗣後爲避免再遭遇這樣的尷尬，他在應酬場合，總一再聲明請主人不要客氣，他吃的菜都是由張夫人爲他挑在碟內，以管制他吃甜食。

張大千還有一個食規，他外出旅行時不挑剔菜，即使隨行者爲他準備有特殊鹹菜，但進館子他不許拿出來，他認爲那是對開餐館的侮辱。他對廚房大師傅很體貼，稍有他認可的菜，必對大師傅恭維一番。

臺灣各餐館的酒席中，多以甲魚爲名菜，有一次他在酒席上指出：「過去在大陸講究吃甲魚的餐館，上甲魚這道菜時，必定有一道手續，要由師傅把甲魚苦膽拿到席前，當衆擠了苦膽汁在甲魚上，客人才動箸。妙就妙在苦膽汁淋了之後，不但無苦味，反而去油腥而不膩口。」

張大千正式宴客時的規矩甚多，友人蔡孟堅初次赴巴西拜訪大風堂主，曾爲「八德園」

的座上客，大千先生不僅做了大風堂的名菜款待老友，第一夕正式晚宴，還奉上了親筆書寫的菜單，蔡孟堅視爲墨寶。菜單是萱花燴松菌，乾燒鱒魚翅、清蒸鯉、雞汁烏參、炒明蝦片。四川獅子頭、相邀，香椿豆腐、清炒小白菜、清湯。菜單中並注明那一道菜是他夫人所做，那一道菜是他媳婦所做。他興之所至，也有親自掌瓢之時。菜單中的「相邀」就是「大雜燴」，他嫌這個名字不雅，含有挖苦客人之嫌，遂改爲「相邀」。

張大千定居臺灣後，「摩耶精舍」的宴客菜單又改了，全是正宗的川菜，不但不帶辣味，而且絕不放味精及豬油，與習見的川菜大不相同。菜單是：麻辣腰片、葱油雞塊、紅燒肚片、燴白菜、素燴七珍、魚翅、煨菜心、葱燒雞、大烏參、水鋪牛肉、素燴紅白萊菔、燴草菇、筍片、絲瓜片、青豆、粉蒸肉、燒帽結、炒六一絲、炒紅椒、魚糕、松茸、豆泥蒸餃、小湯丸。其中值得一提的是「六一絲」，這道菜是在日本開設四川飯店的陳建民，曾被張大千譽爲「天下第一廚」，特別選了綠豆芽、魷魚絲、黃瓜絲、辣椒絲、韮黃絲和奈良漬（日本上好的醬瓜）、六種絲合炒，吃時脆勁，稱爲「六一絲」，以慶祝張大千六十一歲的生日，後來便成爲「大風堂」的名菜。

他經常吃的家常菜是：蒜泥白肉、涼拌茄子、荷花粉蒸排骨、皮蛋拌豆腐、乾煎明蝦、魚香烘蛋、蠔油豆腐、燴白菜、蟹黃白菜、乾炒四季豆、棒棒雞、宮保雞丁、豆豉蒸鯧魚、辣子黃魚。

張大千酷嗜肉食，看到青菜便皺眉頭，最喜歡東坡肉、櫻桃肉、腐乳肉、梅乾菜扣肉、粉蒸肉、清蒸豬腳以及紅燒肉。

張大千遇到愛吃的食品，不但要痛快地吃個夠，而且還要把做菜的方法學會，回家指導廚子或家人依法炮製。他興致好時還會親自掌廚，亮兩手銀絲牛肉、螞蟻上樹、辣子魚給客人吃。許多大師傅都得過他的衣鉢眞傳。

有一次張大千興高彩烈地說要請幾位客人吃牛肉麵，於是親自下廚調理。「紅燒牛肉」是先用素油煎剁碎之辣豆瓣醬，放兩小片薑及葱節子少許，牛肉切塊放入，加花雕酒半斤，酒釀四兩，花椒十至二十顆，灑上鹽，先燒大滾，再以文火燉，前後約四小時；「清燉牛肉」除了不要豆瓣醬煎外，其餘方法相同，只是自始至終都要用中火燉，同時要不斷地撇油，至乾淨爲止。

用兩只白瓷盆，一只盛著帶汁的「紅燒牛肉」，一只盛著連湯的「清燉牛肉」，另外一只帶花紋的青瓷盆盛著寬麵，一帶花紋的黃瓷盆盛著細麵。此外還有七八個小碟遍盛鹽、胡椒、糖、醋、醬油、辣油、蕃茄醬等佐料。在座的人食指大動，每個人都吃得興高彩烈，都說張大千的牛肉麵硬是與衆不同。

「大千雞」也是張大千親自調理出來的美味，許多館子裏都有這道菜，而且頗受客人的歡迎。其實就是青紅辣椒炒雞丁，取材要選剛長冠開叫的小公雞，才嫩滑可口。另外他根據當年在西北的經驗，研究出一道「新疆飯」，那是中間羼以杏仁、葡萄乾、雞肉丁、紅蘿蔔丁、醬瓜丁的蓋飯，風味甚佳。

張大千晚年住在臺灣的「摩耶精舍」中，可以隨時嚐到世界各地的珍果點心，因爲他的門生及友人遍佈世界各地，時常有各種珍奇美味饋送。例如丹麥的餅乾、香港的糕點，日本的蜜瓜、南洋的榴槤、韓國的梨、阿拉伯的石榴、美國的櫻桃、菲律賓的冰淇淋等，都時常可以吃到。

有一次藝文界的朋友張佛千擬請張大千品嚐一下他家的四川菜（佛千夫人是四川人），因大千日程已滿，乃改送一碗「肝膏」，大千卻之不恭，吃了之後，直言評道：「嫩也很嫩，味道也很鮮，就是賣相不佳。」按肝膏是四川名菜，用豬肝磨成細粉，再加雞湯清蒸，肝粉凝結成嫩膏，既鮮又營養。唯張佛千夫人所送的肝膏表面有蒸汽水滴成的凹凸不平，有如麻面。張大千乃教以在蒸鍋蓋內加墊幾層乾紗布，用以吸收水蒸汽，這樣蒸出來的肝膏就不會不好看了。由此可見張大千之精於食道的一斑。

要之，張大千認爲「吃」不僅是爲了果腹而已，而是一種人生的最高藝術。若以「繪畫」作爲「張大千世界」的經，則「美食」可算是「張大千世界」的緯；前者是他工作的藝術，後者則是他生活的藝術。

## 到處留情享盡豔福

自古名士多風流，張大千除了「食」的享受外，就是「色」的享受。傳說他有八位太太，他聽了笑說：「要打對折」。早年他就有四位太太，分居成都、北京、上海等地。他在敦煌面壁期間，有二位太太隨侍身邊，在青城山居住時，有三位太太同住。

張大千的原配夫人曾慶蓉是名門閨秀，生一女後不幸早逝。第二位夫人是黃凝素，她生育子女十一人；第三位夫人楊宛君，是北京人，能歌擅畫，但未生育；第四位夫人是徐雯波，她最賢慧而有福氣，追隨大千遨遊四海，克盡侍夫育子持家之道。她生育了二子二女。

張大千的子女十六人中，其中一子一女早夭，跟隨在他身邊的子女八人，均極孝順，不僅早晚請安，且服侍父親沐浴、理髮、修腳。故大千的朋友說他不僅御妻有術，更佩服他教子有方。

至於張大千的婚外情，那就更多了。在此只談談重要的幾位。

第一位與大千純情戀愛的對象，是一位名門閨秀的女畫家李秋君。他早年在上海的時候，多半在李府作客，李府與他是世交。李府的三小姐李秋君是滬上的才女，家學淵源，擅長詩詞書畫，她與大千是同庚。兩人的濃情蜜意，數十年如一日。因爲大千當時已經結婚，且已有二個孩子，所以他們兩人只是蜜友身分。當時「大風堂」的畫室就設在李府一樣，向大風堂拜門的弟子，李秋君可以代表他決定收或不收，李秋君的心中儼然是以張家的少奶奶自居。張大千當時患「消渴症」（即糖尿病），最忌甜食及油膩，李秋君除了管制他的飲食、侍候湯藥之外，每有應酬，李秋君都坐在他旁邊，代挾菜給他吃，以防止他亂吃。

張大千與李秋君的戀情，經過多年後仍然繼續存在。公元一九四八年，兩人都到了五十歲，朋友們爲他倆合慶百歲大壽。以後兩人分開後，仍然相互懷念，一直到一九七一年八月李秋君病逝上海，才終止了這段純潔的戀情。

張大千的風流韻事，除了與李秋君的戀情外，在國外也曾也有兩個相好，一在韓國、一在日本，前者留下美好的回憶，後者則幾乎惹出麻煩。

抗戰時期，張大千曾經到過韓國，有一個名叫春紅的韓國麗姝與他有同居之愛。他曾賦詩贈春紅：「夷蔡蠻荒語未工，那堪異國訴孤衷，最難猜透尋常語，筆底輕描意已通。」傳回國內後，凝素夫人曾寫信質問，大千立即將他與春紅的合照寄回，並附兩首詩作答：

觸諱躊躇怕寄書，異鄉花草合歡圖，不逢薄怒還應笑，我見猶憐況老奴。

依依惜別癡兒女，寫入圖中未是狂；欲向天孫問消息，銀河可許小星藏？

兩人雖賦同居，但並未帶回國內。大千在離開韓國時，曾拿了一筆錢，助她開了一家藥舖。

張大千在海外僑居後，時常前往日本，以便採購畫具或裱畫，有時也爲了賞花訪友。經由裱畫店的介紹，大千僱用了一位山田小姐做女秘書，也等於是「女管家」。這是經過他太太雯波同意的。大千一談起山田小姐，他就用讚美的語氣說：「我的太太眞有量度，她並不反對我與『亞瑪達』相好，反而處處爲她設想，譬如有一次我託友人帶生活費給『亞瑪達』，我想三百美金夠了，我太太聽見了，就說應該託帶五百美金。」

大千在日本居留期間，即使雯波夫人同去，也與「亞瑪達」睡在一起。因爲雯波夫人認爲：過去在大陸上，四位太太共事一夫。大家都相安無事，如今多年來，名份上只有她才是張大千的太太，她覺得生活很幸福。而且她還認爲張大千是百年難得一見的天才，她的責任是要維護他的身體健康、心情愉快。她認爲山田有日本女人的特點，她會好好侍候他，他已經老了，晚年一定要讓他快樂。難怪大千對他太太由衷的讚美，在親朋之間公開表揚。

後來聽說山田小姐是左傾份子，大千爲了怕惹麻煩，干涉他的行動自由，乃逐漸與她疏遠。他曾對友人說：「沒有感情爲基礎的女人，我不會與她親近，任何有違我良心的事，我也絕不會做。我的養生之道無他，一切順乎自然，決不勉強！」

要之，張大千的「艷福」不淺，正式結婚的夫人，先後有四位之多，至於相戀而未婚者亦有多人，合起來可以組成「十字娘子軍」，其他臨時逢場作戲的還未計算在內。

## 青山綠水四海為家

張大千的人生享樂，除了「食」與「色」外，就要輪到「住」了。除了家鄉外，他一生住得較久的地方有多處，現擇要簡述如下。

一九三二年張大千三十四歲時，全家移居江蘇蘇州的網師園。此園是蘇州的名園，建於南宋時代。園區廣濶，花木扶疏，當時爲張錫鑾養老之所，其子張師黄與大千是朋友，他知道張大千兄弟喜歡有園林之勝的居所，就把網師園借與居住，於是大千就與善畫虎的二哥善子二家同住，前後住了五年。

張善子善畫老虎，後來成了畫虎的專家，聞名全國。他在網師園中養了一隻老虎，一年半後長成威態十足的猛虎，在園中自由走來走去，從來不加鍊鎖，它與家人友善相處，還會隨主人送客。據說當年張善子曾經把老虎送往蘇州報恩寺名僧印光法師受戒，賜名「革心」，受戒後只吃饅頭、水果，不吃生肉，故從不傷生。

當時張善子畫虎的名聲蓋過其弟大千，林語堂曾在「善子的畫」一文中指出：「先生有個別署，叫做虎痴，尤可表達他的癖好，他和山君是十分暱近的，他畫的老虎，凡一肌、一脊、一肩、一爪，無不精力磅礴，精純逼真。」又詩人楊圻曾題詩讚美云：「畫虎先從養虎看，張髯意態託毫端，點睛擲筆紙飛去，月黑風高草木寒。」

後來抗日戰爭爆發，網師園被日機轟炸，張氏兄弟多年收藏在網師園的書畫精品燬諸一旦。

抗戰前不久，張大千曾經滯留北京一段時期。他陶醉於歷代帝京的富麗繁華之中，一天到晚聽戲、上館子、吟風弄月、遊山玩水，以致「樂不思蜀」。他爲解客中寂寞，認識了鼓姬楊宛君，兩人一見傾心，乃納爲小星，一同住在風光明媚的頤和園中。頤和園在北京郊外，園內有萬壽山與昆明湖，水木清華，長橋臥波，曲徑通幽，亭臺樓榭，風景絕佳。張大千與楊宛君住在頤和園內美侖美奐的聽鸝館中，度過二年甜蜜的時光，直至一九三七年中日戰爭發生後，才乘機逃回四川成都。

張大千逃離北京回到成都，行裝甫卸，便飄然前往峨嵋山遊覽。不久之後，便帶著三位夫人遷往青城山上清宮中隱居了三年。

蜀中山水有四絕，即「峨嵋天下秀，青城天下幽，劍閣天下雄，三峽天下險」。青城之幽麗，在於全山有如翡翠，一片鬱鬱蒼蒼，山形似城，其上有崖舍赤壁，是道教的聖地，在道書上列爲「第五洞天」。青城號稱三十六峯，連峰接岫，氣勢雄偉。

自古以來，青城山即爲高人逸士隱居之所。南宋時代陸放翁在蜀中時，多次前往青城遊覽，曾有詩句云：「今日醉遊心已定，一飄歸去隱青城。」

張大千借住在青城山的上清宮，山門外有銀杏三株，皆大數圍。山門有聯云：「境入上清，半點紅塵飛不到；壇闢無垢，滿天花雨散香來。」殿後植梅數百株，附近有「觀日亭」，可由此可觀日出及雲海。但見萬峰聳翠，盡收眼底，確是詩人吟咏、畫家寫生的好地方。

張大千一家在青城山一住三年，對於張大千的畫風影響甚大。他的一生畫風變化有三個階段：四十歲以前是「以古爲師」，四十歲以後是「以自然爲師」，六十歲以後則是「以心爲師」，當他隱居青城山上清宮時，正是他四十歲的開始，使他在繪畫藝術的造詣有了自家的面目，躍昇至「以自然爲師」的境界。他有兩首「詠上清宮」詩云：

濯纓初謁丈人君，擲筆還尋誓鬼文；懸樹六時飛白雨，吞天一壑染紅雲。

恰逢道士暗然笑，偶說長生術在勤；我欲眞形圖五嶽，祇愁塵濁尚紛紛。

八年抗戰結束後，國內又內戰不已，張大千乃決定移民南美定居。他於一九五四年遷居巴西聖保羅，從事「八德園」的興建。八德園佔地二百七十畝，其中開闢了一個三十畝大的池塘，蓄魚植荷，命名「八德池」。至於命名「八德」之含義，一則由於張大千排行第八，朋友都稱他爲「八哥」，二則用我國傳統的「四維八德」命名，可以顯示雖身居異域，仍無時或忘中國固有的倫理道德，三則取意佛家「八功德水」之謂。沿池築有五座小亭，故又名「五亭湖」。園中原有二千多株玫瑰花，連根清除，另植梅花、芙蓉、杜鵑、菊花、牡丹、秋海棠、翠竹、松柏等，都是東方的品種。亭園中一草、一木、一石都充滿了故國之思。

八德園中有畫室兩處，通常張大千作畫的地方是在園的中心位置，接連他的起居室。他的畫室外就是他鍾愛的巴山猿棲息處。他繪畫的時候，猿不是用長臂吊在簷前，就是蹬在窗臺上看他揮毫。

「八德園」落成後，張大千逍遙園中，每遇心有所感，意有所適，便以潑墨及潑彩的方式作畫，形成一種嶄新的畫風。他的潑墨山水，就是在「五湖亭」畔避雨時捕捉到的靈感，更有題詩云：

老夫夜半清興發，驚起妻兒睡夢間；
翻倒墨池收不住，夏雲湧出一天山。

張大千住在八德園中雖然百事順心，但偶而也有思家懷鄉之情，投荒南美八年後，曾寫圖寄意並賦詩云：

不見巴人作巴語，爭教蜀客憐蜀山；
垂老可無歸國日，夢中滿意說鄉關。

張大千在「八德園」中一住便是十七年，因爲巴西政府闢建水壩要收回「八德園」土地，他只好忍痛離開，另覓居所。

一九六九年，七十一歲的張大千由巴西遷居美國加州之卡美爾，居所先爲「可以居」。因嫌房舍太小，三年之後再在加州另覓地興建居所，命名「環篳菴」，此典出自《左傳》「篳路襤褸，以啓山林」。除建屋外，到處種植花果樹木。張大千的畫室是一間長方型的建築，約有七八十坪大小，四週簷下几上放置奇石盆花，左邊是一張大畫桌。畫室外面，小徑曲折前行，有梅園、竹樹、花叢、茅亭、奇石，充滿詩情畫意，範圍雖不及「八德園」遼濶，但秀麗風光實有過之而無不及。梅園中遍植各種梅花百株。入冬以後，他日日繞行梅林之中，有「梅林散步」詩云：

獨繞梅花樹下行，捋髭嗅蕊可勝情；
明朝恐有嚴霜落，月在南簷特地明。

三年後「環篳菴」工程已經頗具規模了，爲便於賞梅，更在梅林的小丘上建一小亭，命名爲「聊可亭」，取坡翁詩云「此亭聊可喜」之意。

一九七五年春張大千回到臺灣時，曾經在榮民總醫院作健康檢查，發現患有心臟病、糖尿病、膽結石、腰椎退化性關節病、鱗甲性皮膚病及白內障等病，住在「環篳菴」風景雖美，但就醫不便。於是他考慮後決定回到臺灣定居，既便於就醫，又便於訪友，且無思鄉之苦。乃於一九七六年束裝回國，擇定臺北外雙溪興建新居，經過二年施工，於一九七八年八月底「摩耶精舍」構築完成。命名的含意，取自佛祖釋迦牟尼之母「摩耶」（古寫「摩邪」），據說「摩邪」腹中有「三千大千世界」，因此「摩耶精舍」亦即「大千精舍」之意。

「摩耶精舍」佔地約六百坪，雖不及「八德園」及「環篳菴」之遼濶，經他精心規劃後，已成爲一座充滿藝術風格的中國式「四合院」的新居，內有現代化的家具，並裝置小型電梯，以便他上二樓寢室及三樓屋頂花園之用。四合院中有內花園，溪畔有外花園「梅丘」。園中的一草一木、一石一花，都出自大千心裁。有的花木盆景遠從巴西、美西航空運回，有的就地取材，由他親自督工安置。以後又增建中國式的「影娥池」，流水潺湲，游魚出沒，使人耳目一新。

## 生平快事遨遊四海

張大千除上述食、色、住的嗜好與享受外，第四項嗜好就是旅遊，早年他就受了李瑞清老師的影響而愛旅行。他說：「我愛旅行遊山玩水，實際上是受李老師的啓迪，我記得李老師說：『黃山看雲，泰山觀日，實屬生平快事！』當時我就暗下決心，一定要追求老師說的生平快事！」

自茲以後，不論泰山的日，黃山的雲，由國內的三山五嶽，敦煌面壁到印度的大吉嶺、瑞士的雪峯，都有他的腳迹，他的遨遊四海，遠遠超出乃師所謂的生平快事。他的眼界開闊，見多識廣，大有助於他的藝事和健康，深深體會讀萬卷書行萬里路的快樂。晚年回國定居後，曾經暢遊太魯閣。根據記者的描述：「他曾冒大雨，以布帶攔腰繫緊，將大掛前後衣襟揭起，塞掛俐落，手執拐杖，頭戴『東坡帽』，身先示衆，冒雨去遊天祥內進的文山溫泉，直趨崖邊，目睹山洞內黃濤奔騰，溫泉洞口已被半淹，同行諸人力勸，他方始止步，依然徘徊留連，觀山崖氣勢，看雲霧變幻。這份豪勁，令人又驚又羨，若非體力得天獨厚，車機顛勞、跋涉辛苦，旅行並非對每個人都是樂事。」然而張大千卻樂此不疲。

在抗日戰爭期間，張大千跋涉八千里，耗時兩年七個月，探尋東方的藝術寶庫敦煌，使他的藝術造詣達到更高的境界。敦煌藝術源自印度的佛教，他爲了追根溯源，一九五〇年至印度新德里開畫展，順便研究印度壁畫。當他遊歷到大吉嶺時，深喜當地風景優美，於是僑居該地一年又四個月。他說：「在大吉嶺時期，是我畫多、詩多、工作精神最旺盛的階段。當時目力最佳，繪畫多用精細工筆。」

最後談談張大千的衣著，他在這方面的享受比較簡單，但也有他的特色。中國文化源遠流長，但是時至今日卻沒有一種足以代表「上國衣冠」的服式，都是改穿西裝。張大千爲保持中國風的特色，他的穿著是一頂東坡軟帽、一襲寬鬆長袍，一枝古老竹杖，配上拂胸的美髯，飄然來去。他在冬天喜歡戴一頂後垂飄帶的暖帽，稱之爲「東坡帽」，他最崇拜宋代文豪蘇東坡，他曾被人推崇爲當代的蘇東坡。他戴東坡帽曾發生一樁趣事。當他初到巴西時，爲要求巴西政府批准他申請的花木進口，朋友建議他去做公關，禮拜天偶而參加天主堂望彌撒。他照常穿長袍戴東坡帽，教堂許多漂亮的巴西小姐誤會他是主教，都向他下跪，吻他的手，他不便拒絕，就讓她們吻了。後來他知道這是誤會，有些老太太也來向他下跪吻手，他便拒絕了。張大千太太看在眼裏，就譏笑他愛小姐，不愛老太太，張大千笑道：「我也不知道嘛，要是給巴西人知道了，豈不要說我是花和尚？」

張大千後來看到天主教神父戴的六角形軟帽，可以摺疊，不戴時便於收藏及攜帶，於是也用黑色葛料加以仿製，頂上有一團結子，大千自稱是「老奴才的帽子」。有一次太太要他去門外提取鞋子，他把帽子戴上，再彎腰提鞋，口中還如唸戲詞似的自幽一默說：「要戴上老奴才的帽子，才好爲夫人提鞋。」可見他在耄耋之年，仍然伉儷情深，令人羨煞！

至於張大千的美髯也是構成他仙風道骨不可或缺的條件。他天生的絡腮大鬍是他不可或缺的「商標」，他說：「我自二十歲起，就開始想留鬍子，直到二十五歲才留成，實在是我的鬍子得天獨厚，絡腮滿臉，想充小白臉也充不成。越是刮得勤，愈是長得快。自從留了鬍子以後，二十五歲就有人稱我爲老太爺了！我對我太太從來不敢藏私，她對我甚麼都了解，唯獨我的下巴是什麼樣子，她從來沒有看清楚過。」他最不喜歡理髮，每年只理三次，端午、中秋、過年各理一次。他說理髮令他混身不舒服，他最討厭被白布圍起來，像上了綁一樣，動都不能動。他每理一次髮，必厚酬理髮師。

## 養生之道順其自然

由上述各節看來，張大千一生眞是多彩多姿，無論食，色、住、行都極講究，然而他的財源何在？早年他的老師李梅庵曾經對他說過：「大千，你要講究風雅，就不能忽略金錢。」

錢財另有一個別號叫『雅根』，懂得這個道理麼？」張大千出生於四川富庶之地內江縣的世家，祖先經營過「自流井」鹽場，又開過大醬園，自幼生活富裕。他成名後，喜愛收藏古人名畫，傾其所有，不惜舉債求畫，所以有人就以「富可敵國，貧無立錐」及「一身是債，滿架皆寶」來形容他。例如早年他不惜高價收購了南唐時代的三幅名畫，即董源的「江堤晚景」及「瀟湘圖」，顧閎中的「韓熙載夜宴圖」，他僑居印度大吉嶺時，經濟拮据，竟以兩萬美金售出「韓熙載夜宴圖」，後悔莫及。他早年在上海時期，每開一次畫展，一百幅畫可賣五百兩黃金。他即盡其所得，購求古人名畫，他這種作風，鄭曼青曾贈詩云：

曠古畫家數二豪，張爰倪瓚得分曹；
腰纏散聚且休論，百萬相看等一毛。

「百萬相看等一毛」確實是張大千的寫照。他僑居國外時，繪畫收入常以美金萬計，但他開支浩大，常常一身是債，兩袖清風。

錢財都是身外之物，不宜深究，還是轉入本題，研究他的養生之道吧。張大千的養生之道並未發表有系統的理論與方法，但可從他的言行中找出合於養生的方法。

張大千一生風流成性，他所到之處都少不了女人，但是別以爲他是眞名士自風流，他也有他的道德準繩與原則，他曾說：「沒有感情爲基礎的女人，我不會與她親近。任何有違我良心的事，我也絕不會做。我的養生之道無他，一切順乎自然，決不勉強！」可見他關於「色」的方面：第一、要以感情爲基礎，第二、不做違背良心的事，第三、一切順乎自然，決不勉強。

至於關於「食」的方面，也有他的看法。他最愛吃魚翅，他的身體能老當益壯，他的夫人能駐顏有術，必然都與飲食養生之道有關，他曾說：「古人說：凡是好吃的食物都是補人的，我相信這個道理。魚翅我是經常在吃，我有特別的發魚翅的方法，是學北京譚家翅傳自清宮內的御廚烹調法。」

張大千的另一方面的養生之道，就是精神有所寄託，例如他生活正常，廣交朋友，寄情園藝，遊山玩水，樂天知命。他曾對朋友說，他平生有三大恨事：一是梅花不併海棠開，二是夫人管制太嚴，三是老年不能開懷大嚼。梅花通常盛開於初春，海棠則盛開於暮春，兩種花開本不同時，但一九八一年的冬末，「摩耶精舍」的後園中紅梅盛開，而天井中的海棠亦同時開花，眞是難逢的奇景。張大千便約張岳軍共賞，並賦詩紀盛：

小園忽報有奇事，臘尙餘寒百卉開；
從此人天無缺陷，梅花聘了海棠來。

他本來極講究美食，晚年患糖尿病，影響眼睛和心臟，遵醫師忠告，力戒美食，但招待朋友，仍然不減當年，「大風堂」的宴席是「有口皆碑」的。

晚年爲了健康，他把許多交遊和愛好都摒除了，但每月一次的「轉轉會」仍照常舉行，參加的老友是張岳軍、張漢卿夫婦、王新衡夫婦。此種忘形的聚晤，是他晚年交遊的樂事。

晚年老友張岳軍曾經勸告大千：「你的體力，尤其是眼力，已經大不如前，今後你最好集中精力，多畫幾件傳世之作。」

張大千晚年雖然健康欠佳，但他不服老，聽了張岳公的話，從事「廬山圖」的繪製，此圖長三丈六尺，高六尺，是他心中的廬山，而非眼中的廬山，是他的傳世傑作，經過一年半後才完成，在未展出之前已經造成轟動。他自題「廬山圖」詩云：

不師董巨不荊關，潑墨翻盆自笑頑；
欲起坡翁橫側看，信知胸次有廬山。

又老友張其昀亦曾盛稱張大千是時代精神融鑄的一代偉人。他代表中華精神，中華精神是頂天立地、求精求新、深識遠覽，和大義凜然。他也是一位具有至誠的眞性情的人。世界各大宗教主旨不外「養生、慰死、樂生、樂群」，以此標準來看張大千的爲人行事，則無往而不自得。

張岳公還把養生經驗告訴大千，老年人最怕兩件事：一是傷風，一是跌跤。傷風容易引起併發症，如果引發肺炎，就有生命危險。跌跤更可怕，有些老年人，一跌不起。老年人跌跤多在室內，室外反而較少。因爲到室外自己會特別注意，或是有人扶著，在室內反而大意，萬一把頭部碰上傢俱，就更加危險。張大千就是有一次在家中半夜跌跤，幸而頭部並未受傷。

一九八三年一月二十日，臺北歷史博物館舉行張大千盛大的回顧展，展出「廬山圖」鉅卷，大千本人並於開幕時親蒞會場。他也許繪製此圖耗費了過多的心力，於三月八日因心臟不適住進榮民總醫院，歷時近月，終以心肺衰竭，於四月二日上午八時十五分病逝，享年八十五歲。遺體於四月十四日火化，骨灰安葬於「摩耶精舍」後園「影娥池」畔的「梅丘」立石之下。遺囑將「摩耶精舍」和他的古代繪畫收藏全部捐贈國家，他本人的書畫作品則由遺孀及子女共十六人均分。

最後，錄其讀書經驗及笑話各一則如左：

少時讀書能記憶，而苦於無用，中年讀書知有用，而患於遺忘，故唯有著書一事，不惟經自己手筆可以不忘，亦且因之搜閱簡編，向所忽略，今盡留心，敗笥蠹簡皆爲我用，始知藏書之有益，向來用功之蹉跎也。

## 毛筆笑話

奴本是深閨弱質，生來白玉無瑕。遇著那風流子弟，把奴家帶到黑處去玩耍。一任他翻雲覆雨，上上下下，心滿意足，那時才將奴家放下。唉呀！那無情的冤家，臨行時又將奴家一插。

# 梁實秋的養生之道

我們要隨時隨地尋找快樂：「幸遇三杯美酒，況逢一朵花新」，我們應該快樂。

——梁實秋

## 文壇健將學府教授

現代文學家梁實秋，著作等身，聲名遠播。他是抗戰時期的文壇健將，也是臺灣的教授學者。他結過二次婚，家庭生活美滿，養生有道，健康長壽，他活了八十五歲。

梁實秋原籍浙江錢塘縣，學名治華，字實秋，筆名秋郎，以字行。生於一九〇三年（光緒二十八年）一月六日（陰曆十二月初八日子時），卒於一九八七年十一月三日。出生地是北京內務部街二十號。父梁咸熙，生於光緒三年（一八七七年），前清秀才，曾在京師警察廳服務，卒於一九四六年，享年七十。母沈舜英，杭州人，生於光緒元年，卒於一九六四年，享年九十。

梁實秋六歲入私塾讀書，十四歲考入天津清華學校肄業，八年後二十二歲畢業，次年赴美國留學，曾在哈佛大學研究所畢業，三年後回國與程季淑結婚。二十六歲任上海暨南大學教授，講授「文藝批評」等課程。教學之餘從事文藝寫作，並參加「新月月刊」編輯工作。一九三四年秋應胡適之邀任北京大學外文系主任。三年後抗日戰爭爆發，輾轉至四川重慶，在教育部任職，後遷居北碚之「雅舍」，公餘從事散文之寫作。一九四五年抗戰勝利後返北京任教於北京師範大學。一九四九年六月抵達臺灣，任省立師範學院（後改爲師範大學）教授兼系主任，直至一九六六年六十五歲時退休。

梁實秋一生的貢獻除在大學任教造就人才之外，最重要的是在文壇方面。

第一、他是一位散文家，他的「雅舍小品」前後發表了一百四十三篇，相近的雜文出過七冊。他的散文特色據余光中說：「雅舍的筆法清俊簡潔，點到爲止，文白相濟，放而能收，引證則中外兼採，行文則莊諧並作，時或誇張而令人驚喜，時或含蓄而耐人尋思，乃成爲五四以來有數的散文大家。他的風格上承唐宋，下擷晚明，旁取英國小品文的灑脫容與，更佐以王爾德的驚駭特效，最講究好處收筆，留下嫋嫋的餘音。他的學者式的散文夾敘夾議，說理而不忘抒情，議論則波瀾迴盪，有時不免正話反說，幾番回彈逆轉，終於正反相合。」

梁氏的散文另一特色是富於幽默，對事而不對人，筆鋒所至，往往反躬自嘲，最多是調侃親人罷了。他的風格與周作人同調。

梁氏認爲現代散文有兩大毛病：「一是太過於白話化，連篇累牘的『呢呀嗎啦』，絮絮叨叨，令人生厭。一是過分西化，像是翻譯，失掉了我們自己的國文的味道。至於一般的散文，則病在枝蔓而貪多，作者應該知所割愛，由博返約。」他一再強調「簡短乃機智之靈魂」，而且主張「文章要深，要遠，就是不要長」。因此他的文章都是二三千字以內的小品，風格在情趣與理趣之間，抒情而兼議論。

第二、對翻譯的貢獻：獨力譯完莎翁全集，包括莎劇三十七種，詩三卷，一共四十本書，費時近四十年。此外，他還譯了十三種書，包括「沈思錄」、「西塞羅文錄」、「咆哮山莊」、「潘彼得」等，均爲西方文學名著。

第三個貢獻是文學批評。他自己說他「生平無所好，唯好交友，好讀書，好議論。」他早年曾經指摘胡適的「嘗試集」平庸而膚淺，冰心的詩有理而無情，卻推崇郭沫若最富詩意，他是一位眞正的自由主義者，反對文學的階級性。

第四個貢獻是學術研究。他晚年曾著一百萬言的「英國文學史」及厚達二六二三頁的「英國文學選」。

第五個貢獻是爲遠東書局出版主編的各種英漢與漢英辭典，對學子和國人都頗有益處。

## 讀書寫作畢生不懈

梁實秋晚年曾接受名記者的訪問，專談讀書與寫作。

他對記者一再說的一句話是：「讀你該讀而尚未讀的書。」

他又說：「讀書需要紀律，而不是興趣。」「學而不思則殆。讀書貴專精，專精才能有見地；讀書亦貴博廣，博廣才能有透視。」「我現在才深深體會到『困而後學』和『學然後知不足』的道理。」他回憶作學生的時候，因隨興致而讀書，可眞浪費了不少氣力，他讀書速度很快，數量亦多，接觸面頗廣，沾沾自喜，自以爲博覽群籍。實則讀書漫無目標，隨興之所在，淺嘗輒止，虛耗光陰。到了應該學以致用的時候，才瞿然警覺，自己的學識基礎薄弱。當初老師指定閱讀的書才是最有用的基本知識。大好時光已經浪費，只好急起直追，盡量惡補。他說，直到三十歲開始，他才決定發憤向學，此後讀書比較有計劃，不再任性，不再隨波逐流。

梁實秋喜讀文學的書，而文學書甚多，必須採精讀及略讀兩種方法。讀書就像品茗一般，要細細地品味，更要深深地領略。

記者問他：培養個人的文學修養，該讀些什麼書？他說：第一、必須熟讀中國的典籍，四書五經乃人人所宜細讀。最好全部精讀，愈早愈好。其次，西洋的文、史、哲的若干巨著必須涉獵，如不能讀原文，譯本亦可，第三、不管你的研究屬於那一方面，那方面的基本典籍務必通曉。他特別指出：讀書的習慣需要培養，養成了讀書習慣之後自有樂趣，「與古人遊」，樂自無窮，是謂「讀書樂」。

談到寫作，他認爲人生最大的樂趣，是完成一件有意義的工作。他說：「翻譯這樁事，也是一種享受。」他譬喻說：翻譯，就像別人請吃飯，是享受，不過菜是主人訂的，而寫作就像請客，菜單可以自己決定。他曾幽默地說：「我能譯完莎翁全集，主要是我完全具備了翻譯的條件：一、此人要沒有學問，二、沒有天才，三、壽命相當長。」其實，這是他的自謙。

記者問他「散文寫得好，有沒有訣竅？」他的答覆很簡單：「要能割愛。」他解釋說：「文章要深、要遠、要高，就是不要長。描寫要深刻，意想要遠大，格調要高雅，只是篇幅不一定要長。」他的「雅舍小品」每篇不過二三千字。

他曾列舉影響他最深的八部書，都是偏於思想方面的，與他所喜歡的文學作品並不相涉。文學作品像是滋補心靈的食物，而影響思想的著作則像是藥物。他所列舉影響思想方面的八部書是：水滸傳、胡適文存、盧梭與浪漫主義、雋語與箴言，對文明的反叛、六祖壇經、英雄與英雄崇拜、沈思錄。

他曾略予解釋云：「水滸傳」使我明白什麼叫做「官逼民反」。「胡適文存」使我知道獨立思考的重要。「盧梭與浪漫主義」使我恍然於浪漫主義的缺失。「雋語與箴言」使我認識悲觀主義的眞諦。「對文明的反叛」使我洞悉一般所謂革命運動的罪過。「六祖壇經」引我思考禪宗的意義。「英雄與英雄崇拜」教我了解偉大人物對文明的貢獻。「沉思錄」使我嚮往斯託亞派的修養苦行。這八部書構成了我的思想上的指引者。

他談完讀書與寫作後，曾順便談到他的宗教信仰。他說：「大凡人生有三種境界：自然的、人性的、宗教的。文學家和一般有教養的人，大概是停留在第二種境界裏，只有少數根基深、經驗較多的人，可以進入到宗教境界裏。我不大談宗教，但我對純正的宗教和篤守宗教信條的人，都存有很大的敬意。在所有的宗教當中，我最愛禪宗，因爲那是中國化了的佛教，其中有些道理和儒家、道家思想脗合或相通。宗教生活是人生最高境界。我沒有能力進入那個境界。我是凡人，我被太多的感情所束縛，未能斬斷那些韁鎖。我以邏輯的方式思維，不能達成頓悟式的明心見性。不得已而求其次，在人性的境界中努力作人，希望能作到『儒雅爲業』的地步。在人性範圍之中，有那麼多的文學藝術的點綴，也儘夠我們遊目騁懷的了。」

## 吃喝玩樂享受人生

梁實秋的一生多姿多彩，享盡清福，前二節談過他的讀書與寫作生活外，現在擬略述他在吃喝玩樂各方面的特色。

梁實秋自小就喜歡滿足口腹之欲，這與他的祖傳及環境關係密切。他的父親是個美食家，常愛到北京有名的飯莊、酒樓留連，尤其喜歡光顧厚德福飯莊，梁實秋小時候經常「隨侍」在側，以滿足口腹之欲。當他六歲時隨父親去煤市街的致美齋吃飯，飯後他竟喝起了酒來，父親並未加以禁止。幾盅酒落肚後，他竟發起酒瘋來，把一碗高湯打翻，隨後倒在旁邊的小木炕上呼呼大睡，回家之後才醒，深自懊悔。長大成人後，再不敢飲過量的酒。「花看半開，酒飲微醺」，《菜根譚》中的這句話，成了他以後飲酒的箴言。

由於父親的傳統，梁實秋自小就會吃、懂吃而且能吃。他所寫《雅舍談吃》的數十篇文章可以作證。清新脫俗，字字珠璣。

北京最有名的菜是烤鴨（在北京不叫烤鴨，叫燒鴨），他有一篇文章專談它的做法，描寫生動，茲錄一段如下：

鴨自通州運到北京，仍需施予塡肥手續。以高粱及其他飼料揉搓成圓條狀，用手掰開鴨嘴，硬行塞入。然後把鴨關在棚子裏，盡量給予水喝，這樣關了若干天，天天扯出來塡，非肥不可，故名塡鴨。

梁實秋著的《雅舍談吃》一書，讀來滋味深長，作家亮軒曾加讚美：「作者不能單靠饞嘴就寫得出這本書來，必須交遊廣，閱歷多，記性強，情趣深，此四者缺一不可。有些菜肴如海參、魚翅、燕窩、熊掌，本來就好談，千把字的篇章人人可寫可說，但論菠菜、烙餅、味精、包子、白肉、魚丸、筍……這些家常菜式，便需有些信手拈來的經驗及典故，相當於有些廚子在刀工、器皿、裝飾上所花的工夫。作者的功力，駕輕就熟也不讓名廚專美。」

梁實秋的公子文騏，在所作〈我所知道的父親〉一文中曾經談到晚年的飲食情況：「父親寫過談吃數十篇文章。在吃的方面，父親無疑是伊壁鳩魯主義者。自罹患消渴（糖尿病）後，禁止食糖。他本非特嗜甜食，但是物以稀爲貴，此刻甜點、巧克力、汽水、較甜的水果，乃至放了糖的菜餚，一齊變成了伊甸園中的美味蘋果，越不准吃越想吃，此上帝之所不能禁也。縱然不能公然大嚼，私下小嘗實所多有。每以此發病，賴有特效藥耳，戒煙酒則是父親的勝利戰例。煙量原是每日兩包，戛然而止。酒量是兩瓶白乾，後來只飲啤酒一小盅。茶，父親本也喝得很考究，晚年則少喝茶，喝也極淡。」

梁實秋的老家在北京，而北京菜最爲可口，加上他家境富裕，從小吃慣了，每次談起當年，就如數家珍。到臺灣後仍然不改舊習，但是道地的菜色不可多得，只好偶然自己下廚，據說他的一道「醋溜白菜」，味道之美，連烹飪專家傅培梅也不如。

晚年他曾對記者談到現在中國的飲食文化已經淪亡，不勝慨嘆。他說：「塡飽肚子是一回事，品味又是一回事。有錢有閒，固然講究吃，各地方的平民父老也儘多知味的人。我們中國幅員大，各地口味不同，此中國烹飪之所以偉大。現在中國吃的文化已經淪亡，我常涉足的餐館，幾乎都是一窩蜂的加味精，加糖，加太白粉。夠標準的醋溜魚、回鍋肉、辣子雞、好像已成廣陵散，想吃像樣的包子都不容易如願。」

以上所談的是梁實秋的吃喝方面，以下再談他的玩和樂。這裏所說的「玩」，包括旅遊和蓄養寵物。他的一生來往美國多次，而尼加拉瀑布是他舊遊之地，晚年時舊地重遊，甚爲愉快，曾有專文記述。茲精選一段共賞：

> 最有趣的是坐纜車下峽谷，乘「霧中女郎」號汽艇逼近瀑布的時候，但聽得瀧瀧水響，繼而滂濞沆溉，大水自上崩注而下，有電鶩雷駭之勢。俄而大風起處，霧雨咸集，每個人都兜頭灌頂，渾身盡濕。
>
> 尼加拉瀑布實在不高，馬蹄瀑只有一百五十八呎高，兩千九百五十呎闊；美國瀑一百六十七呎高，約一千四百呎闊。闊得可觀，高則不足道。但是每分鐘有五十萬噸水傾注而下，不能不算是一大奇觀，飛瀑流泉，世界上何處無之，但以言聲勢之壯，則無

出此右者。

旅遊之外，他最愛鳥和貓，均有專文描述，晚年和韓菁清結婚後，兩人都愛貓，並稱呼白貓為「白貓王子」，黑貓為「黑毛公主」。

梁實秋一生樂觀，他經常以微笑態度面對人生。他平常注意觀察，體味生活，或由人及己，或由己推人，不斷轉換角色，從體味中悟出人生的「理」和「趣」。

他曾模仿金聖歎的《三十三不亦快哉》，作〈不亦快哉〉一文，共有十一則，讀來趣味盎然。茲錄如下：

## 不亦快哉

金聖嘆作「三十三不亦快哉」，快人快語，讀來亦覺快意。不過快意之事未必人人盡同，因為觀點不同時勢有異。就觀察所及，試編列若干則如下：

其一、晨光熹微之際，人牽犬，（或犬牽人）徐步紅磚道上，呼吸新鮮空氣，縱犬奔馳，任其在電線桿上或新栽樹上便溺留念，或是在紅磚上排出一灘狗屎以為點綴。莊子曰；道在屎溺。大道無所不在，不簡穢賤，當然人犬亦應無所差別。人因散步而精神爽，犬因排洩而一身輕，而且可以保持自己家門以內之環境清潔，不亦快哉！

其一、天近黎明，牌局甫散，匆匆登車回府。車進巷口距家門尚有三五十碼之處，任司機狂按喇叭，其聲嗚嗚然，一聲比一聲近，一聲比一聲急，門房裏有人豎著耳朵等候這聽慣了的喇叭聲已久，於是在車剛剛開到之際，兩扇黑漆大鐵門呀然而開，然後又訇的一聲關閉。不費吹灰之力就使得街坊四鄰矍然驚醒，翻個身再也不能入睡，只好瞪著大眼等待天明。輕而易舉的執行了雞司晨的職務，不亦快哉！

其一、放學回家，精神愉快，一路上和夥伴們打打鬧鬧，說說笑笑，尚不足以暢敘幽情，忽見左右住宅門前都裝有電鈴，鈴雖設而常不響，豈不形同虛設，於是舉臂舒腕，伸出食指，在每個紐上按戳一下。隨後，就有人倉皇應門，有人倒屣而出，有人厲聲叱問，有人伸頸探問而瞠目結舌。躲在暗處把這些現象盡收眼底，略施小技，無傷大雅，不亦快哉！

其一、隔著牆頭看見人家院內有葡萄架，結實纍纍，雖然不及「草龍珠」那樣圓，「馬乳」那樣長，「水晶」那樣白，看著縱不流涎三尺，亦覺手癢。爬上牆頭，用竹竿橫掃之，狼藉滿地，損人而不利己，索興呼朋引類乘昏夜越牆而入，放心大膽，各盡所能，各取所需，飽餐一頓。松鼠偷葡萄，何須問主人，不亦快哉！

其一、通衢大道，十字路口，不許人行。行人必須上天橋，下地道，豈有此理！豪傑之士不理會這一套，直入虎口，左躲右閃，居然波羅蜜多達彼岸，回頭一看天橋上黑壓壓的人群猶在蠕動，路邊的警察戟指大罵，暴躁如雷，而無可奈我何。這時節頷首示意，報以微笑，揚長而去，不亦快哉！

其一、宋周紫芝「竹坡詩話」：「……有一人，極廉介，一日有家問，即令滅官燭，取私燭閱書，閱畢，命秉官燭如初。」作官的人迂腐若是，豈不可嗤！衙門機關皆有公用之信紙信封，任人領用，便中抓起一疊塞入公事包裏，帶回家去，可供寫私信、發請柬、寄謝帖之用，順手牽羊，取不傷廉，不亦快哉！

其一、逛書肆，看書展，琳瑯滿目，眞是到了娜嬛福地。趁人潮擁擠看守者窮於肆應之際，納書入懷，携歸細賞，雖蒙賊名，不失爲雅，不亦快哉！

其一、電話鈴響，錯誤常居什之二三，且常於高枕而眠之時發生，而其人聲勢洶洶，了無歉意，可惱可惱。在臨睡之前或任何不欲遭受干擾的時間，把電話機翻轉過來，打開底部，略做手腳，使鈴變得暗啞。如是則電話可以隨時打出去，而外面無法隨時打進來，主動操之於我，不亦快哉！

其一、生兒育女，成鳳成龍，由大學卒業，而漂洋過海，而學業有成，而落戶定居，而締結良緣。從此螽斯衍慶，大事已畢，允宜在報端大刊廣告，紅色套印，敬告諸親友，兼令天下人聞知，光耀門楣，不亦快哉！

此外，梁實秋又在「快樂」一文中，指出「境由心生」，快樂是一種心理狀態，內心湛然，則無往而不樂。他曾引梁任公的話，指出「人生最快樂的事，莫過於看著一件工作的完成。」有時候，只要把心胸敞開，快樂也會逼人而來。最後他鼓勵人們要隨時隨地尋找快樂：「幸遇三杯酒美，況逢一朵花新？」我們應該快樂。

## 晚年續弦，艷福不淺

梁實秋本來就有一個美滿的家庭，原配程季淑生了一子二女，子名文騏，長女名文茜，次女名文薔，各有成就。到了晚年擬長期居留美國西雅圖，舊地重遊。梁氏夫婦於一九七二年五月二十六日飛抵西雅圖，暫住女兒家。申請長期居留的手續已經辦了一年多，尚無結果。等到一九七四年四月三十日，他們夫婦同往住家附近的一個市場，準備採購食品。在市場的門前一架豎著的梯子忽然倒下，恰好擊中了她，送醫不治，享年七十四。數日後葬於西雅圖之槐園。他事後寄給臺北追悼會的輓聯是：

形影不離，五十年來成夢幻；
音容宛在，八千里外弔亡魂。

他的女兒文薔在一篇紀念母親逝世的文章中，形容父親的感覺像是一個霹靂把一棵老樹劈成了兩半。

梁實秋辦完愛妻喪事不久，爲遣哀愁，即開始寫作《槐園夢憶》一書，把故妻的家世，兩人的熱戀、結婚、及幾十年同甘共苦的生活，詳實紀述，最後一段敘述他喪妻後的心情，感人至深。他寫道：「我現在煢然一鰥，其心情並不同於當初獨身未娶時。多少朋友勸我節哀順變，變故之來，無可奈何，只能順承，而哀從中來，如何能節？我希望人死之後尚有鬼魂，夜眠聞聲驚醒，以爲亡魂歸來，而竟無靈異，白晝縈想，不能去懷，希望夢寐之中或可相覯，而竟不來入夢！環顧室中，其物猶故，其人不存。元微之悼亡詩有句：『唯將終夜常開眼，報答平生未展眉！』我固不僅是終夜常開眼也。」此書一往情深，最後僅以十六字作結：「緬懷既往，聊當一哭！中心傷悲，擲筆三歎！」

梁實秋喪妻半年之後，由於偶然的機運，很快便邂逅認識了影星韓菁清女士。她當年四十三歲，風姿綽約，單身一人。不久之後，兩人雙雙掉入愛河，忘年之戀進展得特別迅速，乃於一九七五年五月九日結成連理。他在婚禮上說：「我們兩個人同中有異，異中有同，最大的異，是年齡相差很大（三十二歲）。但是我們有更多的相同的地方：相同的興趣，相同的話題，相同的感情。我相信，我們的婚姻會是幸福美滿的。」韓菁清則坦誠地傾訴：「我坦白地承認我有過無數次的羅曼史，但是都已煙消雲散，不復存在！現在這遲來的愛情才是實在的，堅固的，它會與世永存。」

梁實秋和韓菁清結婚後，心情和外貌都變得年輕，在她的細心照料之下，他的種種病症也明顯地減輕了，上樓時輕捷如飛，走路時精神煥發，並寫下一首情詩，題爲「我們倆偎在七層樓上的小鵲巢」！

重陽何處去登高？摩天樓巍巍峨峨，也摸不到雲霄，崇山峻嶺，崔嵬崛崎，有一環白雲圍上樓腰。畢竟是蒼冥下一杯土，說什麼碧天寥，倒不如我們倆偎在七層樓上小鵲巢，饑來烹菰米，煮藜蒿，閒來歌一曲，唾壺敲，兩股柔情，織成一絡，向上飄，飄到九霄雲外。這時節天上人間，無與比高。

新婚以後，梁實秋寫了一本散文集，書名叫做《白貓王子及其他》，他們倆鍾愛一隻檢來的白貓，視爲「獨生子」，而暱稱它爲「白貓王子」。

幸福的日子過得特別快，梁實秋再婚後一轉瞬就是十二年。到了八十五歲那年，健康亮起了紅燈，他的糖尿病日益嚴重，腳也不行，耳聾眼花，對鏡自照，不禁悲從中來，他悲愴地寫道：

好花插瓶供，歲歲妍如新；
可憐鏡中我，不似去年人。

某報記者訪問他，問他過去的八十五年有無遺憾，現在你最希望的事是什麼？他列舉了五條引以爲憾的事情：

一、應該讀的書沒有讀，應該做的事沒有做，歲月空度，悔已無及。
二、有機會可以更加親近的大德彥俊，失之交臂，轉瞬間已作古人。
三、對我有恩有情有助的人，我未能盡力報答，深覺有愧於心。
四、可以有幸去遊的名山大川而未遊，年事蹉跎，已無濟勝之資。
五、陸放翁「但悲不見九州同」，我亦有同感。

如今我最希望的事只有一件：「國泰民安，家人團聚。」此外，在他的心裏還有一樁心願，在條件許可時回故鄉北京走一趟。

他曾對記者談及他對「死」的態度：「我想人的一生，由動物變成植物，由植物變爲礦物，亙古如斯，其誰能免？每年我看秋天的楓葉，我心裏就難過。紅葉即是白頭，死亡的現象。不過樹木還有明年的新年，人則只活一輩子而已。」

有一次曾對他來看望他的二女兒文薔說：「人在沙漠中飢渴至死之前，躺在沙上，仰望天空中徘徊翱翔的兀鷹，在等他死後，來吃他的屍體。」他認爲人死後沒有靈魂：「死了，就是死了，像蠟燭一樣，火一吹滅就熄了。」

梁實秋的大限終於到了，一九八七年十一月一日，他突感心臟不適，由家人急送臺北中心診所就醫，二日病情轉劇，三日晨八時二十分因心肌梗塞與世長辭，享年八十五歲。舉行簡單喪禮後，安葬於臺北淡水北海墓園。

## 情志協調養生有道

以上我們簡述了梁實秋多姿多采的一生經歷，以下讓我們進入本題，談談他對人生的看法及養生之道，以供讀者參考。

首先，談到他的人生哲學，他引述曾國藩所說「不爲聖賢，便爲禽獸」，這是勉勵人要嚴「人禽之辨」，人可善可惡，就在一念之間。他認爲人生有三種境界：宗教的，人生的，自然的。人本來帶有幾分獸性，要克制它，做到「克己復禮」的地步，這便是人的境界。如果能更進一步到精神生活的寂靜狀態，那便是宗教的境界了。儒家有所謂七情：「喜、怒、哀、懼、愛、惡、欲，七者弗學而能」（禮運）；佛家有所謂六欲：色欲、形貌欲、威儀姿態欲，言語音聲欲、細滑欲、人想欲，皆能啓人貪心。這七情六欲在在都是陷阱，人處其間，眞是寸步難行。被人譏爲迂腐的「道學」，其所謂持敬之說確含至理。佛家以戒定慧爲三學，戒爲首要。梁實秋說：「我略涉佛書，推崇戒律，有人譏我爲小乘之見，須知如果人人勤修小乘，大乘亦將無所施用，文學以人爲主要對象，其作用當然是發揚人性。」

其次，談到他的交友之道。《雅舍小品》中有一文以「客」爲題，他說：「只有上帝和野獸才喜歡孤獨。我們凡人，如果身心健全，大概沒有不好客的。我常幻想著『風雨故人來』的境界，在風颯颯雨霏霏的時候，心情枯寂百無聊賴，忽然有客款扉，握手言歡，莫逆於心。來客不必如何風雅，但至少第一不談物價升降，第二不談宦海浮沉，第三不勸我保險，第四不勸我信教。乘興而來，興盡即返，這是人生一樂。」梁實秋爲人重朋友、重情義。他曾說：「生平無所好，唯好交友，好讀書，好議論。」

在抗戰時期，他住在四川北碚的「雅舍」，經常和許多文藝界的朋友來往，例如朱光潛、李長之、謝冰心、老舍等。

第三、喜愛書畫藝術。早年在故宮博物院，看到名家書法，非常羨慕。例如王羲之父子的眞蹟，如行雲流水一般的蕭散，「纖纖乎似初月之出天崖，落落乎猶衆星之到河漢」。他甚爲欽佩于右任先生提倡的標準草書，可謂集大成。他終生喜歡書畫藝術，早年在學校讀書時，他曾倡立研習書法的「戲墨社」，成年以後，能寫一手漂亮流暢的字。晚年他寫的許多條幅，後來都成爲墨寶，被人珍藏起來。他也偶然畫國畫，頗有奇趣。他的公子文騏在「我所知道的父親」一文中云：「父親喜歡書畫，中國的歷代書法家，他最推崇王右軍。他寫過不少條幅，中年以前寫稿寫信都是用毛筆，晚年才改用鋼筆、圓珠筆。也畫過一些梅花、山水。但過了中年就不再畫了，也治過印，鐫刻的圖章，皆放在北京家中。」喜愛書畫的人，大都能夠長壽，歷代書畫家享高壽的人甚多。

第四、文章幽默，對事而不對人。余光中曾指出：「梁氏的幽默總是對事而不對人，筆鋒所掃，往往反躬自嘲，最多是調侃親人罷了。在幽默作家之中，梁氏是最低調的一位。在這方面，周作人、吳魯芹、思果等都與他同調。」有人批評梁氏的文章太刻薄，他的解釋是：「我寫時的原則：開玩笑，必須先開自己的玩笑；打人的本領不要有，挨打的功夫必須好。」

第五、喜讀杜詩，陶冶性靈。梁氏有一個習慣，就是讀書要讀一流的書，英文選擇了莎士比亞，中文選擇了杜詩，杜甫號稱詩聖，韓愈曾說：「屈指詩人，工部全美，筆追清風，心奪造化。」他買了一部仇兆鰲著《杜少陵集詳註》，及《杜詩引得》一書，帶在身邊已有五十年。他曾把杜詩一千三百四十九首圈點了一遍。

在抗戰初期，梁氏曾舟泊岳陽城下，想到了杜甫的千古名詩〈登岳陽樓〉：

昔聞洞庭水，今上岳陽樓。
吳楚東南坼，乾坤日夜浮。
親朋無一字，老病有孤舟。
戎馬關山北，憑軒涕泗流。

但此時梁氏還想起杜甫的〈泊岳陽城下〉一詩，比前詩更加沈鬱頓挫、蒼勁悲涼：

江國逾千里，山城近百層。

岸風翻夕浪，舟雪灑寒燈。
留滯才難盡，艱危氣益增。
圖南未可料，變化有鯤鵬。

不久之後，梁氏來到湖南，徘徊留連於岳麓山下，不禁又想起杜詩「日暮鄉關何處是，煙波江上使人愁」的詩句，心裏充滿了無可言說的惆悵與淒楚。

第六，按時作息，生活正常。梁氏中年以後，生活極有規律。早晨天剛亮即起床，梳洗後出外散步一小時，回家早餐看報，九時左右即開始寫讀工作，午飯後略爲休息，工作到下午五時止。工作進行時，每隔一小時，就站起來活動約十五分鐘。由於眼睛不好，晚上絕不工作，經常和老友談談話，九點睡眠，結束一天的生活。這樣有規律的生活，是他健康長壽的原因之一。因他有糖尿病，必需節制飲食，晚年戒掉煙酒，只喝白開水。他說：「我的人生是以工作爲目的，我喜歡做事精神集中，完成一件算一件，有人笑我自尋煩惱，我也知道這種生活很苦，但是我樂意付出。」當一切都不能引起激動，都看得透澈，不愉快的念頭全會消失，還有什麼不能克服？當所有情緒上的波動都被克服，自然能專心做事，心無旁鶩。

梁實秋的晚年，非常注意眼睛的保護，他說：「人老了，身體的零件總會壞的，幸好我的眼睛還好，壞的只是耳朵，他認爲耳聾是幸運，「你想，杜甫和貝多芬都是聾子，耳聾對他們都沒有妨礙，我耳聾反而耳根清靜。」

第七、娛樂：他很少娛樂，最多只是散步和看閒書。他說：「講到『娛樂』，我可以說幾等於零。年輕時愛看電影愛聽戲，到了中年便無興趣。及至老年便只有清晨曳杖獨步街頭了。電視則只有晚上看一段新聞。躺在牀上看雜誌、看閒書，也是一樂。閒來玩弄我的幾隻貓，如是而已。休閒生活對於散文寫作並無多大助益。『越吃越饞，越閒越懶。』」

第八、古典頭腦，浪漫心腸：他說：「我自己覺得我是『古典頭腦，浪漫心腸』，這是一個矛盾，常使我痛苦。寫散文時，眞想任性縱情，該說的說，想罵的罵，把胸中所蓄一洩無遺，但是我所受的訓練不許我如此，要多加剪裁，要避免枝蔓。古典的美，我並未作到，浪漫的氣息仍不免隨時吐露，這是我修養不足之過。」

第九、文學與做人：他認爲文學的本質是人生，和人脫不了干係，和人性脫不了干係。文學作品是經過作者的心靈融化醞釀出來的，所以作品與作者有不可分割的關係。試看古往今來的文學大家，不是溫柔敦厚，就是瀟灑風流，沒有一個是卑鄙齷齪的。「所謂『文以載道』本是周敦頤的一句話，不過我們不可說文學只是做到某一目的的工具，文學自有文學的價値在。例如：諸葛武侯的『出師表』，駱賓王的『討武曌檄』，都是好文章，雖然政治性很濃。柳宗元的『永州八記』，韓文公的『祭十二郎文』，也都是好文章，雖然裏面並沒有什麼東西要宣傳。我不反對『文以載道』，那只可聊備一格，如果寫得好，抒情、寫景、記事都未嘗不可。」

第十、人生何時開始？他認爲「人的生活不是四十開始，也不是七十開始，而是在他懂得什麼是生活意義的時候開始。有人少年老成，雖在青年，已經生活豐富，多彩多姿。有人已經到了誖眊之年，依然渾渾噩噩，不知不覺。七十開始之說，縱非自欺欺人，也只是自慰自勉之意而已。抓住現在，刻意深入，努力向前，便是生活開始，與年齡無關。」

記者最後問他，對青年朋友有什麼忠告？他說：「珍惜你們的青春，不要等閒讓青春溜掉了。盡量的享受，也要盡量及早的趕緊讀書，讀應該讀的基本的書。愛你的家，孝順你的父母，因爲不久你就要離家而獨立了。從各方面培養你自己，使你成爲一個有用而且可愛的人。保持獨立思考的能力，不追隨時尚，不被人牽著鼻子走。祝你幸運。」他是語重心長，豈僅是對青年人的忠告，對一般成年人甚至老年人也用得着。

# 張羣的養生之道

人生七十方開始，時代精神一語傳；萬歲中華今再造，期君同醉玉關前。

——于右任

張羣先生字岳軍，清光緒十五年（公元一八八九年）五月九日生於四川華陽。歿於一九九〇年十二月十四日，享年一百零二歲。民前五年與蔣公介石由保定陸軍速成學校保送日本留學，是年在東京加入同盟會。辛亥武昌起義後，即隨同蔣公回國參加革命，垂六十餘年，歷任上海特別市長、湖北、四川省政府主席、行政院長、總統府秘書長、資政等職，著作有「中日關係與美國」、「對日言論集」、「談修養」、「至德管窺錄」、「我與日本七十年」等。

「人生七十方開始」這句名言，大家都相信不疑，尤其是老年人聽了非常開心。這是岳軍先生六十八歲生日時，對記者所發表的感想，經過多年的傳播，已經普遍的爲大衆所了解和接受。

岳軍先生曾經解釋說：「人生七十方開始」這句話並不是隨便說的。由於醫藥的進步，生活條件的改善，大家都注意營養和運動，現代人的平均壽命已大爲延長。歐美許多醫學家都說，人類的「天壽」，即自然死亡的年齡已可達一百廿五歲以上。又根據西方科學家的長期統計和分析，認爲人類的智慧，要到六十五歲以後才完全成熟，也才是人類潛能發揮的巔峯時代。以往許多偉大的哲學家、文學家、藝術家，都到了六、七十歲以後，才完成他們畢生最成功的作品。所以過去我國的古諺云「人生七十古來稀」，以及美國人說「人生自四十開始」，這兩句話都已不切事實，應該改爲「人生七十今後多」和「人生七十方開始」。

但岳軍先生又說：「按現代我國人的體格，到七十之後，仍能耳聰目明，身心健康，爲社會所推重，對國家有貢獻，也不是人人都能辦到，而要看各人平素的身心修養工夫。」

就以我國孔子來說，他周遊列國後回到魯國定居，開始著述，那時已是六十八歲，次年六十九歲刪詩定樂。而他一生最偉大的著作——「春秋」，完成於七十二歲。他曾自述人生的經驗云：「吾十有五，而志於學；三十而立；四十而不惑；五十而知天命；六十而耳順；七十而從心所欲，不踰矩。」由此可知，七十歲以前的人生，雖然每隔十年在修養方面有很大的進步，但還是局部的發展，而不是完美的成熟。祇有到了七十歲以後，智慧圓熟，事理通明，始可隨心所欲，而不致超越情、理、法的範圍，這才是完美人生的開始。所以孔子可說是最早體驗到「人生七十方開始」的先知先覺。

但是孔子祇活了七十三歲，他談人生經驗祇說到「七十而從心所欲，不踰矩」。至於八十歲以上的修養應達到何種境界，岳軍先生認爲，如以孔子的修養爲標準，則八十以上的修養應該更著重於立人啓後。立人的極致是「爲生民立命」，啓後的極致是「爲萬世開太平」，這是聖哲修養的最高境界。

岳軍先生的學問事功，令人敬佩，平日對於立身律己的修養極爲注重，以孔子所說「己欲立而立人，己欲達而達人」惕勉。他平素瀏覽前代聖哲的遺訓名言，涵泳其中，心領神會，並經過多年的體會，著成《談修養》一書。他認爲個人的修養，可以分從下列五方面來著手：「一、養身，二、養心，三、養慧，四、養量，五、養望。」茲分別簡介如下。

## 養身：促進身心平衡發展

完美的人生，既是七十歲才開始，則健康長壽應爲重要的條件，養身之道，最主要的是要保持身心的平衡發展。身體強健，心理安適，才是眞正的健康。爲促進身心平衡發展，必須做到下列三點：

1.規律的生活：生活規律化，要從「起居有時，」免損傷身體，以致未老先衰。實施規律化的生活，應注意工作、娛樂、與休息時間的適當分配。但是長期過著規律化的生活，不免會有過份單調呆板的感覺，缺乏情趣。所以經過一個相當時期，就要將生活方式略予變更，以資調劑。例如利用週末例假，作各種休閒活動，登山、郊遊、玩球、游泳，以及蒔花、下棋、釣魚、書畫等等，都是很好的休閒活動。至於利用休假機會出外旅遊，既可欣賞風光，又可增長見聞，更是有益身心調劑生活的最佳方式。

2.愉快的心情：我們要生活得愉快，首須樂觀處世，胸襟開朗，精神煥發。其次每天多笑，切勿動怒。西諺有云：「每天三次笑，醫生來不了。」又韓國諺云：「一笑一少，一怒一老。」笑能使人心情愉快，促進健康，怒則有傷身體，所謂「大怒短壽」。現代醫學實驗證明，情緒對人體的健康影響極大，許多疾病的發生，都和情緒有關，例如消化不良、胃病、心臟病、高血壓，以及一般老年病，都與憂慮、煩悶、悲傷等心理狀態有密切的關係。「憂鬱爲百病之源」，所以我們必須樂觀處世，經常保持愉快心情，才能減少疾病威脅，享受健康生活。

3.勤勞的習慣：勤勞如能養成習慣，不但直接增進健康，而且可獲得成果，間接使心情愉快。曾國藩家書云：「家中無論老小男婦，總以習勤勞爲第一義。」「勞則不佚」，「習、勞則神欽」。生活能夠習於勤勞，自然不致流於奢侈嬌佚，私生活也就不會蕩檢踰閑了。勤勞的反面是怠情，怠惰可使人慢性中毒，百病叢生。歐陽修有言：「逸豫可以亡身」。又勤勞除勞動外，尚包括適當的運動。一般公教人員及伏案工作的人，如果沒有勞動的機會，必須每天做些運動，以維護身體的健康。運動的種類甚多，可按各人的體力、興趣、和生活環境自行選擇。不論任何運動，祇要持之有恆，都會有效果。

岳軍先生談養身之道，曾用一首「不老歌」將上述三項道理包括在內：

起得早，睡得好，七分飽；（生活有規律）

常跑跑，多笑笑，莫煩惱；（心情要愉快）

天天忙，永不老。（做人要勤勞）

## 養心：人心純潔人性本善

養心是關於精神方面的修養。這裏所說的「心」，不是指生理上的心臟，而是指發爲思想行爲的那個本源。儒家哲學對於心的作用和影響極爲重視。主張用「格物、致知」的方法，做到「誠意、正心」，以實現「修身、齊家、治國、平天下」的人生目標。我們談養心，必須把握兩個前提條件：第一、要承認人心本是純潔的，人性本是善良的。第二、純潔的心，雖常爲外在的物慾和社會的惡習所引誘而污染，但仍可用教育或道德或宗教的力量來改善。養心的目的在求正心，其方法可分爲四方面來敍述。

1.虔誠的信仰：人心之所嚮，決定於其思想，思想的中心爲信仰。信仰是對於理想的忠誠，對於知識的堅信。所以信仰一詞應採廣義解釋。宗教是信仰的一個類型，革命黨人對於國家、主義和領袖的効忠，也是一種信仰。不論什麼信仰，都是思想的中心。這個中心形成並強化之後，具有下列特徵：㈠對於所信奉的對象，必精誠貫注，專一不移；㈡對於所信仰的道理，必徹底依賴，拳拳服膺；㈢爲實現所信仰的道理，必具有奉獻的至誠和犧牲的決心。儒家認爲從養心修身以至治國天平下，都要從「主敬」方面下功夫。所謂主敬，有兩方面的意義：對內要存誠「主一」，精神貫注，心不放逸；對外要臨事莊敬，毫不苟且。通俗的說法，就是對任何事情，都要專心一志，謹愼認眞的做法。

2.澹泊的胸襟：孟子說：「養心莫善於寡欲」。方今物質文明日益進步，人類對於物慾的追求和享受，極爲猛烈。倘迷戀於聲色口腹，縱慾無度，不加節制，必然迷失本性。所以我們要從寡欲入手養心，必先培養自制自律的功夫。自制才能寡欲，才能澹泊，寡欲澹泊才能心不外騖，才能談心的修養。孟子說：「學問之道無他，求其放心而已矣。」所謂「求其放心」，也就是要把那已爲物慾引誘放逸在外的心找回來，安頓好。養心寡慾的功夫，不但外表生活要力求樸質澹泊，更須進一步做到表裏如一，也就是儒家所謂「毋自欺」和「愼獨」的功夫。

3.堅毅的意志：人生的道路並非完全平坦，遇到崎嶇逆境甚至失敗的時候，就要依賴堅毅的意志來支持。儒家養心之道，講求「持志」與「養氣」的功夫。關於「持志」方面，要能做到「不動心」，就是不爲任何恐懼疑惑而動搖其心。要能不動心，必須具有定見和決心。所謂「定見」，就是對於人生和其信仰，認定目標，鍥而不捨，貫徹到底。所謂「決心」，就是要有「自反而縮，雖千萬人，吾往矣」的勇氣，以及「富貴不能淫，貧賤不能移，威武不能屈」的精神，絕不爲環境的順逆和世俗的好惡，而改變自己做人的態度。將內在的「志」表達於外，就成爲「氣」，故持志的修養以養氣的功夫來輔佐。關於「養氣」方面的修養，孟子講得最爲透徹。請參考孟子「善養吾浩然之氣」章，此處不能詳述。

4.永恆的熱忱：諸葛武侯說：「非澹泊無以明志，非寧靜無以致遠」，澹泊與寧靜都是靜的，而明志與致遠則是動的。換言之，只有對「利己」的心冷的人，才能對「利他」的心熱。歷史上許多偉大的宗教家，他們都有不慕名利與世無爭的澹泊心情，但同時也都懷著滿腔熱愛的救世心腸，熱忱乃基於信仰而形成。爲達成信仰的理想，完成所負的使命，危難不變其節，死生不易其操，貫徹始終，以底於成，這就是熱忱的表現。我們實踐信仰所需的堅毅意志，就得依賴永恆熱忱的不斷支持與鼓舞。

## 養慧：富有想像力和創造力

慧就是智慧，通俗的說法，慧乃指人的悟性（或稱領悟力）而言。有智慧的人，不但讀書做事能夠觸類旁通，最重要的還在富有想像力和創造力，可以構成精密正確的思想體系。現代心理學把智慧發展的過程分析爲：記憶、觀察、想像、思考、判斷、實行各項目，正和我國中庸一書所說：「博學之，審問之，愼思之，明辨之，篤行之」的道理相似。智慧包括三個要素：一爲學識經驗，這是智慧的根基；二爲思辨，這是智慧形成的過程；三爲實踐，這是智慧的成果。智慧因人而異，智慧之有差異，大半由於天賦，不過仍然可以由培養而增高。茲將養慧的四個方法分述如下。

㈠**寧靜**：要有冷靜的頭腦：大學說：「定而後能靜，靜而後能安，安而後能慮，慮而後能得。」雖指一種層次井然的思維方法而言，但亦說明一切智慧皆由寧靜中深思熟慮而得。淮南子所謂「寧靜致遠」，佛家所說「定能生慧」，都是說在寧靜的心境中，才能對事理作深入的思考，測度其前因後果而產生智慧。因爲祇有定才能靜，靜才能明，正如水靜才能照物。若心情不能寧靜，即使有豐富的知識，也不能使之昇華爲智慧。保持心境的寧靜，需要堅強的意志和極大的自制力量，並不是容易的事。所謂「知止而後有定」。必須內心有主宰，不移不變，才能憑藉其堅強意志，克制內心欲念的波動，使心境平靜下來，發生不爲外力搖撼的定力。

㈡**去蔽**：要有客觀的態度：人的智慧像一面明鏡，沾染不得一點塵埃，一有所蔽，就無法看清事理的眞象。所以培養智慧，去蔽的功夫最爲重要。智慧之蔽，學佛之人稱爲「執著」或「理障」。英國大哲學家培根，曾提出所謂「部落的偶像」（觀念之蔽），「山洞的偶像」（自我之蔽），「市場的偶像」（語言之蔽），「戲院的偶像」（學統之蔽），稱之爲思想上的四蔽。孔子分析智慧之蔽，最爲扼要而簡明，認爲治學與做人必須保持客觀的態度，摒除私心和成見，使智慧不爲所蔽，才能接近眞理，發現眞理。所以他提出四個戒條：「毋意、毋必、毋固、毋我。」「毋意」就是摒除成見，「毋必」就是不要武斷，「毋固」是不可宥於一隅，「毋我」是不可有私心、有我見。我們如能做到這四「毋」，就能達到「清明在躬，志氣如神」的境界。

㈢**求知**：要有好學的精神：一個人天賦智慧雖高，必須濟之以學問，加之以閱歷，使循正途發展，他的智慧始能作更高的發揮。即以孔子而論，也全賴好學不倦，才能成爲聖哲。他曾說：「我非生而知之者，好古，敏以求之者也。」莊周說：「吾生也有涯，而知也無涯，以有涯隨無涯，殆已。」學問的範圍非常廣泛，所以求知要能把握重點。學問之中最能啓發和增益智慧的，要數哲學和邏輯。哲學的目的，在窮究一切事物最根本的道理。邏輯爲運用思考，窮究事物的理則。這兩們學問對於智慧的培養最具啓導的作用，所以都要學習。求知的根本態度，必須「知之爲知之，不知爲不知」，決不可說不知以爲知，也不可以一知半解爲全知，才算得上認眞求知。

㈣**實踐**：要能力行以求貫徹：中庸說：「智仁勇三者，天下之達德也，所以行之者一也。或生而知之，或學而知之，或困而知之，及其知之，一也。或安而行之，或利而行之，或勉強而行之，及其成功，一也。」知與行的方法雖有不同，但必須能知能行，即知即行。王陽明倡導「知行合一」之說，鼓勵大家「即知即行」。中山先生發明「知難行易」學說，認爲「能知必能行，不知亦能行。」蔣公則創「力行哲學」，認爲「不行即不能知，惟有從力行得來的知，纔是眞知。惟有眞知，方才易行。」眞是集我國知行學說的大成。

## 養量：任重道遠推己及人

量就是度量。度量的寬宏與否，常決定一個人事功成就的大小。我國儒家最注意養量功夫。曾子說：「士不可以不弘毅，任重而道遠。」就是說讀書人沒有恢宏的器度和堅強的毅力，就不足擔當重大的責任和實現遠大的目標。孔子以忠恕之道教人，推己及人謂之恕，行恕必須「躬自厚而薄責於人」，便首先要具有恢宏的器度。器度褊狹的人，所謂「器小易盈」，最易剛愎自用，驕矜自大，易爲諂佞小人所乘，陷於不義。養量應做到下列四項基本要求。

**㈠謙抑以應世**：做人的態度，最忌驕泰。大學說：「君子有大道，必忠信以得之，驕泰以失之。」驕則虛憍自滿，泰則縱慾自肆，兩者都是取敗之道。養量首須摒絕驕氣，而謙抑就是治驕的不二法門。謙抑的意義是：有勞而不伐，有功而不矜，有德而不居，謂之謙；有崇高之德，而卑以自牧，謂之抑。謙抑的美德，主要表現於待人接物方面。如能多讀書，多旅行，多交朋友，以增廣見聞，所見愈大，自視即愈小，對於謙德的修養必多幫助。至於抑德的修養，則可從兩方面下功夫：一爲虛心，二爲求闕。虛心則能屈己以下人，求闕方能知己之所短。

**㈡寬恕以待人**：寬恕是人與人間相處最重要的美德。子貢曾問孔子，有沒有一個字的教訓，可以終身奉行的，孔子的回答爲一個「恕」字，即「己所不欲，勿施於人」。耶穌對法利賽人說，愛神是第一條誡命，其次就是要愛人如己，舊約箴言說：「寬恕人的過錯，便是自己的榮耀。」寬恕兩字，涵義雖殊，實同一體，相輔爲用。所謂「寬」，就是寬容，要胸襟寬廣，能夠涵容萬物。對不同的意見，有虛衷採納的雅量；對問題的處理，有從容考慮的襟懷；對人才的延引，有禮賢服善的器度。所謂「恕」，其字由「如」「心」二字合成，「如心」正是恕的最佳詮解。詩經說：「他人有心，予忖度之。」以自己的心理來忖度他人就是恕。這所謂「忖度」，並非逢迎或揣摩，而含有兩層意義：一方面要「愛人如己」，施諸己而不願，亦勿施於人。另方面則爲「推己及人」。孔子所說「己欲立而立人，己欲達而達人」，耶穌所說「你們願意人怎樣待你們，你們也要怎樣待人」，都是同此道理。

㈢**忍耐以自制**：忍耐的修養與上述謙抑及寬恕兩者，均有脈絡相通之處，「抑」或「恕」都含有忍耐的功夫在內。忍耐的意義，分別來說：「忍」是沉得住氣，「耐」是吃得了苦。胡林翼說得好：「能忍人之所不能忍，乃能爲人之所不能爲。」孟子說：「天之將降大任於是人也，必先苦其心志，勞其筋骨，餓其體膚，空乏其身，行拂亂其所爲，所以動心忍性，增益其所不能。」這一段話，眞是千古名言。忍耐的修養，主要應自「懲忿」即克制怒氣入手，其方法可分爲三類，一爲以愛感人，二爲以自反的功夫來克制自己，三爲從遠大處著想來化解忿怒。但是忍耐並不是畏怯，更不是消極的「明哲保身」，而有其任重致遠的積極意義。

㈣**協和以容衆**：人與人應如何協調配合，各有貢獻，以構成一個美好而和諧的社會，可說是做人的最高藝術。關於協和的修養，須從「與人爲善」入手，而與人爲善必須有「民胞物與」的仁愛襟懷，和坦誠互諒的友好態度，才能發生像化學「親和力」的作用，與人協和相處，故仁愛爲接物之本。

總之，養量的主要目的即在協和以容衆，修明人我之間的關係，也就是孔子所說行仁的道理；至於謙抑，寬恕，忍耐等德目的修養，無非是協和容衆的基本功夫。

## 養望：立身行事取信於人

爲人所仰曰望。這「仰」字含有尊敬與信仰的雙重意思，獲得社會的尊敬與信仰，曰衆望所歸；爲某地區人民所尊敬與信仰，曰一方人望。質言之，所謂「望」就是個人對社會所發生的聲譽和信用，也就是社會對個人的看法和評價。凡能在社會上爲人所仰望者，必須具備相當的條件；以聲譽日隆爲人所仰者曰聲望，以資深績懋爲人所仰者曰資望，以德業日進爲人所仰者曰德望。一般人對於養望可能有兩種誤解：第一種誤解是認爲致力於聲望的培養，有招人嫉忌的危險；另一種誤解認爲是獵取地位的捷徑，和欺世的手段。這都是錯誤的觀念。在現代民主政治體制下，公衆事務的取捨從違，都取決於大衆的多數意見。爲期對國家社會有所貢獻，必先使自己立身行事能取信於人，養望之目的在此。養望的方法在此舉出四點，以供參考。

(一)**以公誠化忿怨**：自私爲人性常有的弱點，爲求私利得逞，復不惜以作爲爭權奪利的手段，許多團體內的紛爭，都脫不了「私」和「僞」。我們要取得衆人的信仰從而獲得他人的幫助，就先要剋除自己私與僞的心理，以公誠之心待人。故以公誠爭取大衆的信賴，乃爲養望的出發點。人在團體中，因利害的不同，難免有爭競之心，爭而不得其平，競而未如所願，則怨忿隨之，甚至形成派系之爭。他人如對我心存忿怨，則我必須以公誠的態度加以化解。公者，示人以無私；誠者，示人以不僞，我們只要能對人開誠心，佈公道，他人對我縱有十分不滿，亦可逐漸諒解。以公誠待人者，常能處處幫助他人。稱譽他人的長處，成全他人的願望，最足以使人由衷感激，心悅誠服。不但他原來對我的嫌隙可以渙然冰釋，且能更進一步對我表示推崇。故助人不但爲快樂之本，亦爲養望之本。

**㈡以負責樹衆信**：我們如要取得他人的信賴與擁護，除了德性的修養外，更要靠自己的能力表現和工作績效。績效是由負責任而產生的。所謂負責任就是要對自己所擔承的工作，不辭勞怨，不避艱難，努力去達成任務。只有能負責的人，才能有擔當；也只有擔當的人，才能爲衆人所信賴。凡能忠於其事者，就是負責的表現，也就對人群有所貢獻而無忝所生。孟子說：「有諸己之謂信」。反求諸己，乃爲立信的主要功夫。做事負責盡職，無愧於心，則做任何工作必有績效。成績既然昭然在人耳目，他人自然寄以信賴。同時，如能言必信，行必果，則自然就在社團中成爲領導人物，在地方上蔚爲人望。這就是以負責樹衆信的實效。

**㈢以服務為領導**：中山先生說：「人生以服務爲目的。」蔣介石更進一步認爲：「服務即生活，生活爲服務。」這種以服務爲天職的人生觀，是以推己及人的仁愛精神爲基礎，以互助合作爲方法，以利人成物爲目的。對社會來說，服務乃是個人對於社會的報恩；對於個人來說，服務則在求自我的光大。爲大衆服務必須任勞任怨，以身作則；工作時在群衆中間，困難時在群衆前面，享受時在群衆後面。爲群衆服務之所以能對群衆發生領導作用，即在於精神上示以至誠，先之勞之，領導示範，使群衆油然景仰，翕然風從。爲群衆服務的最基本而切要的功夫，即爲關懷群衆，爲群衆解決困難。理想的領導方式，要使人不感覺到他是被領導，而是被照顧。

**㈣以犧牲求創新**：人生最重要的就是要充實自己的生活，光大自己的生命，這樣的人生才算完美。張橫渠以「爲天地立心，爲生民立命，爲往聖繼絕學，爲萬世開太平。」作爲人生的最高理想。蔣公說：「生活的目的在增進人類全體之生活，生命的意義在創造宇宙繼起之生命。」具有正確的人生觀者，主張生命的意義是積極的，肯定的，永生不滅的，並不重視個人生命的存亡，而特重民族生命的絕續。孔子說：「志士仁人，無求生以害仁，有殺身以成仁」。孟子說：「生，亦我所欲也；義，亦我所欲也。二者不可得兼，舍生而取義者也。」這種成仁取義的精神，正是人類進步的主要原動力，也就是要以犧牲求創新的主旨。創新爲天地間的自然現象。易經乾卦說：「天行健，君子以自強不息。」湯之盤銘曰：「苟日新，日日新，又日新。」都說明了創新的重要。創新的方法：一、吸收過去的經驗加以揀擇整理，把握既有的成就加以發揮，檢討自己的缺失隨時改進；二、累積知識和經驗，加以消化，促其昇華，先如蜘蛛結網式獵取智慧，再如蜜蜂釀蜜式的釀造智慧；然後三、更求深入，在不斷發展中力求創新。

## 真心想做不斷去做

談修養乃是研究如何做人的學問，以上岳軍先生所談的五養，道理都淺顯易行，他最後還提出必須具有兩個先決條件：一是「誠」，二是「恆」。用通俗的話來說：第一、必須要眞心想做，所謂眞心，就是無虛僞，不自欺；第二、必須要不斷去做，就是要能持久，不可中道而廢。

我們立身行事，應該把握綱領。「養身」「養心」「養慧」「養量」「養望」，可說是人生修養的綱領，而「誠」與「恆」，又應是五養的綱領。

## 勘破生死養生有方

上面介紹岳軍先生所著「談修養」一書，是於民國四十三年，他以兼任革命實踐研究院主任的身分，對研究員發表的演講，十五年之後重加修訂，交中央月刊社出版，列爲該刊叢書之一，由中央文物供應社經銷。由於內容精闢扼要，極受社會人士尤其中年以上之人所喜讀，現已印行十餘版之多。

岳軍先生對於人生修養體驗甚深，所談有關修養的話，多是根據體驗所得而發。他在「談修養」一書中，對「應該」修養的話說得極少，而對「如何」修養的話說得很多。他所說的修養方法都是可行的，並以自己的經驗告訴讀者，使讀者感到親切易懂，不致有空談理論陳義過高之弊。

岳軍先生在六十歲以前，雖講究存養省察的工夫，但很少對人談論。在六十八歲生日時，才應記者的訪問，談到現代醫藥衛生進步，生活條件改善，長壽已不稀奇，中國古人所說的「人生七十古來稀」應該改爲「人生七十方開始。」此語已經成爲名言。八十歲以後，致力於「立人啓後」的工作，常和朋友談修養。他有一首「自律歌」云：

日行五千步，夜眠七小時；
飲食不逾量，作息要均衡。

心中常喜樂，口頭無怨聲；
愛人如愛己，報國盡忠忱。

九十歲生日時（民國六十七年），他曾說：「九十以後要擺脫一切雜務，除身爲資政，仍須關懷國事以備諮詢外，將和年輕一代經常談談有關人生修養問題。」當時國畫大師張大千先生曾有一首打油詩爲他祝壽，他很欣賞：

八十不稀奇，
九十多來西，
百歲笑眯眯；
七十還是小弟弟，
六十睡在搖籃裏。

岳軍先生爲便於對人講說，曾把「談修養」一書的主旨提玄節要，寫成一篇「五養箴」，以助記憶。

## 五養箴

修身之道，五養爲本。養身須保持規律生活，愉快心情和勤勞習慣。養心須培養虔誠信仰，澹泊胸襟、堅毅意志與永恒熱忱。養慧要有冷靜頭腦、客觀態度、求知精神，並能實踐力行。養量端賴謙抑以應世、寬恕以待人、忍耐以自制、協和以容衆。養望務期以公誠化忿怨、以負責樹衆信、以服務爲領導、以犧牲求創新。守此綱領，行之以誠，持之以恒，立身行事，庶乎有成。

## 養生有道壽逾百齡

岳公晚年經常與老友張學良、王新衡常相往還，後來加上張大千，成爲「三張一王」的人間佳話。他們之間有個「轉轉會」，每年輪流爲各人慶生。四人中現已走了三位，只剩下壽逾百齡的張學良了。

岳公八十以後，兩膝曾患風濕而感到疼痛，行走不便，曾用各種方法治療，皆無效果。後經骨科大夫說明，膝蓋關節凹凸處，生長類似骨刺的不平小粒，以致壓迫神經，行路疼痛。一次岳公在報上看到董顯光夫婦金婚的新聞，記者問董先生：五十年夫婦如何才能始終相敬如賓。董先生說：夫婦相處不免總有磨擦，但是經過多年的磨擦，即使是兩塊石頭，也磨成光圓滑溜，不再會有磨擦了。岳公認爲石頭都可磨平，祇要經常不斷地走動，膝蓋骨凹凸處的不平，當然也可把它磨平。於是他每天早晚散步，從忍痛走三千步，增至五千步，大約三年功夫，終於把膝蓋關節磨平，兩膝風濕不藥而癒。

張大千晚年曾收到岳軍先生書寫的「諍言」，勸他節制塵勞，小心飲食，好好保重身體。諍言的內容是二首詩，詩末並有一段題跋。詩云：

髯張畫筆信無前，脫腕丹青萬戶傳。
環宇同知一老在，藝文命脈此身肩。（其一）

年來時得影形俱，萬里東歸德未孤。

好節塵勞愼飲食，願君善保千金軀。（其二）

詩後跋云：「大千賢弟年事已高，聲譽更隆，畫筆彌勤而重情感，喜交游，不避塵勞，不辭求酢，凡在友好均宜節省此老之精力，爲國家珍惜一代之大師，而大千弟亦應勉節樽俎過從之煩，重一身之頤養，即所以延長藝文之命脈，願以摯交之情誼，敬此藥石之諍言，遠慮深衷，當承採納也，愚兄張群。」由此可知兩人友誼之深厚。

岳公晚年經常因病出入榮民總醫院。民國七十九年十二月十日入院時曾告訴榮總副院長姜必寧：「這是我第十三次入院，恐怕不太吉祥了。」沒想到一語成讖。延至十二月十四日上午因心臟衰竭逝世，享年一百零二歲。岳公信仰基督教，有子女各二人，均有成就，長子繼正，曾任經濟部長。

最後，節錄岳公「談喝酒」的要點，以供參考。

他認爲喝酒是一種享受，必須具備八個條件：一、身體好，二、人要好，三、菜要好，四、酒要好，五、時間要從容。六、光線要柔和，七、喝醉了要沒有事。八、要沒有人反對。此外，在喝酒的時候，講講笑話也是很重要的。

# 錢穆的養生之道

值此創鉅痛深之際，國人試一翻我先民五千年來慘澹創建之史迹，一棒一條痕，一摑一掌血，必有淵然而思、憬然而悟、愁然而悲、奮然而起者。

——錢　穆

## 自修典範，終身任教

錢穆，江蘇無錫人，原名恩鑅，字賓四。生於清光緒二十一年（公元一八九五年）陰曆六月初九日（陽曆七月三十日）。歿於一九九〇年八月三十日，享年九十六歲。世居縣東南四十里延祥鄉嘯傲涇七房橋之五世同堂大宅。世代書香，曾祖繡屏，國學生，祖父鞠如，治五經、史記，極精勤。父季臣，幼有神童之譽。習詩賦，入泮第一。其祖父及父皆盛年早逝。

先生天賦聰悟，七歲入私塾，十歲入蕩口鎮私立果育小學，肄業四年。十二歲喪父，家徒壁立，仰賴本族懷海義莊撫卹爲生。十四歲考取常州府中學堂，深得校長（監督）屠孝寬的愛護，而治學則深受史地老師呂思勉的影響最大。課餘喜學崑曲，習生角，並學習吹簫。一九一〇年因故退學。偶見譚嗣同著《仁學》一書，讀之大喜，深受影響而剪去長辮。明年春轉入南京私立鍾英中學五年級，秋天升讀六年級。適逢武昌起義，學校停辦，從此結束了求學時代。

賓四先生雖未完成中等教育，可是他在少年時代七年多的中小學肄業，深獲良師教益，他以後的待人處世、治學方法、事業基礎、和人生志趣，皆植根於此一時期的教育環境。正如他的學生嚴耕望所說：「尤可歎異者，清末民初之際，江南蘇常地區小學教師多能新舊兼學，造詣深厚，今日大學教授，當多愧不如，無怪明清時代中國人才多出江南。先生少年時代雖然經濟環境極爲困難，但天資敏慧，意志堅定，而稟性好強，在如此優良精神環境中，耳濡目染，心靈感受，自能早有所立，將來發展，自不可量！」

民國元年賓四先生十八歲，出任鄉村小學教師。自知家境清寒，升學無望，教學之餘，刻苦自修。在鄉村小學任教，十年有半。民國十一年秋，轉任廈門集美中學國文教師。十二年秋，返無錫任教江蘇省立第三師範，先後四年。十六年秋，轉任蘇州中學國文教師，計在中學任教又八年。民國十九年，三十六歲，承顧頡剛先生之推薦，任燕京大學講師，講授國文。民國二十年秋，轉任北京大學歷史系教席。並兼清華、燕京、北師大三校課程。

民國二十六年，抗日戰爭爆發，先生避難南下，任教西南聯大。二十九年主持齊魯大學國學研究所。三十二年起歷任華西大學、四川大學、雲南大學教授。三十八年大陸政局變色，先生赴香港，創辦新亞書院。四十九年應美國耶魯大學之邀，在東方學系講學半年，獲贈榮譽博士學位。五十六年秋，來臺灣定居於臺北士林外雙溪之素書樓。五十七年七月膺選中央研究院院士，五十八年任中國文化大學史研所教授，在家授課，至七十五年辭教職後，仍在素書樓講課兩年。至七十七年秋，先生九十四歲始因病停止授課，惟著述從未中輟。七十九年八月三十日病逝，享年九十六歲。八十一年元月七日夫人奉先生靈骨，歸葬江蘇太湖之濱。

## 治學有方著作等身

賓四先生僅受中等教育，卻能擔任大學教授，著作等身，成就非凡。其主要原因爲刻苦自修，善於治學。他的治學方法，據其夫人胡美琦女士在民國八十四年五月四日臺北市圖書館所作專題演講中，指出其治學方法要點如下：

第一、治學最重要的是要下定決心，勤於用功，鍥而不捨，日積月累，到了相當時日，必有所成。千萬不能三心兩意，一曝十寒，半途而廢。

其次，治學必須有方法，才能事半功倍。他所下的基本功夫是寫卡片，遇有書中緊要之處，用卡片紀錄，以供寫作時便於參閱。但先生研究朱子學案時未寫卡片，而改爲每條第一句予以編號，記入筆記本中。

按《朱子語錄》卷帙甚多，計一百四十卷。先生曾讀了三遍，第一遍泛讀，讀了四個月；第二遍細讀，讀了七個月，第三遍精讀，讀了八個月。最後悟出了朱子的義理體系，由新奇轉變爲平實，心中感到非常興奮。

第三、學習朱子讀書法，即「讀書當讀甲書如不知有乙書，讀上句如不知有下句」，賓四先生畢生學問之長進得力於此者甚多。他認爲讀書要學會「忘」，此爲更高一層的境界。

第四、做學問要能「習靜居敬」。宋明理學家認爲「敬」則不分心，「靜」在心繫一處，即「靜爲體，敬爲用」，心繫一處，才能成大用。

要之，簡、忘、靜，要能相互融會，這是治學的要領。

第五、做學問的人生活一定要簡單，衣、食、住、行都以不妨害用功爲原則。賓四先生無論讀書、寫作均能一次連續兩小時不休息，集中精神於讀和寫。他寫作之餘喜歡欣賞蘭花和文竹。

此外，讀書時做筆記也有更好的方法，他曾對學生余英時指示讀書時做筆記應注意方法。余英時在「敬悼錢賓四師」一文中云：「我爲了想比較深入地讀《國史大綱》，曾發憤作一種鈎玄提要的工夫，把書中的精要之處摘錄下來，以備自己參考。我寫了幾條之後，曾送請錢師過目，希望得到他的指示。他說：『你做這種筆記的工夫是一種訓練，但是你最好在筆記本上留下一半空頁，將來讀到別人的歷史著作而有不同的見解時，可以寫在空頁上，以備比較和進一步的研究。』他的一句話對我有很深的啓示，而且透露出他自己做學問的態度和方法。《國史大綱》代表他自己對中國史的系統見解，但他並不認爲這是唯一的看法，而充分承認別人從不同的角度也可得出不同的論點，初學的人則應該在這些不同之處用心，然後去追求自己的答案。錢先生的系統是開放的，而不是封閉的。」

余英時又說：「錢先生給我的第一個印象是個子雖小，但神定氣足，尤其是雙目炯炯，好像把你的心都照亮了。熟了以後，我偶然也到他的房間裏面去請教他一些問題，這樣我才發現他眞是『即之也溫』的典型。」

又戴景賢回憶說：「師曾對家父言：『汝有子好學，自當欣慰。然讀書乃終身事，須用功三十年、四十年，乃至五十年，勿期其遽然有成。讀書不當僅與今人比論，稍有成即知足，尚須上友古人。汝子交我指導，仍須憑其自己用功。』『讀書當仔細辨精粗』，與『讀書當求識書背後之作者』，此爲余初識賓四師，得其教誨，領略最深之兩點。」

至於賓四先生的演講更是精彩動人，金耀基回憶說：「錢先生的演講是名副其實地又演又講，並且深入淺出，聽衆也投入，無怪乎當年他在北大成爲最受歡迎的教授之一，而有北胡（適）南錢之說。不過錢先生的口音卻只有江浙人才能心領神會。」

關於賓四先生專心著作的故事也十分精彩。據李霖燦回憶說：「抗戰時期西南聯大遷到昆明，賓四先生每週上課兩天，其餘五天都住在深山古寺中，環境十分幽清。他乃摒除世事，閉門著書。飯是由窗口送進來，要洗的衣服亦由窗口送出去，就這樣在深山埋首古寺，靜心作史書，幾個月工作下來，學生們有了嶄新的一本講義──《國史大綱》。」他在深山古寺中的特殊環境下寫作，心情特別凝聚，五天不說一句話，加以當時正在對日抗戰的背景下，國家歷史意識特別強烈，故能寫出這本名作。

賓四先生的治學精神，龔鵬程教授在悼文中所言甚爲中肯。他說：「錢先生治學，在這個時代中是個傳奇。他與王雲五一樣，爲自修成名的典型。先生的成名作，始於《先秦諸子繫年》，而奠立其學術規模者，應推《國史大綱》，晚期致力於朱子學。先後所著書數十種，幾千萬言，精勤浩博，現在的學者，根本不能望其項背。他給人的印象是苦學成名，他從不炫耀自己的才華，其實如此捷才，可謂並世無兩。」

賓四先生一生著作等身，晚年視力衰退之後，幸有賢內助合作，最後一本著作名爲《晚學盲言》。他的全集由聯經公司出版，計有五十四冊之多。又據李木妙編撰《錢穆教授傳略》所載著作目錄，計專著八十三種，編著論文集十五種，校訂之書籍五種，合計一〇三種。

## 素書樓中安度晚年

賓四先生一生曾結婚三次，生育三子二女。民國六年二十三歲時首次結婚，十一年後妻亡，民國十八年（一九二九）春續娶夫人張一貫，亦未能白頭偕老。至民國四十五年先生六十二歲時，第三次結婚，對象是方年二十六歲的胡美琦小姐，爲他帶來幸福美滿的晚年生活。

他與胡美琦的結合是由於意外事故促成。民國四十一年（一九五二），賓四先生應何應欽將軍邀請赴臺北作學術演講。四月十六日應朱家驊邀請爲聯合國同志會作演講，借用淡江文理學院新落成之驚聲堂，演講完畢答問之際，忽被屋頂掉下的大水泥塊擊暈，即時送醫急救，事後赴臺中養病四個月，當時任職臺中師範學院圖書館的新亞學生胡美琦女士常來相陪，兩人因而發生愛情，經過三年多的相戀，於民國四十五年（一九五六）一月三十日在九龍「更生俱樂部」舉行婚禮，在九龍鑽石山租屋居住。

民國五十六年（一九六七）十月，先生偕夫人遷居臺北，先住「自由之家」，繼租居金山街。先生任教於陽明山華岡中國文化學院歷史系及歷史研究所。先生與夫人擬在臺覓地建屋，看中外雙溪靠山近水的一塊山坡地，錢夫人自繪圖樣，意欲建一小樓。蔣總統介石禮賢下士，聞知後交由陽明山管理局負責興建。民國五十七年（一九六八）七月遷入新居，命名爲「素書樓」，命名由來源於賓四先生故鄉無錫七房橋五世同堂之故居，母親居所「素書堂」，爲紀念母親生養之恩而名之。他認爲是本於《中庸》：「君子素其位而行，不願乎其外。素富貴行乎富貴，素貧賤行乎貧賤，素夷狄行乎夷狄，素患難行乎患難，君子無入而不自得焉。」數十年後外雙溪素書樓之師徒相携，亦是五代同堂，血脈相傳轉成傳道授業解惑的師道相承。

「素書樓」位於臺北市士林區臨溪路七十二號，靠山近水，風景幽靜，交通便捷，附近有東吳大學及故宮博物院，爲居家的高級理想地區。「素書樓」爲二層樓建築，建坪約九十坪。一樓左邊爲客廳兼講課廳堂，右爲畫室兼閱覽室。客廳裏懸掛拓印的朱子書法，中間橫幅「靜神養氣」，左右立幅「立修齊志」「讀聖賢書」。另一面牆則懸掛書法家王愷和所書橫幅「一代儒宗」及對聯「大宗師逍遙遊九萬里以意」、「素書樓著述計八千歲爲春」。二樓左爲書房（圖書資料室），右爲書庫，文物陳列室，及臥室。前面有樓廊，可以閒坐望遠，先生常與夫人閒話於此。

素書樓前有一扇紅色大門，入大門後，右爲停車彎道，左爲石階，遊人可拾級而上，兩旁楓槭夾道，叢花相迎。屋外尚種植各種花草樹木，其中包括賓四先生最喜歡的七弦竹。庭園中一草一木一石都是夫人的心血培養和設計，使人留連忘返。

賓四先生在「素書樓」講課，一連講了二十年，有人連聽了二十年，由學生聽成教授，更有老師帶學生來上課，成爲五代同堂，如家人相親。先生講課時總是神采飛揚，一氣呵成。他教人如周敦頤教二程，教人尋孔顏樂處。學生每次聽完課，無不樂觀向上，混身舒暢。

民國七十五年（一九八六）六月九日，賓四先生在素書樓上他教學生涯的最後一課，臨別贈言：「你是中國人，不要忘記了中國！」於是正式宣布自中國文化大學退休，結束了他七十五年（一九一二—一九八六）從事教育的生涯，時年九十二歲。但辭教職後，先生仍在素書樓非正式的講課二年。

賓四先生及夫人於素書樓居住二十二年後，另覓居所，於七十九年六月一日遷出，由政府接管，至八十一年元月六日正式闢爲錢穆先生紀念館。

以上所描述素書樓的實況，是筆者親自專訪所得，敬請閱者指教。

## 養生有道壽逾古稀

以上各節略述賓四先生的出身、經歷、治學，以及晚年的生活狀況，現在進一步談談他的養生哲學與保健方法。

首先，關於養生哲學方面，賓四先生有一篇最後的遺稿，題爲「中國文化對人類未來可有的貢獻」。當時他已九十五歲，還能有此澈悟，自己認爲此生也足以自慰。他說中國文化過去最偉大的貢獻是「天人合一觀」，「天命」就表現在「人生」上，「天命」與「人生」和合爲一，兩者不可分離。此與西方人喜歡把「天」「人」分開來講，以致發生對人類生存的不良影響，大不相同。他說：「學術是不能鄉愿的，我從前雖講到『天人合一觀』的重要性，我現在才澈悟到這是中國文化思想的總根源。」

他進而以孔子爲例證說：「孔子的一生便全由天命，細讀《論語》便知。子曰：『五十而知天命』，『天生德於予』。又曰：『知我者，其天乎！』『獲罪於天，無所禱也。』孔子的人生即是天命，天命也即是人生，雙方意義價値無窮。換言之，亦可說，人生離去了天命，便全無意義價値可言。這一觀念，乃由孔子以後戰國時代的諸子百家所闡揚。」

因爲中國傳統文化精神，自古以來即能注意到不違背天，不違背自然，且又能與天命自然融合一體，賓四先生秉持此傳統文化精神確立他的人生觀，從而確立他的養生哲學，凡一切作爲均以不違背自然，且能與天命自然融合一體，以此作爲養生行爲的最高指導原則。

他的學生余英時認爲「他原本是一個感情十分豐富而又深厚的人，但是他畢竟有儒學的素養，在多數情況下，都能夠以理馭情，恰到好處。」這就是他修養有素的最好例證。

賓四先生認爲現代人可將自己人生分成：職業、休閒、志業等三方面。職業爲謀生之資，爲人人所必須有，但職業未必盡如人意，處順境固可喜，處逆境亦不必沮喪，亦即不必以職業之貴賤高下影響自我心態，僅將之目爲安心立命之基即可。休閒則爲職業之反面，職業有諸多限制與束縛，無法全依己意行事，休閒則可由自己之喜好決定，或吹笛彈琴，或吟詩寫字，皆可調和生活情調，亦爲人生所不可或缺。志業則爲人生理想之所寄託，精神之層次較高。（參見蔡相煇作「敬悼錢賓四師」一文）

賓四先生對於生死的看法甚爲豁達超脫，他曾說：「古來大偉人，其身雖死，其骨雖朽，其魂氣當已散失於天壤之間，不再能摶聚凝結。然其生前之志氣德行、事業文章，依然在此世間發生莫大之作用。則其人雖死如未死，其魂雖散如未散，故亦謂之神。」

有一次他和學生談到「老和死」，他說：「你們知道什麼是老嗎？你們年輕活一天很省力，我老了，活一天是很辛苦的。孔子只活到七十三歲，眞可惜。不然他要活到八十、九十，一定有些話說。我已經九十五歲了，這個年紀活一天是一天，隨時會過去的。人的身體是受限制的，是會衰退的，人老了實在是沒有自由的。你們也不要以爲我很絕望，要知道我的希望在你們，你們有希望，我就有希望，我的生命將會在你們的身上，你們要好好地珍惜你們的生命呀！」

其次，談到賓四先生的藝術養生。他喜歡書法藝術，早年曾臨習顏字，後來喜歡黃山谷書體。他的字自成一體，清逸中帶凝重，規矩中有灑脫，書趣盎然。他喜歡王陽明的泛海詩，認爲其境界高超，常寫中堂贈人：「險夷原不滯胸中，何異浮雲過太空；夜靜海濤三萬里，月明飛錫下天風。」又朱子觀書有感二首，夫人美琦平日最所愛讀，先生特爲書之。其一云：「半畝方塘一鑑開，天光雲影共徘徊；問渠那得清如許，爲有源頭活水來。」其二云：「昨夜江邊春水生，蒙衝巨艦一毛輕；向來枉費推移力，此日中流自在行。」其他常寫的對聯尚有「勁草不隨風偃去；孤桐何意鳳飛來。」及「水到渠成看道力；崖枯木落見天心。」關於詩詞方面，他不能作詩，但愛誦詩，以爲吟他人詩如出自己肺腑，亦爲人生一大樂趣。此外，他曾選輯《理學六家詩鈔》一書。繪畫方面，他曾鼓勵夫人，隨顧青瑤學國畫，在素書樓特設畫室一間，對夫人所畫之花鳥甚爲欣賞。

第三、關於修養方面，他認爲最難消除的是怒氣，他說：「聖賢並非無喜怒哀樂，而是有聖賢的喜怒哀樂。當知凡是人，生命是鮮活的，而這其實也就是人的情意，要知中國的文化學術也特重人的情意，離開情意講中國文化與學術也是一偏。」他常教學生做學問要學會虛心。他常出語幽默，然而絕不諧謔，常使聽者忍俊不禁之餘，別有啓發。他常對學生說：中國人看重人，西洋人看重事，讀書乃是爲了做人。他深深地感嘆目前倫理道德的沒落，常有子女殺死父母悖逆人倫的大事。

第四、關於休閒生活方面，他的稟性愛好大自然。在北京任教期間，曾遍遊近郊名勝，又曾四次結伴遠遊。第一次結伴暢遊濟南大明湖、曲阜孔林與泰山；第二次結伴遊大同，觀雲岡石刻，西至歸綏、包頭；第三次獨遊武漢，登黃鶴樓，遊廬山諸勝。第四次結伴同遊開封、洛陽、西安諸古蹟，歸途暢遊華山。抗戰期間，他曾遍遊長沙、昆明、桂林諸勝蹟。到臺灣後喜遊陽明山諸勝景。在素書樓居住期間，他喜歡在屋前屋後散步，欣賞蒼松翠柏修竹叢花，晚年體力不濟時，則在二樓走廊來回活動。

第五、關於感情生活方面，他喜歡結交朋友，早年在北京生活八年，交遊甚廣，除顧頡剛、胡適之早已相識外，新交有傅斯年、湯用彤、陳寅恪、周炳霖等三四十人，時相切磋，獲益甚大。家庭生活方面，自與胡美琦結婚後，飲食起居有人照顧，而且伉儷情濃，老而彌篤。尤其難得的，民國六十九、七十年，居留大陸子女及長姪先後來臺灣相聚，至感快慰。尤其是女兒錢易於一九八八年底獲准來臺探親，父女歡聚一段時日。事後她回憶道：「曾有幾晚我睡在他臥室裏陪伴他，當我聽到稍有動靜立即翻身下床上前侍候時，父親總是撫摸著我的手臂說：『快去睡，別著了涼。』有一次我爲父親洗澡擦肩，他連聲說：『好舒服呀！這是我女兒第一次爲我擦背。』我不禁淚水盈眶，喉頭哽咽。父親，不是女兒不孝，是女兒力不從心啊！」這種家庭溫情對於賓四先生晚年的健康大有裨益。

第六、關於日常生活方面，早在抗戰時期，他曾經看過一本日本人所寫的養生之道的書，獲得啓發，此後特別注意養生保健，希望一改過去他的祖先多不永年的紀錄。他遂痛下決心，力求日常生活規律化，作息散步有定時，至老不衰。平常清晨起床後，在樓廊小坐片刻，便開始寫作。寫稿時全神貫注，無論遇到什麼喧嘩吵鬧，皆無影響。午飯後休息片刻，再繼續工作。

先生閒暇時偶然下圍棋，喜歡自擺棋譜，不喜與人對奕爭勝，唯夫人偶然與他下棋。他還會吹簫，民國五十五年在香港沙田家親友雅集中，他曾吹簫助興。當時他穿一襲長袍，坐在椅上，形神專注，悠然忘我。

他的日常生活非常單純，平常穿長衫或便衣，從來不穿西裝。日常生活離不開眼鏡、手杖，冬天添一頂帽子，帶一個暖水袋，夏天多帶把扇子。他總是掛念世界局勢、國家前途及社會風氣，他對中國前途樂觀。他從未爲己營謀，除治學外，一無所求。

## 發揚史學愛家愛國

賓四先生雖能享高年，但晚年生活逐漸走下坡。例如他早年染有抽菸習慣，中年曾決心戒除，到了老年又恢復抽菸作爲消遣。在素書樓對學生講課前，先劃火柴點燃煙斗，深深吸一口煙，再喝一口茶，然後開始講課，講到激越時，有時用煙斗輕敲桌子，眞是中氣十足，頗爲感人。一堂課定爲兩小時，實則往往在兩小時半以上，中間不需休息。但愈到晚年，時常生病，七十歲時已患青光眼，目力日弱，閱讀困難。八十四歲時，他的雙目突然失明，從此以後，看人只能略見人形，不辨五官。但是他目雖不明而耳聰，而且還有極爲清明的頭腦。

他晚年曾對學生談到他對「死」的看法。凡是人都難免一死，他教人隨時準備死，不必依賴宗教信仰，也無懼於死，因爲死是生的完成。他曾說過：「古來大偉人，其身雖死，其骨雖朽，其魂氣當已散失於天壤之間，不再能摶聚凝結。然其生前之志氣德行，事業文章，依然在此世間發生莫大之作用。則其人雖死如未死，其魂雖散如未散，故亦謂之神。」（見《靈魂與心》頁一一五）

他晚年目盲後，既不能讀，又苦於寫，使他痛苦不堪。最後幾年他寫文章全憑記憶。他的最後一部著作《晚學盲言》自序云：「八十三、四歲，雙目忽病，不能見字，不能讀書，不能閱報，惟賴早晚聽電視新聞，略知世局。又以不能辨認人之面貌，疇人廣座，酬應爲難，遂謝絕人事，長日杜門。幸尚能握筆寫字，偶有思索，隨興抒寫。一則不能引據古典書文，二則寫下一字即不識上一字，遇有誤筆，不能改正。每撰一文，或囑內人搜尋舊籍，引述成語。稿成，則由內人誦讀，余從旁聽，逐字逐句加以增修。如是乃獲定稿，費日費時。大率初下筆，一小時得千字已甚多，及改定，一小時改千字亦不易。內人爲此稿所費精力亦幾相等。」此書篇幅達七十萬言，由東大圖書公司出版，分上下兩冊。晚年尚有如此鉅著，令人敬佩不已。

賓四先生壯年時代體魄強健，抗戰期間，輾轉後方，因無家人照料，常致胃病大發，苦受折磨。直至一九五六年在香港成婚後，生活始上軌道，夫人對於先生之起居飲食精心照顧，體貼入微，伉儷情濃，老而彌篤。

先生高齡到了九十四歲以後，體力越來越差，記憶力日漸衰退，甚少出門。一九九〇年六月一日先生偕夫人因故遷出住了二十三年的素書樓，入住臺北市區杭州南路自置寓所，他對新居不能適應，舊病復發，兩個多月之後，終於八月三十日上午九時十五分逝世，享年九十六歲。一代儒宗，魁斗星沈，士林震悼！遺孀遵照先生遺囑，把骨灰運回江蘇故鄉安葬。

賓四先生養生有道，修養有素，故能樂享遐齡。他一生的成就與貢獻，決非此短文所能盡述。他的不朽名著《國史大綱》中充滿愛民族愛國家的精神。茲節錄該書〈引論〉一段話以嚮讀者：「自覺之精神，較效法他人之誠摯爲尤要。值此創鉅痛深之際，國人試一繙我先民五千年來慘澹創建之史迹，一棒一條痕，一摑一掌血，必有淵然而思、憬然而悟、愁然而悲、奮然而起者。要之，我國家民族之復興，必將有待於吾國人，對我先民國史略有知。此則吾言可懸國門，百世以俟而不惑也。」

賓四先生晚年雖定居臺灣，但他主張大陸與香港、臺灣的學人應交流訪問。他認爲中國只有一個，學術文化在政治之上之外，兩岸三地的文化交流應該加強，以進一步發揚中華文化。

最後，抄錄先生所喜書寫贈人之對聯三聯，以供參考：

一、「臨世濯足，希古振纓。」

二、「勁草不隨風偃去，孤桐何意鳳飛來。」

三、「水到渠成看道力，崖枯木落見天心。」

# 郎靜山的養生之道

淡泊明志，瀟灑自如，一切聽其自然，隨遇而安。

——郎靜山

## 中國第一位攝影家

郎靜山，江蘇淮陰人，公元一八九二年八月四日（清光緒十八年閏六月十二日）出生。歿於一九九五年，享年一百零四歲。父諱錦堂，爲清運河工程督導，視藝術爲人類進化之寶，故喜收藏，影響靜山日後從事攝影藝術之成就甚大。靜山十歲時母親病故。十一歲隨父親首次返回故鄉浙江蘭谿祭祖。十三歲進入上海南洋中學預科肄業，受國畫老師李靖蘭之影響開始接觸攝影，自此以後郎氏學習攝影而未放棄。十九歲結婚。民國建立之始，進入上海申報廣告部工作。民國八年父親以七十七歲高齡過世。

民國十五年，上海時報主人黃白志自海外運回第一架捲筒彩色印報機，遂刊用攝影爲新聞畫頁，郎氏爲中國第一位攝影記者。民國十七年，郎氏爲提倡攝影藝術，與黃伯惠等人成立中國南方第一個攝影團體「華社」，舉行攝影展覽，此爲中國第一次大規模之攝影運動。當時張靜江創辦西湖博覽會，時報以飛機運送照片發刊及報紙遞送均爲報界創舉，郎氏直當其事。以後運動會及環球學生會各種文教活動，郎氏均擔任攝影工作，以照片爲傳播工具，影響甚大。民國十九年松江女子中學校長江學珠聘郎氏爲攝影教師，亦爲中國教育以攝影列入課程之始。

郎氏執著於攝影藝術，手不轉機七十年如一日。在抗戰期間，不避風險與艱難，深入大後方攝取歷史文化有意義之題材，作爲拓展國民外交之手段。因爲攝影作品一目瞭然，可當作萬國溝通之語言，對於傳播文化、增進國民外交收效甚宏，這是他提倡攝影的宗旨。

郎氏自一九三一年開始參加國際影展，三十年間參加數百次之多，獲獎逾百。一九三九年，首創集錦照相藝術，即以國畫理論融入攝影，運用暗房技巧，將多張照片，取其全部或局部，融合、放大於一張照片之內，深受國際所肯定。同年成立中國攝影學會於上海。一九四九年局勢逆轉，離開上海暫居香港，翌年遷居臺灣。一九五三年三月廿五日，中國攝影學會在臺灣復會，一九六三年舉辦第一屆國際影展，一九六九年成立亞洲影藝協會。一九七二年文化大學成立「靜山攝影圖書館」，一九八九年紀念攝影發明一百五十週年，郎氏作品於歐洲舉辦巡迴展覽。一九九〇年郎氏於歷史博物館舉辦「百齡攝影回顧展」，展品包括郎氏新作「百鶴圖」。一九九一年郎氏在臺定居四十年後，首次返回中國大陸祭祖。一九九四年新聞局發表紀錄片「走過一世紀——攝影大師郎靜山」。以上是郎氏一生攝影的簡歷。

一九九〇年舉辦的郎大師的「百齡攝影回顧展」，展出他的傑作「百鶴圖」，成爲展出會場的焦點，普獲好評。此圖是郎老花了三年多的時間，將他在日本北海道所拍攝的四百張丹頂鶴的照片，利用集錦法製成五公尺長的巨作。當時他已高齡百歲，還能有此傑作，其精神體力之強健令人嘆服。

## 養生之道順其自然

郎老的家庭生活美滿，一生結過三次婚。第一次是在一九一〇年他十九歲時結婚，太太比他大十歲。第二次是他四十歲時在上海與雷佩芝結婚，比他小十七歲。第三次是在臺北結婚，比他小三十多歲。郎氏子女十一人，全家福人口衆多，多達一百四十餘人，散居大陸、臺灣及美國，「六代同堂」，世所罕見。

郎老的健康長壽每成爲親友詢問養生之道的對象，他總是輕描淡寫地說，除拜小時候打拳、蹲馬步之賜外，可能是年輕時拍照走遍大江南北，鍛鍊出好的體力。至於日常生活無所謂養生之道，只是順其自然而已。根據筆者的分析，郎老的長壽秘訣如下：

1. 淡泊明志，瀟灑自如，一切聽其自然，隨遇而安。
2. 樂於工作，忙而忘老。與人無爭，時時感謝人家對我的好。
3. 養生三不主義：不抽煙、不喝酒、不吃補藥。
4. 經常外出攝影，接近自然，勞動筋骨。

5.永遠對新思想、新事物有濃厚興趣，所以身心兩健，不知老之已至。

6.中國攝影學會會址設在先生家中，以便親自坐鎮指揮，對於攝影終生樂此不疲，故精神有所寄託。

7.郎老亦自謂：「我查過家譜，我們郎家歷代相傳，都活到九十以上，長壽可能是由於遺傳因子。」

8.飲食百無禁忌，什麼都吃。他在上海長大，偏好西式食物。年青時愛吃肉類和甜品。年老時因裝假牙，改吃豆腐、青菜、水果，飯後喜喝一杯香濃的咖啡或紅茶。

9.每天唸佛經、抄經書，終身禮佛，爲虔誠的佛教徒。

10.平日喜習書法，晚年常參加名家揮毫送春聯活動。平時氣定神閒，做事不疾不徐，很少發脾氣。

郎老因多年來經常出外從事攝影工作，所以腿腳強健。他衣食簡單，喜歡吃豆腐和蜂蜜。經常穿長衫，出國旅遊時，常被人誤認爲神父。

此外，郎老對人生樂觀，隨遇而安，從不擔心金錢，年齡和病痛。當他百歲大慶時，身體仍然硬朗，耳聰目明，走路穩當，不需拐杖。除了患疝氣外，沒有其他疾病。

## 死裏逃生壽逾百齡

郎老一生大都平安度過，但在晚年卻發生了意外車禍，居然能死裏逃生，這應歸功於他的運氣好。

一九八六年他行年九十五年，那年七月二十六日他前往臺東，參加文化中心影展開幕典禮，次日偕友人乘汽車往埡口攝影。由於山路曲折，天雨路滑，行到中途，忽然發生了車禍。他所乘轎車翻下山崖，乘客連司機一共五人，其中三人當場死亡，只有郎老和一位曾小姐生還。當車禍發生時，郎老從車上被彈出來，等到張開眼睛，發覺自己在山下約四五十公尺的崖坡上，右手抓住一把草根，左手握住與他形影不離的兩架照相機。當即由曾小姐爬上坡去求援。郎老被救後，僅略受輕傷，檢查他視同「愛人」的兩架相機，也毫髮無損。事後他曾自嘲地說：「閻王不收我，可能是我陽罪還未受盡。」

他在發生車禍生還後，曾以《一生爲攝影——從南橫遇險談起》爲題發表一篇短文，其中談到他一生迷上攝影的動機：「談到相機，這是外國人發明的，我爲何和它有不解之緣？起因於最初外國人來到中國，以好奇故，往往拍攝纏腳、抽鴉片煙、受刑、坐人力車、坐轎子那些事情。他們不了解眞正的中國文化是什麼，中國文化優美的一面，他們並沒有看到，久而久之，便以這些照片來代表中國的社會。因此，我想利用攝影，這種最有力的國際語言，作爲傳播工具，把美麗的中國風景及環境事物展示在外國人眼前。近八十年攝影生涯，我的照相工作從未間斷，一直是以宣揚中國文化工作爲第一宗旨。」（原文載民國七十五年八月二十九日聯合報）

郎老在前文中還曾談到他的長壽祕訣：「不久前朋友爲我做生日，有人問我年紀活上一大把，究竟有什麼秘密？我公開的說：『人家的事我多順從，自己的事我不勉強。』我想天下那麼大，資源用不絕，不見得就缺少你一個人的生活需要，鬥爭不止，同歸於盡，何苦呢？自己努力，毋可取巧，就是長壽秘訣；我是一點沒有專門爲長壽的方法求壽。」難怪他的朋友說：「他一輩子身體硬朗，行動敏捷，精神充沛，思路清楚，記憶力奇佳。郎老的健康情況簡直是一項奇蹟。」

郎大師一向身體健康，至一九九五年（民國八十四年）三月廿五日因患肺炎引發敗血症，住進臺大醫院加護病房，延至四月十三日下午一時因心肺衰竭，急救無效病逝，享年一百零四歲。中國攝影學會在當年年會中決議對郎老尊稱爲「中國攝影學之父」。

# 鄧小平的養生之道

我自己對半開（功過各半）就不錯了。但我有一點，我走到人生最後里程時，可以問心無愧。

——鄧小平

## 早年赴法，勤工儉學

當代名人所以能功成名就，大都由於具有健康的身心，精力過人。而健康的身心之獲得則由於遵守養生之道。當代各名人的養生之道不盡相同，所以值得我們研究與效法。

鄧小平，這個身高僅五尺，貌不驚人的四川人，卻能以非凡的魄力與政治智慧，三次被打倒，三次能爬起，竟能做到中國政治上的最高領導者，帶領中國邁向富強的小康境界，最後以九十三歲的高齡逝世，令人欽佩。

鄧小平，原名希賢，又名鄧斌，後改名小平。他生於西元一九〇四年（清光緒三十年）八月二十二日（農曆七月十二日），歿於一九九七年二月十九日。原籍四川廣安縣，祖先是粵北客家人。他在家鄉讀完高小後，考入廣安縣立中學，不久即往重慶的留法勤工儉學預備學校攻讀。

鄧小平的老家叫協興鄉，離廣安縣城二十里。舊居前有一幅長聯，是四川省著名文人於一九八三年作的，聯云：

扶大廈之將傾，此處地靈生人傑。解危濟困，安邦柱國，萬民額手壽巨擘。

挽狂瀾於既倒，斯郡天寶蘊物華。治山秀水，興工扶農，千載接踵頌廣安。

鄧小平之父名鄧紹昌，字文明，是一個小地主，思想比較開明，娶過四個妻子，小平是長子。

鄧小平在高小畢業後，即往重慶留法勤工儉學預備學校攻讀，學習非常認眞，一年後畢後，於一九二〇年九月間，隨同八十三名同學乘輪船前往法國，他是年齡最小的一位，經過了三十八天的航海生活，終於到了。

他在法國半工半讀，生活艱苦。他回憶道：「我在法國的五年零兩個月期間，前後做工約四年左右，其餘一年在黨團機關工作，我的思想開始變化，終於在一九二二年夏季被吸收爲中國社會主義青年團的成員。」他回憶說：

勤工儉學勞動強度很大，有時要開夜工，報酬卻很低微。爲了節省開支，我們幾個人合租一間小屋，買個煤油爐，分班輪流做飯吃，平時總是粗麵包加捲心菜或洋芋，連西紅柿都買不起。每當我有能力買一隻羊角麵包和一杯牛乳時，總是特別高興。在身體發育期間缺乏營養，致使我的身材沒能長高。留法五年，使我一輩子喜愛法國食品，特別是羊角麵包。

據同學吳琪回憶道：「我所接觸的同學中，年紀最輕的爲鄧小平同志，他很老練，才氣橫溢，身體強壯，精神飽滿，說話爽直，聲音宏亮，鏗鏘有力。」

一九四二年旅歐中國共產主義青年團刊物《赤光》，由周恩來編輯，鄧小平負責刻蠟板和油印，字跡清晰，裝訂簡雅，大家都稱讚鄧小平爲「油印博士」。

一九二六年一月離開法國前往蘇聯，進入莫斯科的中山大學學習俄語，與蔣經國同班，年底返國，參加國內革命活動。

## 性格內向，行為堅忍

他的性格內向，沈默寡言，從不自我宣傳。他能吃苦耐勞，當年老戰士周志回憶說：「在行軍途中，鄧政委跟我們一起爬山越嶺，同甘共苦。他那豪爽的風度，平易近人的作風，革命樂觀的精神，給人以深刻的印象。」

他的女兒鄧榕形容他是這麼一個人：「工作上兢兢業業，原則上絕不讓步，對同志非常關心，爲他們作實事，但不溢於言表，對自己十分嚴格，無論遇喜遇悲，都不輕率地形於顏色。他三次被打倒，又三次復出，而且復出得一次比一次光榮，一次比一次震撼人心。」

鄧小平的運氣特別好，他作地下工作，從來沒有被捕過，打了幾十年的仗，沒有負過傷。

但也曾經得過二次傷寒，差點死掉。

梁必業將軍說：「小平的生活很簡單，但很規律，吃完晚飯後，常常去散步，然後看書。有理論水平，寫作能力很強，有用不完的精力，對問題抓得住，放得下，原則問題抓得緊，其他問題放得開。」

傅鐘回憶道：「小平剛過而立之年，風華正茂，不論軍隊工作，地方工作，都有豐富的經驗。他的作風幹練、穩健，待人誠懇，關懷部屬，深得同志們信賴。」

鄧榕描寫父親的個性：「他不多語，沈穩精明，嚴肅起來令三軍生畏，細緻之時體貼入微。他行事果斷，意志鮮明，與老友相聚，談笑風生，用四川話談古論今。」

在解放前十一年的歲月裡，他櫛風沐雨，歷盡艱難，卻從未病倒過。他雖不強壯，但卻健康，爲了戰爭，爲了勝利，他必須保持健康。自抗日戰爭以後，他一直堅持每日洗冷水浴，無論春夏秋冬，每日清晨，他都用一桶冷水，從頭到腳一沖而下，就是寒冬臘月，天寒地凍，從未間斷。可是到了上海，在戰爭取得了決定性的勝利之後，他卻病倒了，中央批准他休假一個月，他便帶著妻子和三個孩子前往北京養病，順便暢遊北京西郊的頤和園。

## 感情生活，豐富多彩

鄧小平的感情生活頗爲豐富，他曾對記者杰克遜說：

我們革命者也是有激情、講浪漫的。我的第一位夫人張錫瑗是李大釗的學生。一九二七年我在上海的黨中央工作，同她在一個機關，朝夕相處，日久生情，很快墜入愛河。一九二九年夏我奉命赴廣西策動百色起義，她留在上海堅持地下鬥爭。在白色恐怖下，由於操勞過度，營養不良，不幸死於難產。六十多年來，我一直懷念這位相濡以沫風雨同舟的妻子。她是世界上最美麗的女人。

一九三一年，我在瑞金任縣委書記時認識了雩都縣委書記金維映，她是浙江人，與我同年，在上海搞過工運。她長著一對大眼睛，愛唱歌，會演戲，一年後，我因爲『羅明路線』被隔離審查，她受到株連與歧視。她在痛苦中受到中央蘇區組織部長李維漢的關懷，所以在感情的天平上發生了傾斜。我知道感情的事是不能勉強的，女人變了心是不會逆轉的，在囚室中我咬咬牙就簽名同意離婚。紅軍長征到延安後，她生下李鐵漢，四年後病故。

我的第三次結婚在抗戰反掃蕩的一九三九年，卓琳比我小十二歲，她父親是著名的雲南宣威火腿的出品人。她在北大物理系唸了一年就投奔延安參加抗戰，結婚時她在中共北方局婦聯會工作。她爲我生下五個子女。她跟我南征北戰，她爲我挨鬥下放，五十四年來，她一直是我忠實的革命戰友、我的賢內助。我經歷千難萬險，能活到八十九歲，也要歸功於卓琳。她對我解衣推食，體貼入微，使我度過幾次逆境，守到雲開見日。夫妻能白首偕老，超逾金婚紀念的，我看還不多。（參見《鄧小平和他的對台政策》頁二一二）

## 肝膽相照，友情深厚

人生一世，愛情之外，還須友情，嚶其鳴矣，求其友聲，自古已然。鄧小平和劉伯承的友誼，極爲深厚。兩人在長達十多年的戎馬生涯中，並轡沙場，馳騁中原，征戰南北，歷盡艱險，他們兩人共事十三年，相互支持，珠聯璧合，相得益彰。劉伯承逝世後，鄧小平在「悼伯承」文中云：「伯承早年從軍，戎馬一生。他在討袁之役中，率部衝鋒陷陣，頭部連中兩彈，失去右眼。他在大半個世紀中，指揮了無數次戰役，九處負傷，屢建戰功，以足智多謀的獨目將軍聞名於世。」

我認識伯承是在一九三一年在中央蘇區。初次見面，他就給我留下忠厚、誠摯、和藹的印象。我們一起工作是一九三八年在八路軍一二九師，他任師長，我任政治委員，以後在晉冀魯豫野戰軍、第二野戰軍，前後共事十三年。兩人感情非常融洽，工作非常協調。我比他小十多歲，性格愛好也不盡相同，但合作得很好。人們習慣把劉鄧連在一起，在我們兩人心中，也覺得彼此難於分開。同伯承一起共事，一起打仗，我的心情是非常愉快的。

劉伯承和鄧小平互相尊敬，互相信任，互相支持，通力合作。鄧小平常說：劉司令員年大體弱，司令部要特別注意，有事多找我和參謀長。他是我們的軍事家，大事才找他決策。劉伯承則常說，鄧政委是我們的好政委，文武雙全，我們大家都要尊敬他，都要聽鄧政委的。

鄧小平和劉伯承搭檔數十年，從來沒有互相埋怨，互相推諉的現象，在作戰指揮和部隊建設的重大問題上，更沒有互相拆台的現象。即使有時因軍情或戰爭緊急，來不及碰頭商量，其中一位領導做出了決策或對部屬進行了批評，另一位領導也是熱心支持，並堅決貫徹執行，他們配合得很好。

劉鄧之間肝膽相照，同甘共苦，通力合作，情同手足，可從下述事跡看出：鄧政委比劉司令員年輕十幾歲，他總是把劉司令員當作兄長尊敬，劉司令員也同樣尊敬鄧政委。每當鄧政委出征時，不論是酷熱的盛夏，還是嚴寒的冬天，劉司令員總是步行送上一程又一程，再三叮囑鄧政委身邊的工作人員，一定要時刻照顧好鄧政委的生活與安全。分手後，直到目送鄧政委的身影消失，才轉身返回。

## 家庭生活，和樂融融

鄧小平的晚年形象，五短身材，田字型臉，頭髮半白，面色紅潤，常帶著笑容，精神矍鑠，記憶驚人。

鄧小平有五個子女，文革時期都下放農村受過苦，因而頗知民間疾苦。大女兒鄧林，面貌體型最像父親。一九四一年生於西太行山下。曾研習音樂美術，結婚後常赴國外訪問。二女兒鄧楠，生於一九四七年，北大物理系畢業，任職國科會。三女兒鄧榕，生於一九五〇年，學醫，長得最美，最爲父母疼愛。她嫁與賀龍之子賀平。擔任父親的秘書，專門照顧父親的飲食起居。有人戲稱她是鄧小平的耳朵和嘴巴。長子鄧樸芳，文革期間因逃走受傷，四肢癱瘓，成爲殘廢。他創辦了中國殘疾人福利基金會和康福中心。爲了五千萬殘疾人的福利，他坐著輪椅訪問過香港、歐美與日本。小兒子鄧質方生於一九五一年，文革時下放山西忻縣放羊，後來在北大物理系畢業，赴美攻讀，獲物理學博士。一九八八年回國後，曾在多家公司任總工程師。

鄧小平的全家，和樂融融，他規定每天下午六點半鐘吃晚飯，一定要全家到齊才開飯。按例每星期六的晚上都要三代團圓聚餐，然後由鄧小平與五個子女談心，垂詢天下大事與民間動態。

## 養生秘訣：大海游泳

一九九三年七月上旬，加拿大名記者保羅·杰克遜專程來華訪問高齡八十九的鄧小平。當他見到面前這位年近九旬的老人，修著整齊的短髮，一雙炯炯有神的眼睛，臉上堆著笑容，個子雖然矮小，但肩膀寬闊，顯得剛毅有力，當面稱讚鄧小平精神矍鑠，步履矯健。

鄧小平哈哈大笑道：「海外與港台有些人老喜歡在我的健康問題上大做文章。什麼前列腺癌、睪丸癌、心臟病，又說我全身換了血；在香港、台北、東京的股票市場，至少傳說我死了一百次，每次都引起股票價格暴跌。香港有些投機商人，造一次謠能賺幾千萬元，眞叫人又好氣又好笑！」

鄧小平接著說明他的生死觀和養生之道：「我雖然身體還不錯，但畢竟八十九歲了，誰知道哪一天身體會出什麼問題呢？英國大文豪蕭伯納有一句名言刻在墓碑上：『無論我活多久，這種事遲早總會發生的。』我能游泳，特別喜歡在大海中游泳，證明我身體還行，我打橋牌，證明我的腦筋還清楚。」

杰克遜說：「我看過一篇報導，說您在大海滔滔白浪中也能劈波斬浪，沈著穩健，安詳自得，所以您在歷次政治風浪面前往往如履平地。」

鄧小平說：「很遺憾，上月廿六日中央政治局會議通過中央保健局的提議，不讓我下海游泳，只許中午時間在游泳池裡游一陣。」中央政治局爲了他的的安全才作此決定。

談到游泳，這裡可以補述他在一九八三年七月在大連市外黃海之濱的棒槌島之游。

鄧小平在棒槌島休假的七天當中，除了一天因海上油污漂浮沒有下海外，每天上午都投入大海，遨遊於藍色的波峯浪谷之間。他一下海，便舒展雙臂，從容地向海中深處游去。把頭露出水面，側泳前進，海浪不斷地向他撲來，他卻泰然自若，頑強地向前游去。有時，在他身旁看護的游泳好手見風急浪猛，便勸他上岸，但他不聽勸告，照舊游泳不止，經過九十多分鐘，依然沒有絲毫疲倦的神態。當時他年近八十，仍然如此硬朗，實在難能可貴！

鄧小平曾說：「我是用游泳鍛鍊身體，用橋牌訓練腦筋。」「我能游泳，特別喜歡在大海中游泳，證明我身體還行；我打橋牌，證明我的腦筋還清楚。」游泳和橋牌是鄧小平的兩大業餘愛好。

## 橋牌健腦，游泳強身

杰克遜說：「據說你打橋牌時思路清晰，牌風穩健，夠得上專業選手的水平，請問您那出色的橋牌技藝，與您運籌帷握之中決勝千里之外的指揮才能，有必然的關聯嗎？」

鄧小平說：「打牌要和高手打嘛，輸了也有味道。下棋、打牌同打仗一樣，需要審時度勢，謀定而後定。一九四五年秋，在重慶談判時，周恩來同志就在棋盤上贏了蔣介石。在淮海戰場上，陳毅打敗了國民黨第十二兵團司令黃維；在棋盤上，陳毅贏了黃維加上他的副司令吳紹周。所以黃維心悅誠服地對陳毅說：『在下首先在戰場上是你手下敗將，在棋盤上也不是你的對手，甘拜下風。』我打橋牌是在五十年代在四川學會的。平時我要思考的問題實在太多了，往往連散步時也要思考各種問題，唯獨打橋牌時，我什麼都不想，專注在牌上，頭腦就能充分地休息。」

杰克遜說：「我想大腦健康是您長壽的主要原因。」

接著杰克遜進一步請教鄧小平的長壽秘訣是什麼。當時鄧小平剛結束在青島嶗山的療養，住八三〇一醫院作全身檢查，結果心、肺、胃、肝、血壓全部正常，僅左手有點間歇性顫抖，晚上有時失眠。他說：「比起同一輩份的老同志們，我可以算是長壽的了。要說有什麼長壽秘訣，那就是樂觀與運動。我全家二十多口人，在我繼母去世前一直是四世同堂，相處和睦，我是一家之長，但作風民主，我從來不干涉子女，他們的事情由他們自己決定，我不像一般父母那般囉嗦不休。我相信他們能靠自己的良知走上正路，所以我煩心的事很少。我喜歡運動，除了游泳和打橋牌，足球、籃球、棒球、檯球、登山、散步都喜歡。七十年前在法國勤工儉學時，爲了觀看奧運會足球賽，我不惜把外衣送進當舖。這些年來，每次世界杯足球賽實況播出時，我都在電視機旁守候到深夜。有一次因爲腿骨骨折住進醫院，在床上吊著腿，還堅持看完轉播，那場精采的足球賽使我忘記了骨折的疼痛。在延安時，我打棒球一次可拿一百多分。」

## 生活規律，飲食正常

杰克遜說：「聽說您最會生活與工作。」

鄧小平說：「列寧同志有一句名言：最會享受生活的人才最會工作。」

杰克遜好奇地問道：「我想知道您每天進補什麼營養品？」

鄧小平說：「我是四川人，嗜食辛辣，飯桌上通常要加一碟鹽漬辣椒。我每日清早六點半起床，在庭院內散步半小時。八點鐘進早餐，喝豆漿，吃油餅或饅頭。九點在書房聽秘書唸新聞，十點鐘閱讀中央辦公廳送來的簡報或文件，寫一個閱字，不作任何批示。十二點半進午餐，四菜一湯，飯後午睡至三點，四點以後見客或打牌，六點半用晚餐。如果說補品，那就是喝兩杯用中藥浸製的茅台酒，佐以花生、黃豆或蠶豆，晚上十時洗澡上床。我和毛主席一樣，有什麼病痛不願找醫生，開了藥也不會依囑服完。我知道任何藥品都有副作用，依靠自身的免疫能力，同病魔鬥爭最安全。」

杰克遜問：「有人戲稱您是中國的頭號菸民，您不會介意這個稱號吧？」

鄧小平搖了一下頭：「我的菸癮確實很大，以前每天要抽兩包熊貓牌香菸。中央辦公廳的同志怕我尼古丁中毒，特地定製了比菸捲還長的過濾嘴。這幾十年來，每一個方針，每一項政策，每一次行動，都需要深思熟慮，吸菸就成了激發靈感的觸媒。醫生叫我戒菸，妻兒叫我戒菸，連人大代表都遞紙條叫我戒菸，我都覺得難於從命，因爲離了菸捲，就無異停止了思維。直到三年前退休，我才考慮戒菸。」

杰克遜說：「八十多歲戒菸，非得堅韌不拔的毅力才行呀！」鄧小平是在一九八九年（八十五歲）開始戒菸。

鄧小平說：「戒菸初期，菸癮一上來，心裡發慌，覺得若有所失。爲了不使戒菸半途而廢，我就吃魚皮花生，以求轉移注意力。一天，兩天，一個月，兩個月，終於把菸戒掉了。」

## 長征作戰，堅苦卓絕

鄧小平的健康長壽，除了上述各種原因外，還有在兩萬五千里長征中從艱苦卓絕的客觀環境中磨練出來的，他自述經過云：「長征前夕，毛澤東當上了軍委常委，我被選爲中央秘書長，半年後，毛澤東爲了充實前方政治工作，便調我去紅一軍團任宣傳部長，不久升政治部主任。回想起來，當時兩萬五千里長征都是兩條腿走過來的，一年內走了十一個省，攀越十八條山脈，其中五條是終年積雪的，通過五個少數民族地區。一到宿營地，放下挑報箱子，鐵箱就是辦公桌。後有追兵，前有堵截，還常在國民黨飛機的轟炸中，支起攤子堅持工作。這樣長期透支體力，我雖曾患過傷寒，終於挺下來了。」

除此以外，他喜歡聽京戲，而且相當內行。他喜歡鬚生的言派，和青衣的程派。他家住在北京寓所時，離懷仁堂很近，只要懷仁堂上演京戲，他總是舉家前往欣賞。

## 晚年生活，勤於學習

前面曾經談到鄧小平年青時，生活簡單規律，吃完晚飯後，常常去散步。老年退休後，生活恬靜，仍然保持散步的習慣，他每天清晨六時半起床，然後在庭院內散步半小時，散步最多的時期是在流放江西南昌的三年（一九六九年十月至一九七二年十月），他堅持鍛鍊身體，每天走一萬步，其中五千步是去工廠上班的路上走，另外五千步則是每天午睡後在院子裡走，星期天不上班時，也要走八千步。他在走路的時候，步伐很快，沉思不語。日子久了，那紅色的砂石路上，竟被他走出了一條白色的小路。此外，在濕冷的冬天，他還堅持每天用冷水擦身。

他在下放南昌的三年內，除了勞動、鍛鍊以外，大部分時間用來學習。他堅持每天讀報、聽廣播新聞。他不僅讀了大量馬列著作，還讀了二十四史，以及其他古今中外名著。

## 屢遭危險，轉危為安

鄧小平的一生革命事業中，曾經遇到好幾次危險，都能轉危爲安。鄧小平回憶道：「我們在上海做秘密工作，非常的艱苦，那是吊起腦袋在幹革命。我在軍隊那麼多年沒有負過傷，地下工作沒有被捕過，這種情況是很少有的，但危險過好幾次。」

鄧小平在革命中，曾經兩次躲過敵人追捕，他回憶道：「一次是何家興叛變，出賣羅亦農。我去和羅亦農接頭，辦完事，前門巡捕就進來，羅亦農被捕，我出後門不到一分鐘，巡捕就進來了。還有一次，我同周總理、鄧大姐、張錫瑗住在一個房子裡。那時我們特科的工作好，得知巡捕發現了周住在什麼地方，要來搜查，他們通知了周恩來，當時在家的同志就趕緊搬了。但我當時不在，沒有接到通知，裡面巡捕正在搜查，我去敲門，幸好我們特科有個內線在裡面，答應了一聲要來開門。我一聽聲音不對，趕快就走，沒有出事故。」

兩次遭到敵人包圍：一次是一九三〇年二月龍州起義後，鄧小平從龍州出發，前往革命根據地指導工作，在東江村宿營時突然遭到保安團的包圍，幸虧他果斷指揮警衛排利用黑暗突圍，在赤衛隊的配合下打退了敵人，脫離了危險。還有一次是在紅一方面軍長征到達陝北後的直羅鎮戰役中，當時任紅一軍團政治部副主任的鄧小平和主任羅榮桓等人正在一個山頭觀戰，突然遭到敵人的襲擊，眼看敵人就要衝上山頭，正在危急時刻，恰好紅軍一個連衝了上來，打退了這股敵人，鄧小平和羅榮桓才被解圍，幸免於難。當時鄧小平身上穿著的狐皮大衣，被子彈打了好幾個洞，幸未傷及身體。

鄧小平患過兩次傷寒：一次是在法國期間，時間大約在一九二三到一九二五年之間；一次是在長征以後。兩次都差點死掉。

## 生活簡樸，不寫自傳

鄧小平的生活崇尚簡樸。一九三一年他任瑞金縣縣委書記時，喜歡當地群衆流傳的一句諺語：「當官不爲民作主，不如回家種蕃薯。」他當時生活簡樸，穿的是粗布中山裝，吃的是紅薯。他吃紅薯不剝皮，連皮吃下，並風趣地說：「紅薯皮營養高，吃了不怕風吹雨打，丟了太可惜。」他廉潔和艱苦奮鬥的精神，表現在工作作風上。他從來不講排場，不耍派頭。說幹就幹，自己動手，講求效率，決不拖拖拉拉。他這種作風，一直保持到晚年。

鄧小平爲人坦率，心口如一，快人快語，堂堂正正，不搞兩面派，正如毛澤東所言：「辦事公道，不拉山頭，不搞小圈子，堅持眞理，敢反權威。」「柔中有剛，棉裡藏針。」他自稱待人厚道，不念舊惡。不會抓住別人的辮子不放，也不會抹殺別人的功勞。他對人對事的看法和處理不帶偏見，不存私心雜念；他伸張正義，從來不故意整人。他看到同志受冤屈時，不僅不幸災樂禍，趁人之危，落井下石，而且能夠挺身而出說公道話。

鄧小平的作風敢說敢做，對錯誤的東西，敢批、敢鬥、敢捅馬蜂窩。有一次，他在農村工作座談會上說：「現在問題相當多，要解決，沒有一股勁不行。要敢字當頭，橫下一條心。

有一個老大難單位，過去就是老虎屁股摸不得，後來下了決心，管你是誰，六十歲的老虎屁股也好，四十歲的老虎屁股也好，二、三十歲的老虎屁股也好，都得摸。一摸，就見效了。」

鄧小平的自我評價：我不是完人，我是實事求是派。鄧小平一生都在嚴格要求自己，從不居功，從不自傲，從來不把自己看成一個完人。他勇於承認自己的錯誤，從不諱言自己的失誤。他說：「我們應該承認，不犯錯誤的人是沒有的。拿我來說，能夠四六開，百分之六十做的是好事，百分之四十不那麼好，就夠滿意了。」

一九九三年七月，他對加拿大來華訪問的記者保羅·杰克遜詢問鄧小平對自己怎樣評價，鄧小平說：「我自己對半開（功過各半）就不錯了。但我有一點，我走到人生最後里程時，可以問心無愧。」

鄧小平從來不把自己看成是完人，也沒有把自己看成是不犯錯誤的人，更沒有把自己看成是一貫正確的人。相反，他總是嚴格要求自己，有了缺點或錯誤，能夠開誠佈公地自我批評。他這種不回避、不固執錯誤的態度，深得毛澤東的喜歡。毛澤東曾稱讚鄧小平：「他犯了錯誤對自己要求很嚴格。」鄧小平一旦發現自己說錯了話，辦錯了事，便即刻作自我批評。

鄧小平的一生事蹟，除了他女兒鄧榕寫過一本《我的父親鄧小平》之外，他拒絕寫自傳，他一貫反對寫自傳或別人為自己樹碑立傳。一九八九年九月四日鄧小平對幾位中央負責同志談話時說：「我多次拒絕外國人要我寫自傳。如果自傳只講功不講過，本身就變成了歌功頌德，吹噓自己，那有什麼必要？至於一些同志回憶自己的歷史，寫一些東西，那很有益處。

聶榮臻同志寫的那一段親自經歷的事，很眞實。有人也寫了自己的錯誤，比如李維漢同志。但有些自傳還是宣揚自己的多，這種事情不值得讚揚。」他認爲自己寫傳記，自吹自誇，沒有什麼意義。要寫自傳，就應該講一生所做的好事和壞事，既講自己的經驗，也講自己的教訓，既講自己的優點，也講自己的缺點。這樣的自傳才有實際意義，遺憾的是迄今爲止，這種體現兩分法的自傳卻很少見到，還是宣傳自己的多。所以，他認爲自傳往往成爲神化自己、美化自己、宣傳自己的一種自我捧場和自我奉承，還不如乾脆不寫。因此，他決不寫自傳，不炫耀自己。

## 健康秘訣，樂觀主義

鄧小平的性格柔中有剛，毛澤東生前曾批評他是「柔中有剛，棉裡藏針」。他自己承認他的心腸是很軟的。他不念舊惡，毛遠新在毛澤東病危時進讒言，以致鄧小平第三次被打倒，但復出後並不予報復，反而予以提升。他不會抓住別人的辮子不放，也不會抹煞別人的功勞。

他對毛澤東的批評頗爲公正：「毛澤東是中國歷史上一位非常偉大的人物，他領導中國人民推翻了三座大山，創建了眞正統一獨立的新大國。他博學多才，魄力過人，沒幾過人能比得上他。他晚年的錯誤根源是以待人的浪漫性和軍事家的決斷性來處理經濟問題，所以造成比例失調與經濟危機。而在受到客觀規律的懲罰以後，並不檢討自己，反而責怪階級敵人搗亂。搞文化大革命的原意是避免資本主義復辟，但他搞錯了革命的對象，打擊了大批老幹部。毛澤東文章寫得不錯，講話也很精采，但他聽不進不同意見，自己往往出爾反爾，違背自己的思想。到了晚年幾乎誰也不相信，天天講階級鬥爭和政治運動，這是我黨的悲哀，不過，對毛澤東一生作客觀評價，仍是功大於過。」

記者曾經問到「貓論」的意義，鄧小平回答說：「我常說的『不管白貓黑貓，能逮老鼠就是好貓』，這句話倒不是我創作的，本來是一個民謠，由於大躍進的折騰，農村出現了大饑荒，我看出農村問題的實質就是生產關係與生產力脫節的問題，爲了順應民情，我提出只要能增產，就是單幹也好。不管白貓黑貓，能逮老鼠就是好貓。」這兩句話以後便成爲鄧小平的名言。

一九八五年他對多巴哥總理錢斯說：「許多人問過我保持身體健康的秘訣是什麼，我的回答是四個字『樂觀主義』，天塌下來不要緊，有人頂著。我是三下三上的人，對什麼問題都持樂觀的態度，相信自己的信念總會實現，如果沒有這樣的信念，我是活不到今天的。」正是由於這種樂觀精神，才使他保持身體健康。他喜歡的一句格言：「天塌下來有高個子頂著。」這種不以物喜，不以己悲的境界使他無憂無愁，克享高齡。

鄧小平認爲：「如果一個黨、一個國家把希望寄托在一二個人的威望上，並不很健康。那樣，只要這人一有變動，就會出現不穩定。過分誇大個人作用是不對的。人總是要死的，哪一天我不在了，好像中國就丟了靈魂，這種看法不好。我在有生之年還可以做一些事，但希望自己從政治舞台上慢慢地消失。我的最大願望是活到一九九七年，因爲那時將取回香港，我還想去那裡看看。」

一九八九年十一月十三日鄧小平會見外賓時，公開宣布正式向政治生涯告別，他說：「退就要眞退，這次我就百分之百地退下來。我退下來，也是想讓黨、政府、軍隊的領導著手工作。我相信他們能夠把工作做好。」當時他是八十六歲。退休後一直過著一個退休老人的正常生活，在家裡與兒女和孫子孫女們共享天倫之樂。

可是，天有不測風雲，人有旦夕禍福，正如鄧小平自己所說的「人總是要死的」。他的最大願望是活到一九九七年七月，親眼目睹收回香港殖民地，偏偏天不予人願，只差四個多月便被病魔奪走了他的生命。他因患帕金森病，併發肺部感染，使呼吸循環功能衰竭，搶救無效，於一九九七年二月十九日二十一時零八分在北京逝世，享年九十三歲。

# 蘇雪林的養生之道

老人最大的幸福是清閒的享受。由社會退到家庭，遠離塵俗，真正達到心跡雙清的境界。

——蘇雪林

## 事母至孝，初露頭角

蘇雪林，原名蘇梅，字雪林，生於清光緒二十三年（公元一八九七年）四月十日（農曆二月二十四日），歿於一九九九年四月二十一日，享年一百零三歲，祖籍安徽太平縣。一九一七年畢業於安慶女子師範。一九一九年以旁聽生資格，就讀於北京女子高等師範學院國文系，不久轉爲正式生。

五四運動發生後，校方聘請了一批新文化的先驅授課，如胡適、李大釗、周作人、陳衡哲、吳貽芳等，深受新文學思潮影響的她，開始在報紙副刊展露才華。在高師畢業的前一年，她在一九二一年赴法留學。先習繪畫，後來改習文學，一九二五年因母病輟學回國，先後任教於蘇州東吳大學、上海滬江大學、省立安徽大學及國立武漢大學。

民國二十至三十年代末期，她勤奮創作，成爲她一生中的顚峯階段。她的成名作小說《棘心》、散文集《綠天》，就是在此時問世。這兩部作品對中國現代文壇產生很大的影響，她的筆名「綠漪女士」，與當時活躍文壇的冰心、凌淑華、沅君、丁玲等，並稱爲最有成就的五大女作家。

影響蘇雪林一生最大的是祖母和母親，她的祖母因幼小時逃難，未曾纏足而飽受鄉人奚落，悔恨終生。於是在蘇雪林四歲時就命其母爲她纏足，其母隨其父去山東後，祖母便親自替她纏足，日以繼夜，終於完成，使她成了終身的遺憾，以致後來到外地讀書及赴法國留學，都不能抬頭見人。

蘇雪林的母親姓杜，秉性善良，深明大義，把家庭管理得井井有條。她受母親的影響甚深，她的早期作品《棘心》就是她的自敘傳。書中描述的杜醒秋之母，也就是著者之母。她在書中竭力稱讚杜太夫人的德行，具有完美的人格，堪稱爲「一代完人」。蘇雪林以她無比的孝心和虔敬，將她的母親烘托得神光湧現，寶相莊嚴。她畢生對母親孺慕情深，她的住處不論在台北或台南，都命名爲「春暉堂」或「暉山館」，取孟郊詩「誰言寸草心，報得三春暉」的意思。

## 婚姻惡夢，陷入苦海

蘇雪林於一九二五年自法國里昂學成回國，母女重逢，喜不自勝。當年秋節前一天，即奉母命與出身美國麻省理工學院的張寶齡結婚，婚後過了一段甜蜜幸福的婚姻生活，不久便跌入婚姻的苦海。主要原因是兩人志趣不合，學藝術的她與學理工的夫婿，在觀念上有很大的差距。據說當年蘇雪林在武漢大學中文系任教時，有一天晚上與學理工同在該校任教的夫婿在校園中散步。兩人走著走著，看到一輪明月，蘇雪林忍不住讚歎：「月亮好圓呀！」她的先生卻接著說：「那有什麼！我用圓規畫得比它更圓！」從此以後，他們的家庭生活並不協調。他是實利主義者，認爲她浮華無用。他對她說：「咱們分手吧。」她一氣之下離開了他。但兩人並未完全斷絕來往，一度復合，他對她仍然冷漠，逼得她只好又悄悄地走了。從此以後，他們再沒有復合，而名義上卻還是夫妻，參商出沒，已經數十寒暑。這就是蘇雪林的成名作《綠天》所述她自己的故事。

蘇雪林於一九五二年來台灣定居，她的丈夫仍留大陸，從此分居兩地，不通音訊。到了一九五七年她還把《綠天》一書予以增訂重版，以紀念他倆結婚三十週年的「珠慶」。她在自序中寫道：

那個冷酷非常，專講實利主義的工程師，雖於無意間闖入我的生命圈内，成了我命宮的磨蝎星，但爲某種規律所約束，至今還與他維持著夫婦關係。平心而論，他也有他的好處，人聰明，所學工程那一科，在他們那一界頗負聲望，品行端方，辦事負責，性雖木強，偶而說話亦少有風趣。他若娶一三從四德的舊式婦女爲妻，未嘗不可以終身享其庸福；遇著了我這樣一個人，也算是他的不幸，所以我有時也覺對他不住，不免常有所懷念與憂慮。本年度是我們結婚三十週年，我之重印這本《綠天》，一方面固基於上述的那個原因，一方面亦欲藉此紀念我們的珠慶。雖然我們的愛，不惟說不上是珍珠，還說不上是稀薄的「紙」和不值錢的「稻草」，竟可說是輕煙，而且這道輕煙，多年之前，便消失得無蹤無影了。

她在自序中還感歎地說：「古人常愛說：『人生若夢』，透過年齡的觀察，愈覺得這四字的意義深長。一個人一生中有許多夢：有綺麗的，光明的；也有灰暗的，陰慘的。有印象深刻的；也有澹然若無的。有歡愉暢遂的；也有驚險恐怖的……千變萬化，不可具述。但醒後回憶起來，想這也不過『夢』而已，沒有認眞的價值和認眞的必要。」

接著她說：「個人的婚姻雖不能算是一場噩夢，至少可以說是場不愉快的夢。命運將兩個絕對不同的靈魂，勉強結合在一起。在尙未結合之前，兩人感情便已有了裂痕。新婚最初兩年歲月裡，似乎過得頗爲幸福，裂痕卻於不知不覺之間日益擴大，漸有完全破碎的趨勢。若非兩個絕不相同的靈魂之中，另一個靈魂，天生一顆單純而眞摯的『童心』，善於畫夢，渴於求愛，有時不惜編造美麗的謊言，來欺騙自己，安慰自己，在苦杯之中攙和若干滴蜜汁。也許最初的兩年裡，我們愛情的網，早已支離破碎，隨風而逝了。」

從上引兩段文章中，我們一方面欽佩她的孝心，奉母命而結婚，另一方面又同情她的寂寞無愛的生活，連小孩卻沒有生一個，只好終生奉獻於執教與寫作了。

## 勤於教學，收穫豐碩

蘇雪林原在武漢大學任教，一九四九年春局勢緊張，她隻身先到香港，在天主教眞理學會任職一年，再赴法國寓居兩年，一九五二年來台，任教於台灣省立師範學院，後來應聘至台南國立成功大學執教，中間曾赴新加坡南洋大學講學半年，直至一九七三年退休，計在杏壇執教五十年。

她不但擅長寫作，並且擅長於講課，凡是上過她課的學生，都會沉醉於她風趣精闢的言談中，如沐春風。由於教學相長的緣故，她的寫作與研究，大都來自課堂上所啓發的靈感。例如在東吳大學教「李義山詩選」時撰成《玉溪詩謎》一書，教「中國文學史」時撰成《屈賦新探》一書。

蘇雪林三、四十年代的早期作品在《青鳥集》和《屠龍集》中。到台灣後，陸續出版十多部散文集，如《歸鴻集》、《歐遊攬勝》等。一九七三年到一九八〇年，完成屈賦的研究系列著作四本：《屈原與九歌》、《天問正簡》、《楚騷新詁》、《屈賦論叢》，共一百六十萬字的輝煌著作。她還有寫日記的習慣，至老不輟。她的全部著作，正由有關機構整理出版中，不久前有關單位曾舉辦「蘇雪林教授學術國際研討會」及「海峽兩岸蘇雪林教授學術研討會」。

蘇雪林除了學術著作外，還擅長舊詩。她學詩由小倉山房著手，以性靈爲主，以後又學唐宋名家，最喜歡杜詩。她說：「盛唐詩人中，我最愛杜少陵，他那種沈鬱頓挫，悲壯蒼涼的作風，最合我的個性。」又說：「我的心靈也許是因爲彈性太強吧，輕飄飄的東西，總覺得鎭壓它不住，只有長江大河的浩瀚，泰岱華嶽的莊嚴，才能將它熨貼得平穩。杜詩正有這種氣魄，這種分量，所以特別爲我的心靈所歡迎。」

她作詩不以模仿古人爲滿足，能推陳出新，自成風格。民國初年在上海南京等地頗負詩學盛名的曾孟樸，曾題詩稱讚她：

一

此才非鬼亦非仙，俊逸清新氣象千。
若向詩壇論王霸，一生低首女青蓮。

二

亦吐風雷亦吐珠，青山寫集悔當塗。
全身斂盡鉛華氣，始信中閨有大蘇。

茲錄蘇雪林於大陸易幟後，雙十節夜遊天安門詩一首如下，以供共賞：

閶闔巍巍儼至尊，禁城簫鼓沸黃昏。
三重阿閣凌雲氣，十里華燈淡月痕。
天子無愁猶守府，中原多難遍兵屯。
可憐八載經離亂，回首興亡欲斷魂。

## 暢論「人生三部曲」

蘇雪林以她豐富的人生經驗，中年時曾寫作過一本小書，書名是《人生三部曲》。她在自序中說：「我少年時曾害過一場大病，健康一向很壞，入了中年以後，外貌壯碩，體氣仍是空虛，每日只是慵慵不振地生活著。見別人焚膏繼晷，辛勞治學，我羨慕，卻學他不到。……根據佛洛伊德一派心理學說，人生固以情欲爲中心，不過情欲昇華，則可變爲創造文學藝術及各類事功的原動力。像我這樣一個喝過受情苦杯的人，一提愛情便討厭，我的心和那三十年庵堂被婆子燒卻的庵主所說『枯木倚寒岩，三冬無煖氣』也差不多了。倘有什麼四十轉變，來個文藝創作的力量，我倒是萬分歡迎的。可是我不願再接受邱比德的金箭。」不久之後發生了對日抗戰，她隨武漢大學到了四川，日夜奔波，逃避警報之餘，創作的靈感，竟像一股活泉，源源而來了。

她把人的一生比作一年的四季，除去了嬰兒期的頭，斬去了死亡期的尾，人生應該分爲四個階段：即青年、壯年、中年和老年。自成童至二十五歲爲青春期，由此至三十五歲爲壯年期，由此至四十五歲爲中年期，以後爲老年期。若其身體強健，可以活到八九十或百歲的話，則上述四期可以各延長五至十年，反之，則縮短幾年。這四個階段的短長，可隨人體質和心靈的情況而分，不必過於呆板。

她進一步談到人生，她說人生像遊山，必須親自遊過，才能知道山中風景的實況。人生有時深險不測，好像意大利古基督徒的地窟。人生緊張時，又像一個大戰場。我們應該排除萬難，開闢荊棘，攀登最高的山峯。領略萬山皆在腳下，煙雲盪胸，呑吐八荒的快樂。人是生來戰鬥的，同人戰鬥，同自然戰鬥，也同自己戰鬥，只有打過生命苦戰的人，才容許他接受生命的榮譽獎章。認定了良心之所安，眞理之所在，便該勇往直前地幹去，不必顧慮一時的毀譽得失。她又說：做人要懂得一點幽默，生活才不致枯燥。

在《人生三部曲》中，有一篇文章，題爲〈當我老了的時候〉，蘇雪林暢談老人問題，最後並談到死，頗爲精采。她有一位女同學最討厭衰老，她寧願於紅顏未謝之前便歸黃土，不願以將來的雞皮鶴髮取憎於人。蘇雪林並不同意這種看法。她認爲年齡是學問事業的本錢，要想學問事業的成就較大，就非活得較長不可。那些著作等身的學者，功業彪炳的偉人，很少在三四十歲以內的。「所以我不怕將來的雞皮鶴髮爲人所笑，只希望多活幾歲，讓我多讀幾部奇書，多寫幾篇文章，多領略一點人生意義。」

她接著說：「形體龍鍾，精神顢頇，雖說是一般老人的生理現象，但以西洋人體格而論，六十五歲以內的老人如此，便不算正常狀態。我不老則已，老則定與自然講好『健』的條件。雖不敢希冀那一類步履如飛精神純粹的老神仙的福氣，而半死半活的可憐生命，我是不願意接受的。」

她認爲「老雖有可厭，但也有它的可愛處，我以爲老人最大的幸福是清閒的享受，眞正的清閒，不帶一點雜質的清閒的享受。」「唯有老了，由社會退到家庭裡，換言之，就是由人生的戰場退到後方，塵俗的事，不再來煩擾我，我也不必再去想念它，便眞正達到心跡雙清的境界。」

她還談到老年人可否結交異姓朋友：「彷彿哈理孫女士曾說她愛老年，老年不但可以獲得一切的尊敬，結交個男朋友，他對你也不致懷抱戒心，社會也不致有所擬議。我讀此言，每發會心的微笑。今日中國社交雖比從前自由，但還未達到絕對公開的地步，事實上男女間友誼與戀愛，也還沒有定出嚴格分別的標準。你若結交一個異性朋友，不但社會要用一雙猜疑的眼睛在等候你的破綻，對方非疑你有意於他而不敢親近你；則自己誤墮情網，釀成你許多麻煩。總之，在中國，像歐美社會那種異性間高尚純潔的友誼是很少的，甚至可以說完全沒有。我以爲朋友只有人格、學問、趣味之不同，不應有性的分別，爲避嫌疑而使異姓朋友犧牲其砥礪切磋之樂，究竟是社會的不大方與不聰明。但社會習慣也非一時可改，我們將若想和異性做朋友，還是借重自己年齡的保障好了。至於兒女。既爲自己的親骨血，有感情的維持，當然不愁他反叛。但父母抱著『養兒防老』的舊觀念，責報於兒女，就不大應該了。」

最後，他談到老死的問題：「人應該在老得不能動彈之前死掉。中國雖說是個講究養老的國家，其實對於老人常懷迫害之意。原壤老而不死，干孔子甚事，孔子要拿起手杖來敲他的腳骨，並罵他爲『賊』。書傳告訴我們：有將老人供進雞窩的，有送進深山餓死的。活到百歲的人，一般社會稱之爲『人瑞』，而在家庭也許被視爲妖怪。」

她在文章的最後一段，描述她死的時候要有一個安寧靜謐的環境：「當我死的時候，我要求一個安寧靜謐的環境。像詩人徐志摩所描寫的她祖老太太臨終時那種福氣，我可絲毫不羨。誰也沒有死過來，所以誰也不知死的況味。不過據我猜想，大約不苦，不但不苦，而且很甜。你瞧過臨終人的情況沒有？死前幾天裡呻吟輾轉，渾身筋脈抽搐，以乎痛苦不堪，臨斷氣的一剎那，忽然安靜了，黯然的雙眼，放射神輝，晦氣的臉色，轉成紅潤，藹然的微笑，掛於下垂的口角，普通叫這個爲『迴光返照』，我以爲這眞是一個難以索解的生理現象，安知不是生命自苦至樂，自短促至永久，自不完全投入完全的徵兆？我們爲什麼不讓他一點靈光從容向太虛飛去，而要以江翻海沸的哭聲，來打攪他最後的清聽？而要以惡孽般牽纏不解的骨肉恩情，來攀挽他步向永福旅途的第一步？若不信靈魂之說，認定人一死什麼都完了，那麼死是人的休息，永遠的休息，我們一生在死囚牢裡披枷戴鎖，性靈受盡了拘攣，最後一剎那才有自在翺翔的機會，也要將它剝奪，豈非生不自由，死也不自由嗎？做人豈非太苦嗎？」

「我死時，要在一間光線柔和的屋子裡，瓶中有花，壁上有畫，平日不同居的親人，這時候，該來一兩個坐守榻前，傳湯送藥的人，要悄聲細語，躡著腳尖來去，親友來問候的，叫家人在外室接待，垂死的心靈，擔荷不起情誼的重量，他們是應當原諒的。就這樣讓我徐徐化去，像晨曦裡一滴露水的蒸發，像春夜一朵花的萎自枝頭，像夏夜一個夢之澹然消滅其痕跡。」

## 暢遊黃山了卻心願

蘇雪林在杏壇執教五十年，曾經參加五四運動，創作生涯七十年，在小說、散文、詩歌、戲劇、翻譯、文藝批評和學術研究等領域，都有傑出的表現，是海峽兩岸文壇長壽重量級的文學家。她一生耕耘文壇，卻謙稱是在文壇打雜。她已經出版的作品共五十本，約有二、三百萬字。她的作品個性鮮明，讀她的散文，令人有故友重逢、促膝而談的親切感。她以豐富的閱歷、眞知灼見的人生感悟，發而爲文，使讀者欽佩不止。她十分推崇胡適「人生最大樂趣在獲得學術上的新發現」的見解，她的第一本書《李義山戀愛事跡考》，出版已七十年，至今仍受學術界重視。

她一生的作品主要是在台灣創作，自成功大學退休後，她獨居台南市東寧路的成大宿舍。七年多前摔傷後，因腦筋大不如前，未曾再寫作。一九九八年，她以一百零二歲高齡返回大陸老家探親，以償宿願。更難得的，還登上黃山遊覽一週，大感開懷。她原希望落葉歸根，留住安徽老家，後又改變主意，返回台灣。她的丈夫張寶齡一直留在大陸，早於一九六〇年病逝北京。她有一個姊姊蘇淑孟在台灣同居數十年，於一九七二年去世。她的日常生活由學生唐亦男照顧。

蘇雪林於一九九九年一月卅日因發燒住進成功大學附屬醫院普通病房，這是她半年內第三次住院。二月七日因肺炎轉入加護病房，延至四月二十一日下午因敗血性休克併發心律不整病逝，享壽一百零三歲，國人及文教界同感哀悼。

蘇雪林的一生經歷了無數滄桑，抗戰期間的流離生活，夫婦間的不協調，都難不倒她，一生仍能跨越兩個世紀，她的養生之道是什麼？頗值推敲。據筆者推想，不外下列數點：

一、她有豁達的人生觀。她在所著《人生三部曲》中充分表現此種思想。她既然贊同將人之一生比喻爲一年四季，人生的四個階段：青年、壯年、中年和老年，前三個階段一般人都能身強體壯，唯有老年人身體各方面都走下坡，必須注意養生，才能保健。她的晚年生活都過得很自在，看得開，放得下，與世無爭，與人無求，心安理得，故能長壽。

二、她的精神有所寄託。她的太部分時間除了在大學任教授課外，都致力於研究及寫作，作息有序，起居正常，故中年以後很少生病。

三、她早年留學法國，學的是藝術，接受過藝術精神的陶冶，回國後一方面從事文藝寫作，另一方面又研究古代詩賦，她的整個生涯都籠罩在文藝氣氛之中，不長壽也難。

四、視死如歸，無牽無掛。正如前文所引錄她對於死的看法和準備，她既不怕死，又有充分準備，故能走得很自在。

始終照顧蘇雪林亦師亦友的唐亦男教授，得知她的病情已無法挽回時，依照她生前要求的臨終形式，在成大附屬醫院安寧病房，布置玫瑰、菊花、百合等鮮花，畫作及耶穌畫像，讓她在安寧的環境及朋友環繞下安然離去。結束了她跨越兩個世紀一百零三歲的漫長的一生。她的骨灰暫存放台南市富貴南山，擇期運往大陸安徽省故鄉黃山，與母親合葬。

# 吳大猷的養生之道

育才希聖哲，桃李豈三千？學海聲華煥，儒林志行堅。著述光邦國，研究領群賢；南山欣作頌，五福壽為先。

——嚴家淦

## 出身世家，專攻物理

吳大猷於一九〇七年九月二十九日（農曆八月廿二日）誕生於廣州，歿於二〇〇〇年三月四日，享年九十四歲。世代皆爲書香門第。祖父吳桂丹（一八五五—一九〇二），是清朝的進士、翰林院編修。父國基（一八九七—一九一一）是清朝舉人，四十八歲時出任吉林省，遇時疫生病去世。大猷五歲失怙，依母及伯父遠基撫養長大。母名關嘉娥，廣東開平縣人，出自名門世家。大猷是獨生子，聰明乖巧。十四歲在高等小學畢業，考入天津的南開中學，高二時考上南開大學的礦科，一年後轉入物理系，一九二九年以優異的成績畢業。一九三一年往美國，入密西根大學，次年得工程物理碩士學位。一九三三年得博士學位。次年返國執教北京大學。三年後對日抗戰時期轉任西南聯大教授。抗日戰爭勝利復員後，返美任密西根大學客座教授。一九五六年來台任教，一九八三年起任中央研究院院長，至一九九四年退休。

吳大猷愛妻阮冠世，浙江餘姚縣人，南開同學，留美博士。一九三六年結婚，從未生育，一九八〇年去世，享年七十二歲。兩人相處五十一年，其中有十九年時間，她爲病魔所纏。他們的愛子吳葆之是堂弟吳大立過繼的，留學美國獲普林斯頓大學生物化學博士。

吳大猷在西南聯大共教了八年，在電磁學、近代物理學、量子力學等領域培育不少人才，其中楊振寧、李政道二人在一九五七年獲得諾貝爾獎最爲有名。

## 個性純真，生活簡樸

吳大猷個性純眞，說話坦率，獨立自主，從來不倚靠別人。這是他從小就培養成的個性。他在所著《八十述懷》一書中說：「我記得十幾歲離家北上天津時，母親叮嚀：『所有的襪子、手帕、襯衫、內褲都要自己洗，不要給洗衣房洗。』母親是怕洗衣房將衣物和別人的混在一起洗，不乾淨。從那時開始，經過留學、留居國外，這個習慣我還保留著。今日在台灣，有時仍自洗手帕、內褲、襪子等。此外，我從母親那兒得到最好的教導和最深的影響，則是多爲人著想，不要使人爲難或不好意思。」

他那張方型微胖的面孔，到老都顯得率眞、親切和自然，一點都找不到世故的影子。令人想到孟子的話：「大人者，不失赤子之心。」

他喜歡過獨立自主的生活，不把時間浪費在應酬上。平常不太和人來往，但與人相處時，表面上仍很客氣。他的個性耿直，對任何人和事，他的批評總是不留情面。尤其是對人，從來不管其官位高低，該說的話就要說。

他的平日生活非常規律和簡樸。他的住家非常簡陋，只有一房一廳，室內佈置只有一張床，一張書桌和一套沙發。室內最多的是書，但沒有豪華的書櫥，所有的書都放在廉價的鐵櫃裡，書是他一生中永久的最好伴侶。

他對書法的興趣，從小到老都很熱中，他喜歡練柳公權的《玄秘塔》。他從小就無師自通，學會刻圖章。他喜歡看古典小說。例如《說岳全傳》、《隋唐演義》、《三國演義》、《封神榜》、《西遊記》、《水滸傳》、《濟公傳》等，他最喜歡《三國演義》，八、九十歲時仍在睡前常常翻閱，並時作眉批，找出其中的錯誤。例如阿斗在長坂坡時才年僅半歲，十七歲娶張飛之女爲妻，但書中爲何不曾提過張飛娶妻之事。又劉備見趙雲時，書中稱趙雲當時還年輕，但從趙雲死後的年齡和年代推算，趙雲反比劉備大二歲。

吳大猷的生活簡單平淡，不抽煙、不喝酒、不交際應酬，也不喜歡旅行。他的興趣除了研究物理外，偶而聽聽音樂。他從小對音樂特別偏好，他喜歡聽小提琴演奏，買了不少昂貴的唱片，其中他最欣賞的是克萊斯勒的作品。此外，他對京戲也很有興趣，因爲他在抗戰前曾先後在北京及天津住了十三年。

## 讀書有法，著重研究

吳大猷一生的生活離不開讀書。除了上述讀小說是消遣外，對學術性的書籍，其讀書方法則著重在思索、了解以及試圖引伸，有時「可將書蓋起來，試圖重新建立書中的論證」，而不是只「讀」過就算了。讀書不是「吞」一些「知識」，而是將所「了解」的納入自己的思想系統裡，它好比吃食物，須將食物消化了，才能成爲我們的血肉。

吳大猷做學問的態度是要不斷地認眞地研究，毅力加上天分，才是成功的法門。他最欽佩愛因斯坦所說的一句名言。那就是「要懂得更多的知識，就得靠自己去摸索。」

此外，吳大猷還有另一方面的讀書方法，他說：「我讀書的另一方面，是單純爲獲得一些知識，和休息、娛樂的閱讀。我的休息方法，同時亦是一種享受，是看些新聞性（國際大事、政治、科技、某些運動）的報導和分析、歷史和傳記的文章、偵探小說等。我讀過柯南道爾所寫的福爾摩斯的全部。我不看所謂言情小說、科幻小說，亦不讀文學作品。總之，學術性著作之外，我的閱讀是我的休息。」

當他八十八歲從中央研究院退休時，有人勸他到國外安享晚年，含飴弄孫，可是他不以爲然，他常說：「我現在還能動，腦筋還很清楚，不趁此時做一些有意義的事，要等何時？」他有不服輸的個性，他心中充滿著遠大的計劃，他甚至希望有人能寫一部公正的中國近代史，以及希望他能和大陸的物理學者共同完成一部《中國近代物理史》。

吳大猷讀書的另一特點是記憶力高人一等。當他年青讀高二時，曾經選修德文爲第二外國語，所使用的德文課本，每一篇短文都是一則故事，其中有一篇〈狼與綿羊〉，六十多年後，他還能默寫出來。又在大學肄業時，曾學過一首英文歌，歌名是「當你和我都還年輕時」，歌詞共有三段，至退休時還記得兩段。

公元一九九六年九月二十九日是他的九十歲生日，適逢中研院的院士會議，所有院士都齊聚一堂，爲他慶生。院士們除準備九層大蛋糕，齊唱生日快樂歌，以資慶賀外，並贈送一隻五彩斑斕的交趾陶獅，作爲生日禮物，這是具有象徵的意義。吳大猷的長相和個性很像獅子，他的眉毛突出，在公衆場合說話沒有任何避諱，總是一吐爲快，很像一隻猛獅。

他從小接受家庭和母親倫理道德的培育，無形中對中國固有的道德倫理有強烈的印象和信念，他從不輕言復古或全盤西化，也不高唱「中學爲體，西學爲用」的老調，他對一切事物都有他的一套看法。他沒有宗教信仰，也不反對宗教。

吳大猷在社會大衆間，具有一種「正義」的形象，這與他雖至耄耋之年，卻始終保持赤子之心的純眞個性有關。他由於科學的陶冶，最重視眞相與眞理，而痛恨虛假與醜陋。他看不慣的事物，就寫文章或開口指責，毫不容情地加以批判。

## 自奉簡約，氣度從容

吳大猷自奉極爲簡約，簡直到了布衣苦行僧的境地。他的居處僅一房一廳，簡陋已如前述。他的日常飲食很簡單，他喜食水餃和麵，不吃米飯。據負責吳大猷三餐主廚的江月嬌有感而發地說：「當我被派來當吳先生的廚師，心裡雖高興，但是又怕做不好，幸好吳先生是個很好侍候的人。他吃的範圍很小，不吃米飯，喜愛水餃、麵食，不會刻意挑食。他對人很尊重，平時我把飯菜端入他房間，他一直說謝謝，他是一位沒有架子，令人尊敬的長者。」

當他八十華誕，記者到他住處採訪時，只見他像平常一樣，自冰箱中拿出一盤大雲吞，親自交給工友幫他煮熟，然後一邊吃著雲吞（他僅有的晚餐），一邊和記者談話，其氣度之從容，眞是令人欽佩。

另一位記者則報導說：「那天黃昏時，他住處的方桌上，擱著簡單的晚餐，幾塊煎魚，一碟青菜，另外從冰箱中端出了老友爲他暖壽剩餘的肉片，給我們分享。」他自己是不吃的。他說：「最近好不容易體重瘦了兩公斤，要節制著，以保持戰果。」可是他精神好，談興濃，話頭一開了之後，終於也忍不住自解食禁，他津津有味的吃相，格外有分童心。可見他的體形是矮胖的，他需要節食減胖。

當立法院通過公務人員財產申報法時，基於好奇，許多記者都趕去查看吳大猷存了多少財產，結果大家一看居然大吃一驚：他除了郵局定存一百五十萬元及外幣存款五十三萬八千三百六十元，合計兩百零三萬八千三百六十元外，其餘車子、房子、鑽戒一無所有。在卸任院長前，他到立法院工作報告，不少立法委員還開他玩笑，稱他也是「無殼蝸牛族」。不過他並不以爲意，仍然幽默地說：「他一生從事學術工作，不需要那麼富有，否則晚上還怕睡不著遭小偷呢！」事實上他擔任十年的中研院院長，卻從未住過院長官邸，他住的只是科導會的辦公室。他一生的清廉作風由此可見。

在他八十壽慶時新聞記者描寫他：「頂著一頭的銀絲，穿著多年前的舊西裝，踏著一雙老式的皮鞋。他童心未泯，他最愛看的電視節目，除了新聞之外，居然是飛狼，超人特攻隊純娛樂性的影片。因爲「這樣可以完全放鬆，不必思考，而且好人、壞人一分爲二，簡單明瞭，最後總是好人勝利，把壞人打得落花流水，看來很過癮！」由此可見他的率直和天眞。就因爲常保赤子之心，他的心情通常都可保持開朗，他的面色紅潤，精神奕奕，唯一讓醫師不滿的就是「肚子太胖了，該減肥了！」

## 獨來獨往，幽默風趣

他雖然獲得許多殊榮，學術地位崇高，他還是朋友心目中的「老頑童」。他不喜歡交際應酬，爲的是「爲自己留點思考時間」。他晚年喜歡寫雜文，嘻笑怒罵，別出一格。他精闢的見解固然令人激賞，而尖刻嘲諷的作風，才眞正表現出他的眞性情。當記者問他難道不怕出言不諱會得罪人時，他兩手一攤，無可奈何地說：「我一生從來沒有求過別人，也從不曾有求於人，但我就是有好管閒事的性格，看不慣的事就要說出來、寫出來，心裡才覺舒服。我這種直來直往的脾氣，朋友都知道，也都了解，而且我都是就事論事，從不直接罵人。雖然論事的時候總會牽涉別人，但我對人從來沒有特別的動機，也無所爭。通常大家了解我的動機是發自善意，就算被我批評，覺得心裡不高興，可是也沒有什麼好跟我生氣的！」他又說：「我這個人獨來獨往慣了，就算是得罪了人，他們不諒解，我也不在乎。」言下大有「雖千萬人吾往矣」的執著和氣魄。

他八十歲生日時（一九八六年九月廿九日），蔣總統經國特頒「碩學遐齡」壽屏，嚴前總統家淦更贈他壽詩一軸，詩云：「育才希聖哲，桃李豈三千？學海聲華煥，儒林志行堅。著述光邦國，研究領群賢；南山欣作頌，五福壽爲先。」

## 研究學問，著重興趣

他有一句名言：「世界上有兩種和尚：一種是唸經的和尚，一種是化緣的和尚。」他希望自己做個唸經的和尚，唸一輩子經，修成正果。然而「好管閒事」的個性，卻使他後半輩子常爲了化緣而耽誤了唸經。他關心的問題遍及台灣的醫藥、傳播媒體電影與電視、宗教與迷信、交通與環保等。晚年他寫了許多短評，就是針對這些社會問題而作的評論。

他把人的特性細分爲六「屬」，那就是膚淺、愚蠢、固執、自私、衰老和無知識、無理性、無忠誠、無一切（一無所有），並用一種遊戲的方式來表示：即將S（Sapience)種分爲S1（Superficiality）膚淺；S2（Stupidity）愚蠢；S3（Stubborness）固執；S4（Selfishness）自私；S5（Senility ）衰老；S6（Sanseverything）一無所有。依據此種分類方法，便可作一遊戲，將自己所知的人，按此分屬，有的人既是S1，又是S2、S3。結果他發現屬於S1的人最多，S4次之，眞正屬於S6的人較少。如果你的朋友跨屬愈多，既膚淺，又愚蠢，既固執，又自私，再加上衰老和無知，你就該對他敬而遠之。這是一種頗爲有趣而科學的觀人術。由此可見吳大猷的幽默和智慧。

在吳大猷的心目中，求知做學問的最高境界，是與應用無關，也與名利無關，完全是爲興趣。六十多年來，他一直沉浸在物理學領域中。他的研究重點包括：原子分子結構和光譜、大氣物理、統計物理，以及相對論等領域。他對物理學的狂熱，數十年如一日，未曾稍減過。有人問及他的求知態度。他的答覆是：「沒有什麼特別，年輕時崇拜科學家，一心就想走研究的路，這麼多年來，研究的習慣已經成爲兩條平行的軌道，而我就是鐵軌上行駛的火車。唸書原本是興趣，多年來興趣成了習慣，也就成爲生命中難以割捨的一大部分。除了唸書，我沒有其他的興趣，也就因此能夠專心一致，這其中絲毫沒有勉強的成分。所以我很快樂，感覺很充實。」由於吳大猷對物理學研究的堅持和執著，他的研究成果，獲得世界的肯定，贏得「物理學大師」、「物理學泰斗」及「傑出終身成就獎」的殊榮。

吳大猷一生專精於物理學研究工作，其著作甚多。一九三三年至一九七六年，他的研究論文多達一百二十二項，在近代物理學家中，他的專著最多。目前中國大陸的物理系學生都還是研讀他的專著。

## 重遊大陸，克償宿願

吳大猷一生最喜歡的都市是北京市，晚年爲了一償宿願，堅持要回到北京，回顧往事，探望舊友。一九九二年五月十七日，由門生李政道院士推著輪椅護送他前往北京。大陸中科院長周光召及多位學者親到機場歡迎，予以極高的禮遇。在大陸期間，北京大學頒授他「北大榮譽教授」，南開大學授予他榮譽博士學位，報界譽爲「巨星耀炎黃」，備受推崇。他重遊了北海公園和天壇、香山，也會見了許多昔日的老朋友。李政道並且以學生身分，有感而發的獻上一首詩：「吳仰清高，如雲如山；北大執學，已逾半世。名學成就，衆所敬仰，教授弟子，全球皆是。」吳大猷的宿願終於得償了。

吳大猷文選六《在台工作回憶》中，有一篇〈懷念子水毛公〉的短文。毛子水曾任台大教授，兩人均曾在北大任教。某日吳大猷至毛子水住處拜訪，見壁上懸著一副對子，上書「浮生看物變，亂世想英才」，大猷曾對毛子水開玩笑說：「英才兩字宜改作丫頭」。可見他們兩人是「忘年之交」，亦可見吳大猷的風趣。

吳大猷對旅遊不感興趣，也許是由於早年在瑞士的一次旅遊中，差一點送掉生命。多年後回顧當時的情形，他仍心有餘悸地說：「當日在上瑞士的Simonix山時，突然遇到下雪，我們所乘的小型巴士的車輛未裝上鐵鍊，結束車滑倒退，等下車後往後一看，後車輪距離懸崖只有數寸，我一家三口、朋友五人，差點滾落千尺山下。」以後有人提到旅遊，吳大猷總是開玩笑地說：「雖然許多世界名勝我未去過，不過從風景明信片看來，閉上眼睛也可以想像出幾成。」嗣後他對於旅遊毫無興趣。

吳大猷的健康一向良好。一九九九年初，他計劃再往北京旅遊一次，以便搜集寫作材料。不料三月間即因心臟病住進台大醫院，以後又引發其他病症，曾經六度病危，忍受極大痛苦。其間昏迷時多，清醒時，耳能聽，目能視，但不能言，門生故舊來看他，只能用筆談溝通。他的兩位得意弟子楊振寧和李政道，都先後專程來看他。他臥病近一年，都由義女吟之細心照顧。最後他於公元二〇〇〇年三月四日下午二時三十五分病逝於台大附屬醫院，享年九十四歲。沈君山先生曾撰輓詞云：「治學以恆，誨人以誠；巍巍夫子，士林共尊。功留寶島，情歸故國。哲人雖萎，典範永存。」

吳大猷最大的心願是完成中國近代物理發展史，三年前他以九十高齡在台大主講了一學期的「中國近代物理發展史。」據其家屬表示，將把奠儀捐出成立科學教育基金會，以完成他的遺志。

側聞吳大猷病篤時，曾囑咐家人在他過世後火化，將骨灰分別撒在南開、北大、和中研院。他對這三處都有一份特殊的感情。

## 養生有道，樂享遐齡

由上所述，我們當可大致了解吳大猷的經歷與成就。他能享高齡，活到九十四歲，分析起來，他的養生之道，約有下列各點：

一、吃苦耐勞，生活簡樸。他從小自洗衣物，節儉成性。

二、不交際應酬，無不良嗜好。他不浪費時間在交際應酬上，平常不太和人來往。從來不抽煙，不喝酒。

三、專心讀書，心不旁騖。他一生致力於物理研究，成就卓著。

四、個性純眞，常抱赤子之心。他從來不與人鈎心鬥角，記人仇恨。

五、飲食簡單，氣度從容。他以麵食爲主，不吃米飯。更不吃大魚大肉。平日態度從容不迫，待人和善。

六、幽默風趣，心情開朗。晚年善寫雜文，喜笑怒罵，見解精闢，令人激賞。

七、喜愛書法、音樂，調節情緒。他平日喜練書法，喜聽音樂，對於精神修養有所裨益。

八、精神有所寄託，平日無求於人。他是一個純粹的學者，誨人不倦，自得其樂。

# 宋美齡的養生之道

宋美齡在百歲生日的慶典時，有人問及她的子孫兩代家屬相繼去世，感想如何？她說：「我曾經擁有過他們，我就滿足了。」

——宋美齡

## 出生上海，受教美國

宋美齡，公元一八九七年三月二十日（清光緒廿三年陰曆三月初五日）生於上海。父名宋嘉樹（一八六六—一九一八年），母名倪桂珍（一八六九—一九三一年）。

宋嘉樹，原籍海南島文昌縣，青年時代曾往美國，在北卡羅萊那州溫明頓的三一學院讀書，一年後轉學到田納西州的范德比特（Vanderbilt）大學神學院，三年後畢業，於一八八六年回國到上海，擔任傳教工作，兼任上海中國公學英文部教師，胡適就是他的學生。一八八七年夏，二十二歲的宋嘉樹與十九歲的倪桂珍結婚。倪桂珍，浙江餘姚人，一八六九年生於上海，畢業於上海培文女子高等學堂。

宋嘉樹在上海於傳教活動之外兼辦實業，長袖善舞，並資助孫中山先生的革命事業。他和倪桂珍的家庭生活頗爲美滿，在十七年內，宋家添了六個子女：長女藹齡（一八八九生）、次女慶齡（一八九三生）、長子子文（一八九四生）、三女美齡（一八九七年生）、次子子良（一八九九生）、三子子安（一九〇六生），成爲日後著名的「宋氏家族」。

宋家三姊妹幼時均先後就讀於著名的上海中西女塾（外國教會所辦）。美齡五歲入學，體型微胖，外號叫「小燈籠」。

宋嘉樹的六個子女陸續往美國唸書，接受美式教育，因此宋家的思想、生活都相當美國化，英語成爲宋家的第一語言，上海話居次。

一九〇七齡慶齡、美齡姊妹一同前往美國上學，進入喬治亞州衛斯理安學院肄業。美齡學習能力強，英文能力進步甚快，一九一二年註冊爲大一新生，選讀英國文學、哲學、法文等課。一九一七年夏畢業，隨即回到睽違十載的上海，展開她人生的另一個階段。他與蔣公介石經過多年的交往，終於一九二七年（民國十六年）十二月一日在上海大華飯店舉行結婚典禮，盛況空前。新郎實歲四十，新娘三十。

## 倡導新生活參與抗戰

結婚數年後宋美齡全力協助夫婿倡行改造社會道德與國民精神的新生活運動。經過數年的倡導，蔣介石乃於一九三四年二月十九日在南昌行營舉行的擴大總理紀念週上，發表〈新生活運動之要義〉演講，宣布新生活運動開始。其主要內容爲提倡禮義廉恥的規律生活，做到整齊、清潔、簡單、樸素、迅速、確實。隨即成立新生活運動促進總會，蔣公自任會長，宋美齡則爲婦女指導委員會指導長，並成爲新生活運動的實際推動者和倡導人。旅行全國各地，鼓勵人民痛除舊有的惡習，絕對摒除煙酒賭博不良嗜好。對日抗戰爆發後，新生活運動演變爲戰地服務、傷兵慰問、難民救濟等支援抗戰的有關活動，對抗戰裨益甚大。

對日抗戰期中，宋美齡的另一貢獻是協助蔣公整頓中國空軍。她從美國聘請老飛行員陳納德將軍來華擔任空軍顧問，於一九三七年八月十四日領導空軍擊落日本軍機六架，宋美齡乃建議將八月十四日定爲「八一四」中國空軍節，而陳納德則成爲家喻戶曉的「飛虎將軍」，宋美齡被稱爲「中國空軍之母」。嗣後在陳納德指揮下的中國空軍志願隊和日本空軍作戰五十多次，從未敗過，摧毀日機二九九架之多。

一九三七年八月上旬，淞滬會戰開始，宋美齡積極投入勞軍工作。雙十節前夕，她前往淞滬前線勞軍，官兵極爲感動。在路上躲避日軍飛機掃射，不幸出了嚴重車禍，宋美齡折斷了數根肋骨，躺在泥淖裡失去知覺，清醒後，端納帶她到一家農舍換衣服，後來在醫院住了好幾天。又在保衛大武漢期間，她曾四次到前線勞軍，五次差點送命。

## 返美活動，爭取美援

宋美齡折衝樽俎的才華，在近代中國堪稱數一數二，在中華民族艱苦抗戰時期，她能夠說服美國政要支持我國立場。爲加強中美關係，她決心前往美國，一方面爭取美國的軍經援助，另一方面順便治病。因爲她的健康情形不佳，長期失眠，因吸煙過量而引起鼻竇炎、牙痛、慢性皮膚病（蕁痲疹）、精神耗弱，以及一九三七年的一場車禍所造成的肋骨和脊椎骨經常疼痛的後遺症，必須好好調理。她於一九四二年十一月廿七日重返睽別多年的美國。在治病稍愈後，次年春天她乃展開與白宮的外交工作。羅斯福總統夫婦曾優予接待，然後到參衆兩院發表演說，強調中美兩國的傳統友誼，並希望獲得美國政府和人民的物質援助。在華府活動告一段落後，她又往紐約等地展開忙碌緊湊的演說行程。經過了七個月的新大陸之行，她於一九四二年七月四日返抵重慶。宋美齡的外交活動，爲中美合作抗戰寫下輝煌的一頁，促進美國人民和旅美華僑援助中國的抗日聖戰而慷慨解囊。當一九四三年三月三十一日宋美齡抵達美國加州好萊塢露天劇場發表演說時，聽衆竟達三萬人，勝況空前。

一九四一年十二月七日，日本偷襲珍珠港，改變了中國抗戰的性質，使中國成爲四強之一。一九四三年十一月廿二日至廿六日的開羅中、美、英三巨頭高峰會議，蔣介石夫婦同往參加。宋美齡在會議期間扮演了極重要的角色，使中國的國際聲望達到了抗戰以來的最高峰，且被列爲世界四強之一。在開羅會議宣言中規定：日本在中國所竊取之領土，如東北四省、台灣、澎湖列島等歸還中華民國。

## 進入權力核心，影響深遠

宋家三姊妹因婚姻關係逐步進入中國政治的權力核心，藹齡嫁與孔祥熙，慶齡嫁與孫文，美齡嫁與蔣介石，均先後成爲中國的重要人物。孔家有四個子女，大女兒令儀，長子令侃，次子令傑，二女兒令偉，均與小姨媽宋美齡甚爲親熱，美齡未曾生育，把孔家四個子女視爲己出。九〇年代中期以後，孔令儀成爲孔家碩果僅存的第二代，也是宋美齡最親密的晚輩。

宋美齡對蔣介石的影響，涵蓋了思想、政治、外交和宗教信仰。在思想方面，她拓寬了蔣的國際視野和現代知識。在政治方面，鞏固了財團對蔣的支持，並以個人的魅力與機智助蔣化解危險，例如西安事變。在外交方面，她利用美國背景爭取對華支持和援助。在宗教信仰方面，使蔣成爲虔誠的基督徒。

## 婚姻美滿，感情彌篤

宋家三姊妹喜吸香煙。蔣公則煙酒不沾，宋美齡有很長一段時間煙癮極大，非抽美國烈煙「駱駝」（Camel）不過癮，後來改抽 Kent牌香煙。後遵醫囑戒煙，她愛躺在床上吃早餐，喜吃生菜沙拉、甜食、西餐，因皮膚過敏，不吃魚蝦。蔣看到她喜吃生菜沙拉，曾開玩笑說：「你眞是前世羊投胎的，怎麼這樣喜吃草呢？」兩人作息時間不同，蔣夜九、十時上床，晨五、六時起床。宋則午夜過後始睡，近中午才起床，她是個「夜貓子」。蔣愛看京戲，宋則只看外國電影。閱讀方面也不同，蔣愛讀中國古書，宋則只讀英文著作。每年秋末，蔣公都喜歡到復興鄉角板山採摘梅花，帶回公館，並吩咐把梅花送到夫人房間。

宋美齡與蔣介石的婚姻生活長達半世紀，兩人感情甚篤。宋美齡曾於一九七八年四月一日自紐約致電蔣經國，解釋她不能返國參加蔣公逝世三周年紀念，她在電文中敘述其夫婦相處甚爲融洽，至情感人，茲節略如下：

> 汝父去世三年之期將屆，在此三年中，余每倏而悲從中來。上年返回士林，陳設依舊，令我有人去樓空之感。以往慣常之言音足聲皆冥冥肅然，不勝唏噓。余與汝父除數次負任務去美，其他時日相伴近半百年歲，尤以諸多問題有細有鉅，均不憚有商有量，使彼此精神上有所寄託，兩人相勉，所得安慰非可形諸筆墨。自忖余對我之生父，相處總共僅短短九年餘，因我八歲即離家來美求學，返國後年餘彼即棄養；與余母親相與總共只十七年，即與汝父結縭，可謂自齠齡啓蒙，最親近最長久伴侶，兼相依爲命者，乃汝父耳。此種扣心縈懷情形，只有如汝與方媳婦結合四十餘年者，可能體會之。

## 長命富貴第一夫人

宋美齡一生的健康情形，除前述遭過車禍受傷外，她還患過困擾她多年的皮膚病，苦不堪言。蕁痲疹（hives）皮膚病和癌症是孔宋的家族病，但非絕症。一九七七年她曾罹乳癌，在榮總開刀切除。一九八七年一月卅一日，又在榮總切除卵巢腫瘤，又一九六九年七月間陽明山大車禍宋美齡重傷情形參見「蔣介石的養生之道」一文。

蔣介石一九七五年過世後，宋美齡就如同一株「無根的蘭花」，在台北、紐約兩地飄零。

晚年多住紐約，因孔令儀、孔令偉和孔令傑三個晚輩相繼去世，不免有「杜鵑聲裡斜陽暮」的寂寥之感。但她篤信基督，平日與聖經爲伴，在漫長的人生旅途中能夠悠閒自處。她偶而接見訪客，逛逛公園，參觀畫廊。

公元一九九七年三月二十日宋美齡歡度百歲生日時，紐約宋寓熱鬧萬分，這是她最快樂的時刻。公元二千年元旦她親自到紐約市皇后區世界日報社主持「蔣夫人宋美齡女士暨書畫名家跨世紀千禧聯展」揭幕典禮。宋美齡坐在輪椅上，滿面笑容，神采奕奕，令人艷羨不已。最近出版的《跨世紀第一夫人宋美齡》一書的著者林博文稱讚宋美齡是「長命富貴」的第一夫人。

## 養生有道壽逾古稀

綜觀宋美齡的一生事跡，分析她的所作所爲，可歸納她的養生長壽之道如下：

一、受中華文化薰陶，擁有仁愛的精神，慈祥的風範，以及恢宏豁達的襟懷，使她面對橫逆時不憂不懼，克服困境，培育生機。

二、具有虔誠的宗教信仰，父親是虔誠的傳教士，全家都信基督，並影響蔣介石。夫妻同過持之有恆的靈修生活，每天禱告、讀經、每逢主日必到教堂聚會。

三、她是新生活運動的實際推行者與倡導者，實行新生活的規律。晚年革除舊有惡習，摒除不良嗜好（例如戒煙）。

四、她在中年時，數度車禍受傷，並患有慢性病，健康不佳，乃於一九四二年重返美國的時候，遍訪名醫，澈底治療，恢復健康。

五、晚年鍾愛中國書畫，她學習的熱誠幾乎到了廢寢忘食的地步。此種對藝術境界的追求，使她精神集中，忘懷一切，對健康大有裨益。

六、晚年安居紐約，保持正常的生活方式，無憂無愁，精神愉快，想得開，放得下。她在百歲生日慶典時，曾主動提及她的子孫兩代家屬相繼去世，但她的心情不會陷於悲戚中，因爲她說：「我曾經擁有過他們，我就滿足了。」

# 陳立夫的養生之道

壽本乎仁，樂生於智；勤能補拙，儉以養廉。

——陳立夫

## 回顧一生成敗之鑑

陳立夫先生，浙江省吳興縣人，祖籍阿南鄭州。祖父陳延祐，字春蒼。在太平軍之役，家道中衰。後經商自振，家業復興。生子三，長其業（勤士），次其美（英士），季其采（藹士）。其業先生生於公元一八七一年，早歲曾東渡日本，考察工業。晚年，對日抗戰軍興，當選爲國民參政員。勝利行憲，復膺選爲國民大會代表。卒於一九六一年，享壽九十有一。其業先生元配何太夫人，治家勤儉，生子女四人：長子祖燾（果夫），次子祖燕（立夫），長女祖孝，次女祖恭。何太夫人於一九一一年二月十七日去世，享年五十歲。

立夫先生生於公元一九〇〇年九月六日（農曆八月十三日）。早年曾入私塾攻讀。一九一三年入南洋路礦學校肄業，四年後畢業。一九一七年考上北洋大學（天津），一九二三年畢業，然後留學美國，二年後獲匹茲堡大學煤礦工程學系碩士，隨即進入礦區工作。一九二五年（民國十四年）返國，翌年任蔣校長機要秘書，獻身革命工作，參加北伐，嗣後歷任教育部長、立法院副院長等要職。晚年致力於中國文化復興運動及推動中醫藥。

公元一九二六年立夫先生在上海與孫祿卿女士結婚，育有三子一女，百歲壽誕時已四代同堂，兒孫各有成就。

公元一九九四年六月立夫先生發表回憶錄《成敗之鑑》，其中養生篇中，根據長期經驗所得，於己而言，列舉十二點結論如下：

一、個人應立志，國家亦應立志；個人之志與國家之志兩者無法兼顧時，必要時應捨個人之小志，而先實現國家之大志。

二、精神與物質二者不能偏廢，物質礦無機會開採時，亦不妨開採精神礦（文化礦），其裨益人類則同。

三、所學之科學方法與採冶工程技術，亦可用之於其他方面，蓋盡物之性與盡人之性，可以相通（見中庸二十二章），運用全在乎人。

四、成功不必自我，可以助人之處，應盡力助之，與所學有關或相近者，尤不可失去機會，從旁協助，「人之有技，若己有之」，此一偉大觀念，一經具備，則心境開朗，不復作怨天尤人之想矣。

五、一生用非所學，成效不易顯著，雖以竭智盡忠自勉，終須邊做邊學，起初往往無充分之自信，即使延用內行者爲助，以外行管內行，非誠信待人，不足以服人也。

六、寧有志而未得用，不可無志而求倖成也。

七、任勞易，任怨難，爲領袖任怨就是忠，任怨而不求人知，是量大，而必須先有自信。

八、爲領袖者必須愛護部下之安危，先天下之憂而憂，後天下之樂而樂。切不可有絲毫私心，否則必如孔子所云：「智及之，仁不能守之，雖多之必失之。」

九、我一生所見的人不少，聰明的人很多，而氣量大的人極少；量小則不易容人，此其所以易於失敗也。

十、以我之至忠無我，最後尚難取信於上，我之過歟？人之過歟？

十一、我有二事，永難使人諒解者：⑴我對於做官無興趣，卻又做了二十餘年之官，有些人想做官而不得，而不知我一直求去而不得（辭職有五、六次之多）。⑵他人想你怎麼能使黨內同志聽你的話，而無小組織的存在，他們殊不知要人聽話，第一要無私，第二要無求於人，才能使同志服從領袖，實行主義及政策。

十二、我祇能成敗聽之於天，毀譽聽之於人，爲文化之衛士，足矣！

## 幸福人生具備「四老」

立夫先生在九十歲生日時，曾在紐約祝壽會上致詞指出老年人的四大需要，以及達到四大需要的條件如下：

一、老健：老而不健康是不幸福的，所以保持健康爲最重要，讓我奉贈你們八個字如下：「養身在動，養心在靜」。（解說詳後）

二、老伴：中國人對於夫婦的觀念，與現代美國不同，是要「白頭偕老」的。所以要慎擇於始而和順至終，惟如何能達到「和順」二字，必須做到下列八字：「愛其所同，敬其所異」。天地間沒有兩個完全相同的人，就是親兄弟姊妹，都是個個不同的。強人同我，就是自私，自私是爭吵的原因，爲老伴之大敵。所以祇要大體相同，不必要求對方一定要與我相同。大同世界如何達成，亦有賴於上述八個字。國與國，家與家，人與人，相處的原理是一樣的。我與內子結婚數十年，從未吵過架，就是靠上述八個字。夫婦和順，對於下一代影響很大。

三、老友：人不能孤陋寡聞，友直、友諒、友多聞，是人人應交的益友，古人云：「君子之交淡如水」。因爲不是酒肉之交，而是道義之交，以文會友，以友輔仁爲目的也。爲欲維持長久友誼，亦有八個字，即「以誠相見，以禮相待」。如此交友，則友誼永保。我認識的人很多，每年過年，接到的賀年片數以千計，我必定一一回禮，所謂禮尚往來也。我退休後，尚有如此多人寄賀卡與我，非有所求也，友誼而已矣。其中老友約佔三分之一，所以我從不感到寂寞。

四、老本：老本者，指老而有儲蓄也，亦即經濟方面有獨立的能力，而無須求於人（包括兒女在內）。於此亦有八個字奉獻如下：「取之有道，用之有度」。

立夫先生的老家廳堂懸掛曾祖父手書「壽本乎仁，樂生於智；勤能補拙，儉以養廉」一聯，每日過而見之，影響極深。上聯出於孔子之「智者樂，仁者壽」，下聯則爲治家之要道。立夫夫婦奉行不忘，家中生活始終保持平常人標準，從來未感到有入不敷出之困難。換言之，即常顧到儲蓄，以應急需，所謂「用之有度」是也。往年立夫先生主持政府機關如教育部時，每半年作一次假交代，公帑除應得之薪津外，不差一分一釐，以保持廉潔之操守，此之謂「取之有道」。如此，則老而無憂，不虞匱乏老本之無由也。

以上「四老」，皆立夫先生的寶貴經驗，也是一般老年人幸福人生的必要條件，極有參考價值。

## 四代同堂歡度百歲

立夫先生於公元一九九九年九月六日歡度百歲壽誕。壽宴假台北圓山大飯店舉行，在近千位親友「萬壽無疆」的祝福聲中，立夫先生親手切開八層大蛋糕，席開百桌，四代同堂，嘉賓雲集。壽宴開始前，立夫先生略述他的養生之道，希望大家能和他一樣，活到一百歲。他將多年親身經歷所得，整理成《我怎麼會活到壹佰歲》一文，提供大家參考。節錄如下：

# 我怎麼會活到壹佰歲（節錄）

——陳立夫

長命百歲是人人所期望的，但是非人人所能達到的。其原因甚多：壹、有屬於先天所稟賦；貳、有屬於後天的保養；叄、有災難而能逃過；肆、有俗務而能減少。讓我一一講來，以供大家參考，我是真正活到壹佰歲了。

## 壹、先天的稟賦

先天的稟賦，人人不同，而最可貴者，我則具有四種，述之如下：

### 一、我能熟睡

我一睡下去，不到幾分鐘，就能睡著，而且不久就睡得很熟，這是恢復疲勞的最有效方法，內人孫祿卿女士常常妒忌我，說我有這好福氣，但是因爲熟睡，從幼年起就犯了一種毛病「尿牀」。這是一種極討厭而難治的毛病。母親痛打不見效，服藥亦無補於事，一直弄到結婚前（二十三歲）仍不免偶爾會犯，中醫說是腎虧，不易治好，年紀大了自然會好，此病最怕出門。到人家把人家褥單弄濕了，眞不好意思，幸虧過了二十三歲漸漸好了。家裡陪我同睡的年長表姊，罵我「尿出仔」，我亦祇好忍受了。

二、不發脾氣

我每次遇到困難，往往祇怪自己，不怪人家，所以不會發脾氣，更不會因此和人家衝突，所以小朋友都喜歡和我玩。當我擔任蔣校長機要秘書，以補邵力子先生之缺時我僅二十七歲，一個人在蔣公館辦公，一天忙到晚，亦沒有一位同事，更無發脾氣的對象，後來由科長進而代理了秘書處長，亦未發過脾氣，此後二十九歲擔任了中央黨部秘書長及三十二歲擔任組織部長等職，下面都是前任留下來的人，我客客氣氣待他們，他們亦恭恭敬敬待我，無一次發過脾氣，所有部下，都對我很好，不知脾氣何用。

我常常在蔣校長公館，見他對學生及部屬發大脾氣，我知道他這時候遇到困難，心緒不好，我曾勸他要學德國的興登堡將軍，一生從來不發脾氣，興登堡將軍說「發脾氣是自己責備自己」、「要做到常自責，才是修身之道」。蔣公聽了默默不語，我又曰「校長如果對我發大脾氣，我第二天就辭職不幹了」，蔣校長怕我不幹，他在我為他服務二十五年中，始終沒有對我發過脾氣，我眞的感謝他。

三、記憶力強

我很小在私塾中就以記憶力強勝同學，例如一本「孟子」，別人需要半個月才能背熟，我則只需三、四天。塾師認爲我是好學生，常常帶我去南門外，買水產放生，這種行善方式，現在已不再見了；我憑記憶力強，平時往往不帶書包回家，去私塾中背誦如流，塾師認爲是好學生。後來到了上海進南洋路礦學校中學部，我除了英文學得遲了，比不上人家，國文則常在班中同學之上，其他數、理、化因記憶力強，考在同學之前，總分數第一，每一學期可得獎狀一張，四年得了八張，牆上都貼滿了獎狀，他人見了都讚美不已。

我後來去北伐軍總司令部擔任機要科長，對前方拍來軍事電報，每日來者必須把回電發清，才能休息，每晚必至十二時，始能睡覺，軍事貴速，機要科確能做到，此時竟引起參謀處的盛世才的欽佩，後來發生了好印象，爲我所意想不到的事。爲協助記憶加強，我發明了「五筆檢字法」，依「·一丨／ㄱ」五種不同的筆型，分成五五二十五類，將密碼名稱分爲二十五類，例如「立」碼可從「·一」類去找，一找即得。何應欽之密本可從「／丨」類去找即得，幫助記憶不少。後來中央黨部之黨員姓名排列，即照我的「五筆檢字法」排列的，要從五百萬黨員中去找一個黨員，只須一分鐘，就可找到，豈不便捷多嗎？

## 四、有恆心

我的有恆，從私塾到館每天第一做起，因此放館亦是第一了（先到先放），做論文亦要趕上人家，及早繳卷，名列第一。後來進入中學，數學總是繳卷最快，經常可得滿分。推其原因，仍爲記憶力強而又能守之以恆。我的早起，在家中爲第一人，去上學在街上則必天天碰到一位茅山道士，背上背有一韋陀像用以托緣，三步一拜從不間斷，有一天我忍不住了，一定要去問他，說：「請問老師父，你天天一早就在街上，三步一拜是爲的什麼？」老師父說：「你年紀太小，不懂的。」我又問他，他說：「我要爲大家造一座廟。」我又問他：「你天天行拜，人家怎麼會拿錢，助你造廟？」他答曰：「會的，你年紀太小，不懂的。」他就拜著走了。過了十八年，我在北洋大學快畢業了，要做論文，我和葉秀峰同學合做一篇論文名曰「弁山的地質及礦產」，弁山就在我的家鄉湖州北門外，我倆就在山中考察地質及礦產，有一天很熱，忽遇雷電交作，我倆迷失了路徑，雨中忽遇一道士，帶我倆至其尚未完工之廟中避雨，細細談來始知此道士當時即余十八年前在路上所遇背有韋陀三步一跪拜之人也，談及往事始知相識。道士極有恆，拜了幾近二十年而廟粗成，內部佛像尚未鍍金而已，此一重遇，證明有恆的人，如拜韋陀之道士，已以十數年之有恆作為達成造廟之目的，他給我影響至深且鉅，我以後為事，更覺有恆之重要。

## 貳、後天的保養

養身在勤　養心在靜
飲食有節　起居有時
物熟始食　水沸始飲
多食菓菜　少食肉類
頭部宜冷　足部宜熱
知足常樂　無求乃安——陳立夫

一、養身在勤，養心在靜

昔人云「戶樞不蠹，流水不腐，以其常動故也」，人能好動，則體內體外，均因好動而受其益，加強新陳代謝之功能。余每天五時半即起，作全身自力按摩之運動，迄今已將近半世紀矣。在上海進入中學受學時，各種球類運動均好參與。其他，如賽跑、游泳、滑水、打拳等等，亦莫不參予，非求勝也，乃求動也。故年歲愈老亦不中斷。老年自身按摩之法，為東北秦太太所口授，稱之曰「內八段錦」，另紙詳細說明（附件一）。

余每日三頓飯後走路，由護士陪同，每次約走五百至六百步，行此已有二十年矣。

余一向不好政治，因其爭權奪利，各種卑鄙手段，莫不採用無忌，余若非蔣公之強留任職，否則早已在中興煤礦公司任採礦工程師矣，余親見胡漢民與汪精衛之積不相容，寧與軍閥合作以反抗國軍，而不知恥，既無志可同，何能稱同志耶。

養心在靜，第一在澹泊明志，余誠無志於仕途，對於勾心鬥角之爭，絕不願見其出現，故見蔣公之被迫去俄，出而阻之，果然被蔣公所接受，遂使乾旋坤轉，北伐事成，此豈國人之所預料及之哉。蔣公此時雖掌握兩廣軍事全權，但在「以黨治政，以政治軍」之口號下，蔣公猶居第三級，一切黨政大權盡在汪精衛掌握之中，若不採取斷然手段，必被人所制，此余之出此所稱總理在天之靈也。

蔣公此一大轉，一切大權盡入其手中，北伐大計始能實踐，豈非天意乎。

## 二、飲食有節，起居有時

我們的家，既非富有亦非貧乏，惟因二叔辛亥革命起義上海，事成而家亦不復窮困。但不久反袁稱帝，又遭迫害，復歸於貧困。故飲食終歸貧乏，其能維持學業不輟，則全賴三叔在銀行服務以協助有以成之也，故飲食有節，起居有時二者勉強有恆做到。昔人云「早起三天當一工」，蓋早起去學校可用腳走去不必坐車也。七十歲過後，每晨六時半至七時半作寫字功夫，並服藥煮燕窩一杯（附件二）。

三、物熟始食，水沸始飲

吃生牛肉、海鮮等已成爲人類之普通習慣，認爲好吃不問其他。余則認爲癌症日見其多，其原因可能在此，昔人云「病從口入」，余有一文發表在菲律賓召開之世界醫學大會，其論文之名曰「癌症成因之新理論」，惜乎世界醫學家不重視之，余信將來余之主張仍將爲治癌之方向也。故余終守「物熟始食，水沸始飲」，從不破例。

四、多食菓菜，少食肉類

家貧其能不斷餐者，因上一代兄弟友善從不分家，故能免三餐不繼，祖母茹素，家中每日所費於買菜之數僅一元之十分之三而已。固然兩素兩葷，家裡女人吃素的多，自然適合，我亦無所謂，其實正合乎養生之道，不過吃到魚頭、雞頭、鴨頭，大家必讓我獨吃，而且說「讓你吃了，唸書唸得好，考第一」，我說「謝謝」。

五、頭部宜冷，足部宜熱

有一美國老年人活至一百二十歲，新聞記者及小書店老闆前往其家，問其父親如此長壽，有無遺著，答曰「有」，願以壹萬美元出售其書稿，次日雙方交書交錢，啓而讀之則僅有一頁，寫有兩句話如次：「保持頭部冷，保持足部暖」。此正與中國老年人睡眠前以熱水洗腳，非至極寒冷之日，不戴帽子同一理由。余信其理而保持此習慣。

### 六、知足常樂，無求乃安

昔人云：「登天難，求人更難」，故常以自立自強，好學博學誨人，以不求人為最好。換言之「無求於人品自高」。有了獨立人格，乃可以與人講平等，故從小即勉人以好學。「好學近乎智」，「智者不惑」，自無求人之必要，故曰「澹泊明志」。考試制度之建立，亦欲使人之求己而不求人也，求人則成敗之權操之在人，非在己也，求人常使其心不安，而受制於人，不可稱為自主，欲求心之安樂必從知足無求做起。

## 叁、大難的逃避

余之一生遇危難幾死之浩劫，多至十餘次，幸自身機警靈敏，都能避免。計在煤礦中有四次，天空中有五次，在地面上有兩次。（從略）

## 肆、減少俗務尋求安寧

余服務國家社會七十五年，認識的人確實不少，若在禮儀方面不自加約束，則終日忙忙碌碌為人奔走，余之身體健康必受影響，乃於八十歲生日之日起，自限「不為」之事如次：

一不剪綵。

二、不證婚。
三、參加婚禮及壽禮不發言。
四、不為較余年幼的死者蓋黨旗或國旗。
五、不任治喪委員會主任委員。
六、參加壽宴不發言。

此一決定絕不破例，雖家姊之女結婚，亦不往證婚，本學校典禮而需剪綵者，亦不參與，如此做法減少年高時之麻煩不少，有了以上原則，遵守不渝，乃能達致百歲之年，天命亦人力焉。

余之身體，並不特別強壯，自五十八歲起，即患糖尿病，亦曾因膽石及膀胱積石，動過外科手術，其他的病亦曾生過，今居然能活到一百歲，不亦天乎。

## 伍、附件

一、秦太太口授之「內八段錦」其動作如下：

(一)**頭部**：

1. 以兩手蓋住耳朵，再以食指中指打擊腦後百下。

2. 以雙手食指及中指在兩方太陽穴摩擦百下。

(二)**眼部**：

1.以兩手蓋住兩眼，左右移動百下。

**(三)耳部：**

1.以兩手蓋住兩耳，開開關關百次。

2.以兩手食指按住兩小耳朵上下百次。

3.以食指插入耳孔轉旋百次。

**(四)鼻部：**

以兩食指在鼻子兩邊上下摩擦百次。

**(五)胸部及腹部：**

1.以右手轉圈，在右胸部同時以左手轉圈在腹部一百次。

2.以左手轉圈，在左胸部同時以右手轉圈在腹部一百次。

**(六)腰部：**

以左右兩手上下摩擦腰部共一百次。

**(七)腿部與腳部：**

1.以雙手摩擦左右兩大腿及小腿各一百次。

2.以右手摩擦左腳心，以左手摩擦右腳心各一百次。

**(八)睪丸部：**

1.以兩手摩擦睪丸兩邊一百次。

2.以兩手搓陰莖一百次。

二、陳立夫自製心肌阻塞症之藥方：

(一)用大白芹菜（降血壓通血管）半顆，切成小塊，用打果機打爛。

(二)加黑木耳（美國認為可使血小板不凝結）浸水後，一飯碗之量，加入打果機打爛。

(三)加冬菇（日本一研究所認為冬姑是血管之清道夫）浸水後去蒂，一飯碗之量，加入打果機打爛。

(四)加山楂粉（我國認為可平血壓通血管）二兩及水若干於打果機打爛成薄漿。

(五)加丹蔘粉（大陸治心肌阻塞之有效藥）二兩及黃耆粉二兩於打果機加水，打爛成薄漿。

(六)加黃耆粉（大陸治心肌阻塞之有效藥粉）二兩及水若干於打果機打爛成薄漿。

(七)將此薄漿倒在鍋中煮滾後，倒在瓶中，置入冰箱，分五六天與燕窩同於早飯前煮食之。

按此為立夫自己發明，使心臟不致阻塞，現已服六年之久，有友人服之有效，認為確有效果。

# 張學良的養生之道

真以待人，寬以處世。凡事看得開，拿得起，放得下，才能在享高壽時，仍能保持赤子之心。

——張學良

## 天賦聰明，而少智慧

張學良，字漢卿，原籍遼海城，生於公元一九〇一年六月四日。但是他每年都改在五月二十八日做生日，因爲他父親張作霖於一九二八年六月四日清晨，在瀋陽城外皇姑屯被日本人炸死，他說：「那一天正好是我的生日，我很迷信，總感覺父親與我有特殊關係。我出生時，父親頭一次打了個大勝仗，起了家（故張學良乳名雙喜）。我現在的生日是假的，我不能過生日，因爲這會使我想起父親。」（參見郭冠英著《張學良側寫》頁三三）學良十一歲時喪母，他在懺悔錄中寫道：「良年方十一歲，慈母見背，先大夫寵愛有加，但忙於軍政，素少庭訓，又乏良師益友。」

張學良年輕時本想學醫，父親不准，又想去美國唸書，父親也不准。十九歲畢業自東北陸軍講武堂，四科考試全考第一。二十歲任東北軍第三混成旅旅長。一做軍人，他父親就對他說：「你要把腦袋割下來掛在褲腰帶上。」

帶兵後，張學良成爲他父親的左右手，在兩次直奉戰役中都著有戰功，成爲奉軍中的「少帥」。

張學良十九歲時奉父命與于鳳至結婚。于鳳至畢業於奉天女子師範學校，比張學良年長兩歲。婚後，張學良一直稱呼她爲「大姐」，夫婦感情和諧。

張學良天賦聰明，記憶力強，人生觀非常豁達，常識豐富。興趣廣泛。他會開汽車和飛機，喜好各種運動，如桌求、網球、高爾夫球等無一不精。他有摹倣的聰明，例如學習英文，提倡體育，禮賢下士等，但也有摹倣壞事的聰明，例如抽大煙，打嗎啡針，玩女人等。有人曾經批評他「聰明而不智慧」，因爲他常幹傻事，聰明反被聰明誤。他曾撰一聯自嘲：「兩字聽人呼不肖，一生誤我是聰明」。

張學良甚爲健談，喜歡講笑話，有一次他講了一個孔子的笑話：「孔子在陳蔡落難，斷了糧，叫子貢去買米，米店老闆一見是讀書人，就指著牆上的一個字叫子貢認，認得就賣米給他，子貢一看，說是『眞』字，老闆嗤笑，揮之去，子貢返，孔子率弟子再去，一看牆上的字，說是『直八』，老闆稱善，乃賣米。子路性直，不解，問老師，孔子道：不能認眞，認眞就沒飯吃了。」張學良教人要「眞以待人，寬以處世」，要與孔子的笑話相反。他又說：

「凡事看得開，拿得起，放得下，才能在享高壽時，仍能保持赤子之心。」

張學良年輕時什麼都來，最喜歡女人和賭博，他曾說：「生平無憾事，唯一愛女人。」

## 張學良與「九一八」事變

老帥張作霖於一九二八年六月四日被日本人炸死，張學良辦理乃父喪事後，乃正式通電就任奉天督辦之職，統兵約二十萬人，被人稱爲少帥，當時年僅二十八歲，所謂「年未而立，即負方面」。次年一九二九年元旦，國民政府發表命令，特任張學良爲東北邊防軍司令長官，其勢力不亞於閻錫山和馮玉祥，成爲當時軍閥中的一方之主。

兩年後，一九三一年九月十八日起，日本關東軍出兵佔領東三省，張學良於事變前一星期，曾奉命不予抵抗，於是激起了全國軍民堅決抵抗日本的民族意識，而張學良則被稱爲不抵抗將軍。

當「九一八」事變發生時，張學良正在北京逍遙自在，廣西大學校長馬君武事後曾賦詩兩首，題爲「哀瀋陽」，反映出中國知識分子怨憤憂國的心境，當時曾膾炙人口。原詩如左：

**哀瀋陽**二首　馬君武

其一

趙四風流朱五狂，翩翩蝴蝶最當行；
溫柔鄉是英雄塚，那管東師入瀋陽！

其二

告急軍書半夜來，開場絃管又相催；

瀋陽已陷休回顧，更抱佳人舞幾回。一九三二年一月二十日

馬君武所作這兩首詩是諷刺「不抵抗」將軍張學良，說他在「九一八」時仍沉迷酒色，置國家大事於不顧。詩中「趙四」是指趙四小姐，「朱五」是指朱湄筠小姐，「蝴蝶」是指電影明星。事後張學良曾否認與朱小姐及蝴蝶有染。

## 張學良與西安事變

一九三六年十二月十二日，發生了震驚全國的西安事變。當天張學良在西安發動兵諫，把蔣介石軟禁起來，要求蔣領導抵抗日本。因爲兩個人的政見不同，蔣主張要攘外必先安內，張則主張要安內必先攘外。事變發生十天後，蔣夫人於十二月二十二日冒險飛抵西安，運用其外交手腕，由她代蔣承擔一切，說服了張學良，釋放蔣介石，而出人意外的，張學良居然親自陪蔣公護送至南京，於是一場震驚全國的鬧劇至此暫告結束。後經軍委會高等軍法會審，判處張學良有期徒刑十年，褫奪公權五年。旋經特赦，仍交軍委會嚴加管束，張學良從此開始度其漫長的幽禁生活。

張學良最初被管束的地方是浙江溪口鎭雪竇寺的中國招待所，蔣公予以優惠待遇，准許張夫人于鳳至和他的密友趙四小姐一荻，隔月輪流來陪他，並准許友人來探望他，以及在溪

口的一定範圍之內可以自由行動。他在無聊時，遊遍了當地的名勝青龍潭、千丈巖、雪竇寺等地。他還可以和他的秘書下棋、打網球或讀書、扶乩。

從一九三七年一月十三日起，經過七月七日蘆溝橋事變和八一三滬戰，張學良在溪口一直住到南京失守前。嗣因溪口招待所失火，張學良曾暫時移居安徽省的黃山和湖南省的郴州，於一九三九年秋奉命移居貴州省的修文縣，下榻於王陽明的紀念祠堂裡，一住三年。祠堂大門有對聯云：

三載棲遲，洞古山深含至樂；

一朝覺悟，文經武緯是全才。

聯中文意頗與張學良的境遇有偶合之處。

張學良遷居修文後，心境漸趨平靜。自知已無再上疆場機會，乃寄興於埋頭讀書，開始研究明史。

一九四〇年冬，于鳳至因患乳癌飛美就醫，趙四小姐前來修文與張學良重聚，恩愛彌深，並協助張學良整理明史札記，眞所謂「紅袖添香，佳人伴讀」，張學良的心境從此開朗多了。

一九四五年八月十二日，日本宣布無條件投降。此時張學良幽居地點已由貴州省修文縣遷到遵義北方的桐梓。東北大老莫德惠獲准去桐梓探視張學良，並帶交周鯨文致張學良的信，張曾在覆周的信中寫道：

穩而後方能健，平而後方能正，切請勿河漢之。紙短情長，心照不宣。

可見幽居八年後的張學良已經老練成熟多了。

## 隱居台北篤信基督

張學良在大陸軟禁了十年，一九四六年十一月二日，由一架專機被送到了台灣。同行的有趙四小姐，一名隨從副官，和女傭王媽。新居是新竹縣竹東鎮的井上溫泉，原是日治時代的警察招待所，後改名爲「清泉」。一排日式的平房，設備雅潔，但不華麗。室外是一個大花園，還有一個網球場，園旁一灣流水，水外是山，風景頗爲秀麗。

同年五月間，莫德專奉准又去清泉探視張學良。張的話題集中在歷史，他熱衷於想做歷史教授，或中央研究院的歷史研究員。他對莫德惠說：「我讀歷史所得的啓示，發覺世間最有權威的人，是學術最爲淵博的人，沒有學術，不足以治人。或者說，世間唯一可以治人者，唯學術而已矣。」他並出示近作五言絕句一首，詩云：

十載無多病，故人亦未疏。
餘生烽火後，唯一願讀書。

不久以後，張治中亦來台灣度假，專程訪問了張學良，相談甚歡，張學良亦贈詩一首：

總府遠來義氣深，山居何敢動嘉賓；
不堪酒賤酬知己，唯有清茗對此心。

張學良在竹東清泉隱居了十五年，到一九六一年九月遷居台北的北投山崗上，新居是兩層樓房，紅磚牆壁，石板平台，從寬大的落地窗，可以俯瞰台北。院內還有網球場。他乘坐自備的福特轎車，可以自由進城，去訪問多年老友莫德惠、張群、王新衡等人。

張學良遷居台北後，他的興趣由明史研究轉移到基督教義。因爲他常和董顯光等一起做禮拜，在基督教義上獲得啓發不少。他雖未受洗，對基督教的信仰卻極誠篤。他和趙四小姐每餐之前必作虔敬的禱告。

張學良在遷居台北之前，即曾受蔣夫人宋美齡的勸告而研究聖經。遷居台北後，深受董顯光、曾約農、周聯華三人的啓發。他曾發表信教的心得說：「信教是一項瞭解上帝存在的過程，所以若有人說不信上帝，則下地獄是絕對錯誤的。人家不信教是我們基督教沒做好，沒有把上帝這個存在讓人們曉得，這是我們的責任。對我們基督徒來說，耶穌復活，聖母童貞懷孕，以色列人過紅海，都是確有的事實。我們相信，我們有信心就能知道它存在過，就如我們有信心，我們就能走過台灣海峽。」

張學良的原配于鳳至曾生育二子一女，遷居美國後，他與趙四小姐同居三十年，紅粉知己，難解難分。因爲兩人篤信基督教，乃向牧師請求受洗。但依照基督教的規定，教徒在受洗時，不能有兩位妻子，他必須在于鳳至和趙四小姐之間決定一人。張學良取得了于鳳至的離婚同意後，決定和趙四小姐結婚。於是兩人乃在一九六四年七月四日在台北市杭州南路一位美籍人士的家中舉行了婚禮。新郎六十四歲，新娘五十一歲，好友張群等十二人參加觀禮。聯合報在報導時，曾有下列動人的標題：

卅載冷暖歲月，當代冰霜愛情，
少帥趙四，正式結婚，
紅粉知己，白首締盟。
夜雨秋燈，梨花海棠相伴老；
小樓東風，往事不堪回首了。

張學良晚年，身心均有所寄託，生活正常，精神愉快，也許這就是他壽逾百齡的主要原因。

## 戒毒出國，恢復健康

張學良二十歲當旅長，二十八歲當奉天督辦，被稱爲少帥，常須承受極大壓力，爲麻醉自己，於是開始吸食鴉片，他曾詳述吸毒的經過：「我的父親是個軍人，他要我繼承他的一切，我不想做什麼將軍，我要受普通教育，從事一項職業，但我爲中國家庭傳統所迫，必須繼承父業。在戰爭中，我目睹軍隊殺人如麻，使我十分難過，不知如何是好。我替無辜的人民抱冤，因爲他們有活下去的權利。有時，在某種情況下，我要判處人們的死刑，這也使我心裡不安和恐懼。於是我開始吸食鴉片，藉以麻醉。不久我的妻子也跟著上了癮，後來趙四小姐也染上了。」

一九三三年春，張學良決心辭職後到上海戒除鴉片煙毒。他住在杜月笙福煦路一八一號的公館裡，藉以保護安全。爲他執行戒毒的是密勒醫生。他的夫人于鳳至和女友趙一狄，也一同參加戒毒。經過一個月的時間，他們終於戰勝了毒癮，恢復了健康。

戒毒後的張學良及其家人決心出國旅遊散心，第一站是法國巴黎。當時輿論對於張學良出國並無太好的反應。林語堂主編的「論語」雜誌，曾登了一首打油詩，幽了他一默。詩云：

贊助革命丟爸爸，擁護統一失老家。
巴黎風光多和麗，將軍走馬看茶花。

張學良攜眷徜徉歐洲山水之間約八個月，先後到過法國、德國、英國、瑞士，最後到義大利。於一九三四年一月八日回到上海。這時張學良的健康已經完全恢復，體重由出國時的一四〇磅，增至一八〇磅。

## 軼事連篇愛國愛台

張學良的軼事頗多，茲略舉數則如左。

張學良的父親張作霖於一九二八年六月四日乘專車駛抵皇姑屯時，中了日本關東軍埋伏的地雷，當時重傷，旋即死亡。張學良當時在灤州軍中，接到噩耗時，曾叫部屬扶乩問訊，乩語云：「大帥歸矣」，他誤以爲受傷而歸，誰知老帥已經死了。

一九二九年一月十日，張學良奉國民政府正式派任東北邊防司令長官後，他要處決反對他的兩個部屬楊宇霆和常蔭槐，然而下不了決心，他曾取決於命運。他用一塊銀圓打賭，向空中抛出，心中禱告：銀圓落在正面，便扣起他們，若落在背面，便立即處決他們。結果兩次都落在背面，於是他下定了決心處決他們。

張學良有一口好牙齒，他說從前的人都不刷牙。他是到十幾歲才知道刷牙。他說他牙齒好是不吃糖的關係。但早年他的右邊一顆大牙（智齒）長歪了，後來引起發炎，影響到右耳。因此他在三十多歲時耳朵就重聽，只有左耳略爲聽得見。他不戴助聽器，聽收音機時，聲音開得最大。

張學良的眼睛也看不清，看東西要用二十倍放大鏡，很是辛苦。醫生說他的眼病可以開刀治療，但要全身麻醉，他不願冒險，因此他也就樂得眼不見爲淨。

張學良後來在美國買房子自住，只選擇風景好、建築堅固的房屋，不論風水好不好，他說：「我不信風水！」一九九三年由台北遷居夏威夷，過著隱密的晚年生活。

張學良在接受記者訪問時，自稱「我也是台灣人了。」因爲他在台灣居住了幾十年，已經習慣了台灣的氣候和生活。他最喜歡吃台灣生產的香蕉和土芒果。

張學良常常自許「不怕死，不貪生，不屈服，不賣國」，但他也曾經搞錢。早在第二次奉直之戰前夕，他曾買入奉票（東北鈔票）七十萬，後來戰勝了，奉票果然大漲，但他忘記買出，等到郭松齡倒戈時，奉票大跌，結果虧空了四十萬。

一九五六年十一月十六日，在北京召開記念西安事變二十週年座談會上，周恩來指出張學良是千古功臣，是英雄人物，他這個英雄人物是個人英雄主義，但用在抗日上就用對了。

張學良親自送蔣去南京是個遺憾。座談會中東北人高崇民曾即席吟詩一首：

兵諫功成廿五年，乾坤扭轉話凌煙；
今日座中皆旺健，一人憔悴在東南。

周恩來對高崇民說：「『憔悴』二字太消極，不如改爲『奮鬥』。」

蔣總統是英雄主義，西安事變後張學良雖護送他回南京，他仍認爲是奇恥大辱，不予原諒，將張學良軟禁了數十年，但蔣夫人宋美齡曾一再對人說：「我們對不起漢卿。」

一九七五年四月五日蔣公逝世，入殮前蔣夫人將張學良接到蔣公靈前，作最後的告別。張學良恩怨交集，在複雜的心情下，寫下了一副輓聯：

關懷之殷，情同骨肉；
政見之爭，宛若仇讎。

張學良遇到關鍵事物，喜歡題詩題辭藉以抒懷。例如一九八〇年十二月三十一日寫給張捷遷的題字：

不怕死，不愛錢，丈夫決不受人憐；
頂天立地男兒漢，磊落光明度餘年。

下面是張學良有感而發的兩首詩：

## 一、謁延平郡王祠

孽子孤臣一稀儒，塡膺大義抗強胡；

豐功豈在尊明朔，確保台灣入版圖。

## 二、偶感

玉爐煙盡嫩寒侵，南雁聲聲思不禁；

好夢未圓愁夜短，虛名終究誤人深。

一九九一年五月十一日張學良在紐約接受「美國之音」記者訪問，他自稱是愛國狂，年輕時人家說我是花花公子，我放棄花花公子的享受，出來做事，就是決心對國家要有所貢獻。我痛恨日本軍閥，一心想抗日。我心中最難過的就是未能參加抗日戰爭。最後記者問他：「你對海峽兩岸有什麼看法？」他說：「我衷心希望兩岸能夠和平統一，非常反對分裂。當年我權勢在握時，就贊成統一，反對內戰。」

張學良早年與他父親的關係非常密切。歷史學者唐德剛曾經評論說：「學良的大官大位是與他有個好爸爸分不開的，但他那好爸爸也幸好有這麼一個好兒子。學良是他的『先大元帥』麾下不可或缺的助手、智囊和副指揮。他們父子檔，正如京戲舞台上所創造的『楊家將』。沒有這個兒子，則張老令公的光彩也要遜色多了。沒有這個兒子，老令公於『碰碑』之後，餘衆也就統率無人了。」

## 養生有道，壽逾百齡

張學良由於一念之差發動震驚中外的西安事變，劫持蔣總統，釋放蔣公時，更由於一念之差護送蔣公至南京，嗣經判刑十年，雖經特赦，仍由軍委會嚴加管束。幽禁地點由大陸到台灣，遷移多處。自一九七五年蔣公逝世後，張學良才獲得較爲自由的待遇，晚年遷居美國夏威夷後，才有完全的自由。

公元一九九〇年，張學良慶祝九十歲生日時，有人問他在以往的漫長歲月中，失去自由的感想。他完全不在乎地說：「我有完全的自由，心靈自由，身體也自由。」可見多年來他雖受軟禁，他的精神和心理仍然感覺自由，此種豁達的心懷，也許是他壽逾百齡的基本原因。

張學良居住台北北投時，最聽信榮民總醫院醫生的話。他說：「我不是貪生，而是視我的身體就是上帝的殿堂，我要使它潔淨，以備上帝的召喚。」

張學良晚年信仰基督教後，精神有了寄託，更加注意保養身體。他說：「我注意保養身體，並不是爲了貪生。我有兩個理由：一、我的身體是上帝的殿堂，我要使它潔淨，以便接受上帝的召喚；二、我是上帝的工具，就如鋸子和螺絲釘一樣，我要保持它的銳利，以備祂隨時要使用。」

張學良曾說，他長壽的秘訣就是能睡，「明天要槍斃，今晚仍睡得著。」早年他打仗時，眼看就要失敗，無計可施時，他就睡一覺。曾經有一次睡醒後，戰局已經轉好了。

張學良長壽的原因，趙四小姐的功勞甚大。早在一九三六年西安事變之前，他就與趙四小姐熱戀，張在大陸軟禁後兩人仍能來往，以後又隨同來台。兩人同居三十多年後，一九六四年才正式結婚。他們的結合由於志趣相同，無論張學良研究明史或基督教義，她都始終伴讀，一天到晚爲張整理筆記，而不露倦容，眞所謂「紅袖添香，佳人伴讀」，這對於張學良的健康長壽裨益甚大。趙一荻晚年罹患肺癌，曾經開刀治療未癒，於二〇〇〇年六月二十三日病逝於美國夏威夷檀香山，享年八十八歲。

茲引錄張學良晚年所撰「西安事變懺悔錄」第一段，以助讀者了解張學良的一生：

良年方十一歲，慈母見背，先大夫寵愛有加，但忙於軍政，素少庭訓，又乏良師益友，而未及弱冠，出掌軍旅，雖數遭大變，但憑一己獨斷孤行，或有成功，或能渡過。未足而立之年，即負方面，獨握大權，此眞古人云：「少年登科，大不幸」者也。處事接物，但憑一己之小聰明和良心直覺。關於中國之禮教殊少承受。熱情豪放，浪漫狂爽，忿事急躁，有勇無義。此種薰陶，如今思來，恐受之西方師友者爲多也。

最後，介紹張學良的養生格言，以供參考。

心胸坦蕩，意志堅強；

經常運動，鍛鍊身體；

起居有時，飲食節制；

養花讀書，修養心性；

廣交朋友，心繫八方。

# 一二〇歲的虛雲和尚

## ——養生修持要訣

這個痴漢，有甚來由？末法無端，為何出頭？嗟茲聖脈，一髮危秋。拋卻己事，專為人憂。向孤峯頂，直鈎釣鯉。入大海底，撥火煎漚。不獲知音，徒自傷悲。笑破虛空，罵不唧唧。噫，問渠為何不放下？蒼生苦盡那時休。

——幻游比丘　虛雲自題

## 前言

人類的壽命隨著時代的進步不斷地延長。例如美國和日本人的平均年齡現已高達八十歲以上，但距離天壽一百二十歲尚遠。所謂「天壽」，乃指天賦之自然壽命，亦稱「天年」，即在正常情況下，人類的最大壽限。但一百二十歲只是現階段我們追求的目標，並非人壽的極限，實際上必定有人超過。

我國近代以來，年齡最長而有年譜可查的是高僧虛雲和尚。他俗姓蕭，世居湖南湘鄉，生於公元一八四〇（清道光二十年）八月二十七日（夏曆七月二十九日寅時），歿於公元一九五九年（民國四十八年）十月十三日（夏曆九月十二日丑時）。按照我國傳統的計算年齡習慣（虛齡），世壽爲一百二十歲。我國歷史上曾活到一百二十歲的尚有唐代趙州從諗和尙（公元七七八—八九七年），但並無年譜可供查考，其養生方法亦難以深究，故不具論。

## 虛雲和尚傳略

虛雲和尚俗姓蕭，名古巖，字德清，世居湖南湘鄉，父玉堂，母顏氏。清道光年間，父宦游福建泉州，道光二十年（公元一八四〇年），虛雲誕生後，生母病故，由庶母王氏撫育。

虛雲十一歲，由祖母作主，以虛雲兼祧繼叔，爲定田、譚二門親事。十七歲時，父迫使完婚，但虛雲早已立志從佛，雖不得已而與田、譚二氏成親，然而同居無染，守身如一。再過二年，虛雲十九歲，至福州鼓山湧泉寺，禮常開法師剃度。離家時寫下「皮袋歌」三章給田、譚二氏，表明不貪名利，不戀妻妾，「從今不入紅塵隊，降伏六根絕思慮」的超凡志向，次年依鼓山妙蓮和尙圓受具戒。

虛雲三十一歲，行腳至浙南溫州的雁蕩山，學教於天台融鏡老法師，三十六歲至高旻寺聽敏曦法師講法華經，又至岳林寺聽彌陀經，三十七歲至天童寺聽楞嚴宗通。

公元一八八二年，虛雲四十三歲，發心朝拜五台山，以報父母深恩，是年農曆七月初一日，由浙江普陀法華庵起香，三步一拜，至公元一八八四年五月下旬始拜抵五台山顯通寺。在拜香還願三年間，曾經饑寒雪掩，痢疾腹瀉，口流鮮血，奄奄待斃，三次大病，幸能逢凶化吉，終達心願。

嗣後數年，虛雲參訪名山大川，三衣一缽，踽踽獨行，風霜雪雨，毫無倦容。體力日強，步履輕捷。五十三歲起與諸師同住九華，弘教三年。

虛雲自十九歲出家起至五十六歲開悟時止，爲自度時期，在三十七年出家歲月中，雖歷盡艱辛，猶生歡喜，每每藉境驗心，愈困苦處愈覺心安，所作所爲，福慧雙修。

公元一八九五年虛雲五十六歲以後爲度他時期，所作所爲，無私無我。到處開荒闢地，不住持現成寺院，不接受豐腆供養。四衆弟子前後得戒度者萬餘人，乞戒皈依者百十萬人，他親手興建大小梵剎數十，其宏麗者如雲南雞足山的祝聖寺，昆明的雲棲寺，廣東曲江的南華寺，乳源雲門的大覺寺，以及江西永修縣雲居山的眞如寺等。

綜歡虛雲一生事跡，可說是：志大氣剛，悲深行苦，雲水生涯，歷盡艱辛，愈挫愈奮，建樹良多，舉其犖犖大者，可概括爲十項：一、雲水天涯，苦修證道；二、提倡戒律，整肅道風；三、中興祖庭，建寺安僧；四、續法禪門，並弘五家；五、兼攝經教，重視文史；六、興學育僧，迎納新進；七、恢弘古風，農禪並重；八、護國護教，爲法忘軀；九、啓建法會，維護和平；十、福利社會，普渡衆生。

## 養生修持之道

虛雲和尚生於改朝換代的亂世，憑其先天的秉賦及後天的修養，志大氣剛，悲深行苦，振興佛教，度生無數，住世一百二十年，經歷「五帝四朝」和「九磨十難」，終能達成慈悲救世的心願。我們研究他一生修持養生的要訣，歸納起來，不外下列各點：

**第一，堅定不移的宗教信仰**。虛雲自幼喜歡聽祖母講述佛教故事，喜吃素食，不喜葷腥。稍長，回到湘鄉老家，初次接觸僧人及佛法後，便對佛教產生濃厚興趣。十九歲未經父親同意，私自出家。嗣後百年如一日，堅持宏佛利生。他維護佛教的事例，最著者爲民國三十二年受國民政府林主席、蔣委員長及戴院長等聘，至陪都重慶主建息災法會，會後蔣公詳細問法，虛雲曾以書面解答，條列唯物唯心及神與基督之理（文長不錄，原文詳見《虛雲和尚年譜》）。

又民國初年，各省逐僧毀寺，當時虛雲和尚在雲南雞足山的祝聖時，新軍協統李根源督兵赴諸山逐僧拆寺，虛雲乃面見李根源。時根源怒形於色，厲聲問曰：「佛教對社會有何益？」，老和尚答：「聖人設教，總以濟世利民爲要。語其初機，則爲去惡從善，從古政教並行，政以齊民，教以化民。佛教教人治心，心爲萬物之本，本得其正，萬物得以寧，而天下太平。」根源面色稍改，又問曰：「要這泥塑木雕作什麼？」答：「佛言法相，相以表法，不以相表，於法不張，法相表彰，則人易生敬畏之心，人心若無敬畏，則無惡不作，無作不惡，禍亂是以形成。即使以世俗言之，尼山塑聖，丁蘭刻木，中國各宗族祠堂供奉之祖先牌位及天地神祇，以及東西各國之銅像等，亦不過是令人心有所皈依，及起其敬信之忱，其功效實不可思議。就佛教而言，語其極則，若見諸相非相，則見如來。」根源面略現笑容。又問：「但是和尚不做好事，反做許多怪事，實在是國家的廢物。」答：「和尚是通稱，有聖凡之別，不能因見少數不肖僧，而遂罪及全僧，豈因一二不肖秀才而罵孔子？海不棄魚蝦，所以爲大；佛法以性爲海，無所不容，僧秉佛化，護持三寶，潛移默化，其用彌張，不一定全是廢物。」根源被老和尚說服，執弟子禮，乃引兵去。由此可知老和尚不但自己堅信佛教，而且能說服他人信仰佛教。

**第二，艱苦卓絕的修行生涯**。虛雲自十九歲在鼓山湧泉寺出家圓受具戒後，隱居山後岩洞中，禮萬佛懺，生活艱苦，有時以野菜野果充饑，時遇虎狼，亦不畏懼。隱居古岩洞十二年後，自覺修持精進，隨心所欲，雖不食人間煙火，但耳聰目明，體力日強，健步如飛。

老和尚五十六歲時，過江墮水得救後，口鼻流血，容顏憔瘁，乃在禪堂中打七，晝夜精勤，萬念頓息，以死爲待。經過二十餘日，奇蹟出現，容光煥發，衆病皆癒。從此參禪工夫進入純熟境界。一天，夜放晚香時，開眼一看，忽見大光明好像白晝一樣，內外洞澈。至八七第三晚，六枝香開靜時，護七禪師入堂沖開水，不愼將水濺在虛雲手上，茶杯墜地，啪的一聲破碎，頓斷疑根，慶快平生，如從夢醒，悟透禪關，乃述二偈，以記悟境。第二偈云：

燙著手，打碎杯；家破人亡語難開；
春到花香處處秀，山河大地是如來。

公元一九〇二年，虛雲住終南山時，與戒塵法師比試坐禪工夫。戒塵趺坐不到一個時辰，妄念不息，不到半日便支持不下去，只得起坐。待看虛雲法師，端坐於蒲團之上，雙目微閉，面容安祥，已然入靜，而一坐就是七天。待虛雲起坐後，戒塵問曰：「汝在定中，爲有知耶？爲無知耶？若有知者，不名爲定；若言無知，自是枯定，所謂『死水不藏龍』也，望明示。」虛雲道：「須知禪宗一法，原不以定爲究竟，只求明悟心地。若是眞疑現前，其心自靜，以疑情不斷故，不是無知，以無妄想故，不是有知。又雖無妄想之知，乃至針抄墮地皆知之，但以疑情力故，不起分別；雖不分別，以有疑情不斷故，不是枯定，雖不是枯定，乃是用功路途中事，非爲究竟。又此七日，只是覺得一彈指頃，一落分別，便起定也。須以此疑情，疑至極處，一日因緣時至，打破疑團，摩著自家鼻孔，方爲道契無生。」一番弘論，至精至微，令戒塵心悅誠服，欽仰之至，二人因相與結爲禪友。

虛雲將禪淨打成一片，其圓融無礙之處，尤爲人所不及。他以禪定見稱，戒行精嚴。往年上海某君在香港謁見虛雲時，詢及用功法門，於禪淨二者何擇，虛雲云：「汝自審果能處煩惱而不亂，住禪定而不寂，則可以參禪。若未能做到，則當一心念佛。」有人問他：「老年人學參禪好，還是念佛好？」他說：「老年人參禪不宜，最好還是念佛」。

**第三，淡薄名利，一介不取**。虛雲一生，不爲名聞，不圖利養，功成身退，不名一文。當他興建道場完成，必選一位大德爲住持，將所有財物全部移交，僅帶一鏟一衲兩袖清風而去。在雲南雞足山時，曾蒙遜清光緒皇帝敕賜紫金衣鉢及弘法大師金印，離開時全歸祝聖寺，並未隨身攜帶。

抗日時期，國府林主席請虛雲往重慶，主持四十九日護國息災法會，林主席曾贈與「法輪常轉」赤金印璽一顆，及配有金質菩提葉十二片之纓絡一串，離去時悉留寺中，從不將此名貴無價之寶取藏爲己物。

老和尚在重興雲棲寺時，一日由昆明回寺，在途中拾得名貴首飾錢鈔等物一大包，約值黃金百餘兩，行至寺前湖邊，見一少婦投水自殺，老人奮勇拯救，問其自殺原因，謂失鉅款及首飾，老人全部歸還，得救一命，由此感化全家信佛。

雲門事變之翌年，老人往上海建法會，情況熱烈，每日往玉佛寺等候接見者數萬人，所收弟子果金，時幣值三億餘元，悉數撥與四大名山、八大名剎，及大小寺院二百五十六處爲供養資費。

虛雲曾經開示：「世人總以有財爲榮，無財爲苦。無財想有財，少財想多財。有了白銀，又想黃金，永不會知足的。既爲自己打算，又爲子孫打算，一生辛苦都爲錢忙，不知有錢難買子孫賢，無常一到，分文都帶不去，極少能把錢財看穿的。」

**第四，吃苦耐勞，始終如一**。虛雲一生勞動不停，以身作則。當興建雲門大覺寺時，他已年逾一百歲高齡，仍然抬石挑泥，處處領前。

光緒三十年（公元一九〇四年），虛雲六十五歲，住雲南雞足山缽盂庵。該庵自嘉慶後，已無人住，因爲大門外右邊有一巨石白虎不祥，老和尚擬在白虎巨石處鑿一放生池、僱工斫之不碎，挖開土方察看，並無石根。該石高九尺四寸，寬七尺六寸，石頂平坦，可供跏趺坐。招僱包工議定，向左移二十八丈，來工人百餘名，拼力工作三天，無法移動，工人不顧散去。

老和尚乃祈禱伽藍，諷誦佛咒，率領僧人十餘，不費吹灰之力，竟將此石移往左方預定地點。當時哄動觀衆，驚爲神助，乃稱該石爲「雲移石」。士人題詠甚多，老和尚也有詩紀此事：

嵯峨怪石挺奇蹤，苔蘚猶存太古封；
天未補完留待我，雲看變化欲從龍；
移山敢笑愚公拙，聽法疑曾虎阜逢；
自此八風吹不動，凌霄長伴兩三松。

虛雲一生提倡勞動，分析其原因約有下列數端：

一、勞動是智慧的源泉，可以體驗生死，證得菩提。
二、勞動是衣食的來源。
三、勞動操作時，可以身心供養三寶，作爲培福的基礎。
四、勞動令人心不外馳，歸於寂靜，以爲入不思議境界養成的先導。
五、勞動可以健身，以便努力修持，護持三寶。
六、勞動使人體驗艱苦，以養成節約惜物的習慣。
七、勞動深合「一日不作，一日不食」的祖訓。
八、勞動的人可以任重致遠，荷擔如來家業。
九、勞動時可以看話頭用功，以貫徹知行合一的工夫。

**第五，堅持步行，鍛鍊體魄**。虛雲一生以苦行著稱，尤其堅持步行，非有必要，不乘舟車，堅持「凡一日步行可達之處，不許乘坐舟車。」

如前所述，虛雲四十三歲時，為報親恩，以盡孝道，以三年時間，行程約二千里，三步一拜朝禮五台山，其中歷經險阻，終了心願。然後步行遊歷國內各大名山。

光緒十五年（公元一八八九年）虛雲南行朝聖，先至西藏，再由西藏翻越崇山峻嶺，穿過世界屋脊喜馬拉雅山（古稱雪山），經不丹國到印度、緬甸。結束南亞之行，東到雲南雞足山，然後經貴州、湖南、湖北、江西、安徽回到江蘇。兩年來行程約兩萬里，除渡海河須航行外，餘皆步行，跋山涉水，歷盡艱辛，而步履輕捷，體力日強，正應古人所言「讀萬卷書須行萬里路」。

虛雲到了老年態度略有改變，對於青年人並不堅持一定要步行訪道。他說他年輕時到處遊方參道，東南西北，四山五嶽，乃至飄流海外，有時一天要走幾百里路。但現在形勢變了，社會在發展，他不希望現在的僧人也去遊方訪道，這樣會浪費寶貴的時光。他有一首〈雲遊獨歸〉絕句，茲錄如下：

獨去獨歸得自由，了無塵念掛心頭。
從今眞妄都拋卻，敢謂寒山第一流。

**第六，飲食起居，一切從簡**。據弟子岑學呂的一封公開信中云：「留心觀察他的言語舉動，大體上與平常人無殊，所異者：他個子頗高而瘦，他所穿的衣服不過幾件。至少都穿了十年以上，有人送他袍衣甚多，他都拿去與人結緣。三伏暑天，但見他穿一件夾袍。我有一次跟他遊山，不過一二里路，他行走如飛，累得我滿頭大汗，氣喘力竭，而他則從容之至，額上無汗，內衣不濕。他洗澡不多，數日換衣服一次，而身上並無一點難聞氣味。」

「虛雲一切飲食起居一如常人。每日只洗臉一次，需半小時之久。舉凡耳孔、鼻孔、髮腳、頸項，都擦之甚久。吃飯時一向不說話，不答話，目不視人。有時宴客，一侍者坐身旁，替客人送菜，他只舉箸招呼客人。食時有客大聲談笑，他只管吃飯，有人問他，他只把頭一點，仍舊吃飯，罷席後始略作招呼。在平時他一樣過堂吃飯，有時飯冷羹殘，他一樣吃兩大碗，未曾揀飲擇食，批評好壞。出家以後，持午百年（即過午不食），有病時亦然。歷來有施主送他的好齋料，他都拿出來供衆，向不設私食。」

雲門遭蹂躪後，齋糧斷絕，虛雲囑咐大衆說：「老人業重，有累大衆，你們不能跟我吃水齋，還是大家四散，各隨緣分去罷。」水齋就是齋糧沒有了，以水當飯。

**第七，情想愛憎，守身如玉**。岑學呂老居士曾親侍老和尙多年，住雲門大覺寺時，日侍老人，深獲喜愛，一夕問法，情想愛憎是生死根本，如何能除？老人謂：「只一情字，已墮百劫千生，雜以愛憎，互爲因果，皆妄心爲之耳。如果妄心去盡，成佛已多時。我輩歷劫多生，習氣至重，在隨時觀照，以除習氣，爲第一要旨。」岑居士又問：「情可隨時懺，愛憎亦可隨時遣，但既有心念，如何能不想？」老人謂：「何不想向佛國去？觀念成就，佛亦成就，此淨土法也。」

虛雲十七歲時奉命與田、譚二氏成親，然而同居而無染，前已言之。又光緒三年虛雲三十八歲時，自寧波杭州途中，正逢三伏天氣，船小人多，無奈與青年婦女臥舖相連，夜闌人靜，大家都睡得很熟，有一個女子撫摩和尚的下體，驚醒後，見那女子脫衣裸體相就，和尚不敢作聲，急起趺坐，持咒，那女子便不敢動。假若當時和尚失去警覺，便敗了身子，毀於一旦。他勸勉修行人不可不慎。

**第八，雲門事變，死而復生**。公元一九五一年（民國四十年）春，虛雲和尚一百一十二歲，擬在雲門山大覺寺開壇傳戒，適值大陸開展「鎮反」（鎮壓反革命）運動之始。全寺僧人一百二十餘人，四月八日被當地乳源縣軍警包圍，將虛雲和尚拘禁於方丈室內，門封窗閉，絕其飲食，大小便均不許外出，迫令交出黃金、白銀、槍械，虛雲答以「無有」，竟遭毒打，打得頭面流血，肋骨折斷，乾脆閉目不視，閉口不語，作趺坐入定狀，連續四次毒打後，將他從榻上推倒在地，以爲已死，乃呼嘯而去。入夜後侍者始入室探視，見老人倒於血泊中，乃扶坐於榻上，並侍候湯藥。次日那伙人見其未死，又予毒打，至四月十五日，漸漸倒下，作吉祥臥。侍者以手試其鼻孔，氣息全無，手脈亦停，以爲老人已死，唯體溫尚正常，面色亦平靜。次日早晨，忽聽老和尚微微呻吟，並睜開眼睛。侍者見師還活著，十分驚喜，立即扶師起坐，並告以入定已八日整。老和尚答道：「我覺纔數分鐘而已。」令侍者法雲「速執筆爲我記錄」，乃從容敘說神遊兜率天事。

虛雲老和尚以一百一十二歲高齡，受此等酷刑，死而復生，仍能入定神遊兜率天，足見其禪悟境界之高深。雲門事變後，虛雲曾撰一聯，以抒感想：

坐閱五帝四朝，不覺滄桑幾度；

受盡九磨十難，了知世事無常。

**第九，吟詩抒懷，悟道度人。**虛雲不但是長壽和尚，而且是長壽詩人。每有所感或有所悟，虛雲均以詩偈記之。《虛雲和尚法彙》中共收詩歌偈讚凡三百九十首，其中以七言最多，五言次之，偈讚亦有三言或四言者。王世昭在《記虛雲和尚及其詩》一文中云：「嘗論中國方外詩人，晉代慧遠詩有一種清奧之氣，宋代之湯惠休，以禪寂人而作情語，宛轉入微，爲蘇曼殊詩之所自出。其餘如唐之皎然、齊己等，皆去古未遠，卓然成家。虛雲和尚詩上品甚多，頗難遍錄。」

虛雲和尚所作詩偈，除上引三首外，茲再選錄數首，以供吟賞：

**還鼓山訪古月師**

卅載他鄉客，一筇故國春；

寒煙籠細雨，疎竹伴幽人。

乍見疑爲夢，深談覺倍親；

可堪良夜月，絮絮話前因。

**峨眉訪真應老人**

悠哉賢故友，抱道樂林泉；

坐到無疑地，參窮有象天；

胸中消塊壘，筆底走雲煙；
更笑忘機鳥，常窺定後禪。

**過崆峒山**

鑿破雲根一徑通，禪棲遠在碧霞中。
巖穿雪竅千峰冷，月到禪心五蘊空；
頑石封煙還太古，斜陽入雨灑崆峒；
山僧不記人間事，聞說廣成有道風。

**隱居九華山獅子茅蓬之四**

苦樂何須較眼前，芒鞋竹杖總茫然。
無舟可渡情中斷，有路堪捕夢裡天。
花到夜深知寂寂，草經霜敗尚芊芊。
風塵若定榮枯事，習靜人知世外禪。

如此不食人間煙火而又人情味極濃的詩作，即使置於唐、宋大家作品中，亦毫無遜色。王世昭認爲「以苦行爲至樂，以一生拜佛爲至榮，百年如一日，爲高僧史中少有，其足跡遍及中國名山，朝禮五印，折而至南洋群島。其生平行跡合晉之法顯法師、唐之玄奘法師、明之徐霞客而爲一人，此又爲中國地理學史上所無。」對其詩作及生平，作了恰當的評價。

又虛雲老和尚耽其一生精力所著的《楞嚴經玄要》、《圓覺經玄義》、《遺教經注釋》、

《法華經略疏》及《心經解》等著作，可惜均在雲門事變中遺失。

第十，無疾而終，遺愛世人。虛雲和尚由於平日吃苦耐勞，身體強健，很少生病，偶而生病，也能不藥而癒。

公元一九五三年，虛雲一百一十四歲在上海主持法會，每日排隊報名求皈依者以千計，趙樸初居士恐虛雲過於疲勞乃至生病，特請上海名醫爲其診斷，診斷結果出人意料。醫生說他從未曾診過這樣的脈，虛雲不僅沒有病，且其脈爲純陽脈，近來脫落之牙齒復生，足證體能良好，大有返老還童的跡象。二年前雲門事變所受的創傷，業已全部復元。

公元一九五七—一九五八年間，中共推行大躍進路線，實施「整風」和「社會主義教育運動」，波及江西雲居山的虛雲和尚，被打成右派，逼迫他遷出所居住之牛棚，飽經風霜的老人並不感到意外。他一生度人無數，到了耄耋之老年，卻累遭不測，曾在〈示衆偈〉中透露出「我不入地獄，誰入地獄」的悲願。

公元一九五九年，虛雲一百二十歲，各界捐資，請造地藏菩薩一尊，以資祝賀。虛雲令剋日興工塑造，兩月而成。三月虛雲患慢性消化不良，早午僅吃一小碗粥糜，省府奉北京命，屢遣醫生來，虛雲推辭說：「我的世緣將盡，不必醫治。」

一日，雲居山住持性福法師及三寮職事多人來茅蓬探視，虛雲說：「我們有緣相聚，復頭雲居道場，辛苦可感。我的世緣將盡，倘我死後，全身要穿黃色衣袍，一日後入龕，在此牛棚之西山旁，掘窯化身，火化後，將吾骨灰輾成細末，和以油糖麵粉，做成丸子，放入河中，以供水族結緣。」隨即口述一偈：

蝦恤蟻命不投水，吾慰水族身擲江；
冀諸受我供養者，同證菩提度眾生。

十月九日老和尚作最後一次開示，告誡衆弟子，勤修戒定慧，息滅貪瞋癡。並作辭世詩：

少小離塵別故鄉，天涯雲水路茫茫。
百年歲月垂垂老，幾度滄桑得得忘。
但教群迷登覺岸，敢辭微命入爐湯。
眾生無盡願無盡，水月光中又一場！

十月十三日即農曆九月十二日中午，虛雲對弟子言道：「你等侍我有年，辛勞可感。從前的事不必說了，我近十年來，含辛茹苦，日在危疑震撼中，受謗受屈，我都甘心。祇想爲國內保存佛祖道場，爲寺院守祖德清規，爲一般出家人保存此一領大衣，即此一領大衣，我是拼命爭回的，你們都是我的入室弟子，是知道經過的。你們此後如有把茅蓋頭，或應住四方，須堅持保守此一領大衣。但如何能夠永久保守呢？只有一個字，曰『戒』。」老和尚說畢，合掌，向各人道「珍重」。一時四十五分，虛雲和尚右臂作吉祥臥示寂。世壽一百二十歲，僧臘一百零一歲。

綜其一生志大氣剛，悲深行苦，度生無量，爲法忘軀，九死一生。憑其深邃的修持工夫，世壽高達一百二十歲，堪爲吾人養生保健的最佳典範。

# 附虛雲和尚嘉言精選

△人命無常，朝存夕亡，如石火電光。

△美女在前，則以爲一枝花；其實，迷魂鬼子就是她。

△善用心者，心田不長無明草，處處常開智慧花。

△三界輪迴淫爲本，六道往返愛爲基。可見有淫就有生死，斷淫就斷生死。

△時光長短，唯心所造。一切苦樂，隨境所遷。

△時間是刹那刹那的過，刹那刹那的催人老。

△有智不在年高，無智空長百歲。

△古人說：「勿待老來方學道，孤墳多是少年人。」

△禪是靜慮，要在靜中思慮好歹，擇善而從。

△精進勇猛，有大願力，難的會變爲易。疏散放逸，悠悠忽忽，易的也變爲難。

△有憎愛心，就有煩惱；憎心一起，道心就退。

△生命可置之度外，因果不可昧於毫釐。

△生日又云母難日，自哀未遑，切不可作壽慶賀。

△以智慧明鑑自心，以禪定安樂自心。以精進堅固自心，以忍辱滌蕩自心。以持戒清淨自心，以布施解脫自心。

△坐禪要曉得調養身心。若不善調養，小則害病，大則著魔。

△用功的人要善於調和身心，務使心平氣和，無罣無礙，無我無人，行住坐臥，妙合玄機。

△平實之法，莫如十善，十善者：戒貪、戒瞋、戒癡、戒殺、戒盜、戒淫、戒綺語、戒妄語、戒兩舌、戒惡口。如是十善老生常談，可是果能眞實踐履，卻是成佛作祖的礎石，亦爲世界太平建立人間淨土之機樞。

△中下根人，常被境風所轉。境風有八：利、衰、毀、譽、稱、譏、苦、樂。行人遇著利風，便生貪著；遇著衰風，便生愁懊；遇著毀風，便生瞋恚；遇著譽風，便生歡喜；遇著稱風，居之不疑；遇著譏風，因羞成怒；遇著苦風，喪其所守；遇著樂風，流連忘返。如是八風飄鼓，心逐境遷，生死到來，如何抵敵？

△黃明代羅殿撰有醒世詩曰：

急急忙忙苦苦求，寒寒暖暖度春秋；
朝朝暮暮營家計，昧昧昏昏白了頭；
是是非非何日了？煩煩惱惱幾時休？
明明白白一條路，萬萬千千不肯修。

誰能脫離這詩的窠臼，誰就是大解脫人。

△拾得大士傳的彌勒菩薩偈曰：

老拙穿衲襖，淡飯腹中飽；補破好遮寒，萬事隨緣了。

有人罵老拙，老拙自說好；有人打老拙，老拙自睡倒。

涕唾在面上，隨他自乾了；我也省氣力，他也無煩惱。

這樣波羅密，便是妙中寶。若知這消息，何愁道不了。

又偈曰：

也不論是非，也不把家辦；也不爭人我，也不做好漢。

跳出紅火坑，做個清涼漢。悟得長生理，日月爲鄰伴。

這是一切處都修道，並不限於蒲團上才有道。

△凡當參學，要有三樣好：第一要有一對好眼睛，第二要有一雙好耳朵，第三要有一副好肚皮。

好眼睛就是金剛正眼，凡見一切事物，能分是非，辨邪正，識好歹，別聖凡。

好耳朵就是順風耳，什麼話一聽到，都知道說的什麼。

好肚皮就是和彌勒菩薩的布袋一樣，大肚能容撐不破，遇緣應機，化生辦事，把所見所聞非比較研究，擇其善者而從之，其不善者而改之。

△世尊所說三藏十二部經典，也是爲了你我的貪瞋痴三毒。三藏十二部的主要內容就是戒定慧，就是因果。使我戒除貪欲，抱定慈悲喜捨，實行六度萬行，打破愚迷邪痴，圓滿智慧

德相，莊嚴功德法身。若能依此處世爲人，那眞是處處總是華藏界了。

△靜坐之重要：妙法蓮華經云：「若人靜坐一須臾，勝造恆沙七寶塔。」因爲靜坐這一法，可以使我們脫離塵勞，使身心安泰，使自性圓明，生死了脫。一須臾者，一剎那之間也。若人以清淨心，返照迴光，坐須臾之久，縱不能悟道，而其正因佛性已種，自有成就之日。若是工夫得力，一須臾之間，是可以成佛的。

△何謂戒定慧？防非止惡曰戒，六根涉境，心不隨緣曰定。心境俱空，照覽無惑曰慧。防止三業之邪非，則心水自澄明，即由戒生定。心水澄明，則自照萬象，即由定生慧。

△修行用功，貴在一心。

△凡夫的境界，總是貪染財、色、名、利。

△因爲你我無始以來，被七情六慾所迷，從朝至暮，總是在聲色之中過日子，所以沈淪苦海。

△人命無常，朝存夕亡，如石火電光。

△年輕不知好歹，把寶貴的光陰混過了，老病到來，死不得，活不得，放不下，變爲死也苦，活也苦。這就是「早不預修，年晚多諸過咎。」

△老年的人死在眉睫，固要猛進；年輕的人亦不可悠忽度日。須知「黃泉路上無老少，孤墳多是少年人。」總要及早努力，方爲上計。

△佛法的根本要義，乃是戒、定、慧三字，如鼎之三足，缺一不可。

△學佛當以明心見性爲本，斷惡修善爲行。

△現在你我生死未了，就要生大慚愧心，發大勇猛心，不隨妄想習氣境界轉。

△做工夫不一定在靜中，能在動中不動，才是眞實工夫。

△能不起分別心，無心任運，就不生煩惱；心若分別，即成見塵，就有煩惱，就被苦樂境界轉了。

△衆生習氣毛病有八萬四千煩惱，所以佛就有八萬四千法門來對治，這是佛的善巧方便。你有什麼病，就給你什麼藥。佛說一切法，爲度一切心，若無一切心，何用一切法？

△凡自性不明的，都在五欲中滾來滾去。五欲是財、色、名、食、睡。由此五欲生出喜、怒、哀、樂、愛、惡、欲七情。七情又綑五欲，因此生死不了。

△食也有利有害。君子食無求飽，居無求安。古人一心在道，野菜充飢，必定菜根香。如潭州龍山和尚那樣：「一池荷葉衣無數，滿地松花食有餘；剛被世人知住處，又移茅舍入深居。」

△世間七珍，雖稱爲寶，享樂一時，畢竟成空，只能養生，不能脫死。若論三寶，則能息無邊生死，遠離一切大怖畏故，永享常樂。

△參禪念佛都是入道妙門，不分高下，可以互通，圓融無礙。譬如念佛到一心不亂，何嘗不是參禪？參禪到能所雙忘，何嘗不是念實相佛？禪與淨本相輔而行。

△不論念佛也好，持咒也好，參禪也好，總要認定一門，驀直幹去，永不退悔。今天不成功，明天一樣幹；今年不成功，明年一樣幹；今世不成功，來世一樣幹。溈山老人所謂：「生

生若能不退，佛階決定可期。」

△念佛到一心不亂，何嘗不是參禪？參禪參到能所雙忘，又何嘗不是念實相佛？禪者，淨中之禪，禪與淨，本相輔而行，奈何世人偏執，起門戶之見，自讚毀他，很像水火不相容。

△凡關世道人心，莫不疾首痛心，力求和平挽救人心，使歸正軌，重仁慈不重武力，勿貪口腹，見利忘義，則殺心不起。殺機若息，劫運潛消矣。

△五戒者，一殺戒，二盜戒，三淫戒，四妄語戒，五飲酒戒。此五戒名曰學處，又名學跡，是在家男女所應學故。又名路徑，若有遊此，便昇大智慧殿，故一切律儀妙行善法，皆由此路。又名學本，諸所應學，此爲本故。又名五大施，謂以攝取無量衆生故，成就無量功德故。

△人心不古，置因果於罔聞，那知因果理徹，如影隨形，如響斯應，若深信之者，人心則不改而善。縱遇順逆之境，必無憂喜。當知現生所受，或遇兵刀水火劫賊等事，皆由自造。

△前清庚子年間，八國聯軍入京，我那時跟光緒帝慈禧太后們一起走。中間有一段，徒步向陝西方面跑，每日跑幾十里路，幾天沒有飯喫。路上有一個老百姓，進貢了一點香薯藤給光緒帝，他喫了還問那人是什麼東西，這麼好吃？

△人的投生，起首由於淫欲，及至出生後，就以財爲主。廣慧和尚勸人疏於財利，謂：「一切罪業，皆由財寶所生。」所以五欲第一個字就是財。人有了錢財，纔有衣食住，纔想女色，娶妻妾。人若無財，什麼事都辦不成，可見財的厲害了。

△妄想來了，就讓它來，我總不理會它，妄想自然會息。

△你我都有一個心，只因迷悟而不同。

△人身造化和天地一般，身心動靜、行住坐臥，要順時調護。

△以智慧明鑑自心，以禪定安樂自心，以精進堅固自心，以忍辱滌蕩自心，以持戒清淨自心，以布施解脫自心。

△能動靜忘懷，利水清月現。

△出家有四種：

一、身出家，心不出家——身參法侶，心猶顧戀。

二、身在家，心出家——雖受用妻子，而不生耽染。

三、身心俱出家——於諸欲境，心不生顧戀。

四、身心俱不出家——受用妻子，心生耽染。

△罪障之中，淫爲首要。因淫損體，遂殺生補養，而盜妄等惡，亦隨之而至。

△男子見了女子，或可觀想自己亦作女子，女子見了男子，或可觀想自己亦作男子，以杜妄想。

△跏趺坐時，宜順著自然正坐，不可將腰著意挺起。否則火氣上升。過後會眼屎多，口臭氣頂，不思飲食，甚或吐血。又不要縮腰垂頭，否則容易昏沈。如覺昏沈來時，睜大眼睛，挺一挺腰，輕略移動臂部，昏沈自然消滅。

△用功太過急迫，覺心中煩躁時，宜萬緣放下，功夫也放下來，休息約半寸香，漸會舒服，然後再提起用功。否則，日積月累，便會變成性躁易怒，甚或發狂著魔。

△六祖說：「心平何勞持戒？行直何用參禪？」我請問你的心已平直沒有？有個月裡嫦娥赤身露體抱著你，你能不動心嗎？有人無理辱罵痛打你，你能不生瞋恨心嗎？你能夠不分別冤親憎愛、人我是非嗎？統統做得到，才好開大口，否則不要說空話。